本书为福建省教育科学规划 2019 年度立项课题《小学语文"体格"教学的实践研究》(立项批准号：FJJKXB19-460)。

体悟立场

——小学语文教学新思维

施丽聪 著

厦门大学出版社 国家一级出版社
XIAMEN UNIVERSITY PRESS 全国百佳图书出版单位

图书在版编目(CIP)数据

体格立场:小学语文教学新思维/施丽聪著.—厦门:厦门大学出版社,2021.8
ISBN 978-7-5615-8320-3

Ⅰ.①体… Ⅱ.①施… Ⅲ.①小学语文课—教学研究 Ⅳ.①G623.202

中国版本图书馆 CIP 数据核字(2021)第 153903 号

出 版 人	郑文礼
责任编辑	潘 瑛
封面设计	李嘉彬
技术编辑	朱 楷

出版发行 厦门大学出版社

社 址	厦门市软件园二期望海路 39 号
邮政编码	361008
总 机	0592-2181111 0592-2181406(传真)
营销中心	0592-2184458 0592-2181365
网 址	http://www.xmupress.com
邮 箱	xmup@xmupress.com
印 刷	厦门兴立通印刷设计有限公司

开本	720 mm×1 000 mm 1/16
印张	18.5
插页	2
字数	304 千字
版次	2021 年 8 月第 1 版
印次	2021 年 8 月第 1 次印刷
定价	88.00 元

本书如有印装质量问题请直接寄承印厂调换

厦门大学出版社
微信二维码

厦门大学出版社
微博二维码

深入浅出　慎思笃行

施丽聪老师是我的同行,是我县级教研团队中的一员,也是我众多既善教学又善教研的专职教研伙伴之一。施老师曾是我主持的教育部重点项目"国际阅读素养框架下的我国小学阅读教学和测试改革实践研究"课题组的成员,为这个项目顺利结题并获"良好"等级,做出了重要贡献。

三十多年的小学语文教育教学教研生涯,施老师以热爱、执着、钻劲著称。随着时间的流逝、实践的厚实和思考的精微,"体格立场"如与石较劲的水滴,终于穿石而过,汇入潺潺溪流。

早在施老师"体格立场"立项时我就参与其中,对其立项论证提出过建议,并前后参加过若干场"体格立场"的课例展示,预感该项目破茧成蝶不会太远。果不其然,《体格立场——小学语文教学新思维》即将付梓。

翻阅《体格立场——小学语文教学新思维》,构思之严整,立论之锐意求新,说理之透彻细腻,课例之详实互证,令我佩服。它体现了施老师一贯坚持并践行的"分体而教"——依文体特点突出文体风格,进而努力使阅读教学更"科学"、更有效。分体而教,从"理解"(入格)、"运用"(定格)、"思维"(破格)、"审美"(升格)等四个维度,来设计教学、推进思维、展现成果,合力培养学生的语文核心素养。

细考之,《体格立场——小学语文教学新思维》,远得于叶圣陶和夏丏尊精心编撰的《国文百八课》思想之教益,近得于统编教科书强化文体意识注重策略运用理念之启示,再加上施老师的理论功底和课堂实践以及团队的聚力攻关,终成一家之言。

从"体格立场"课题立项到《体格立场——小学语文教学新思维》付梓,我总结出教研员做研究的一般规律:来自课堂服务课堂、来自教学提升教学是其赤诚初心;理论功底下的实践功夫是其一般路径;把研究做在课堂、把论文写在教室是其基本特征。

概言之,深入浅出,慎思笃行。

愿《体格立场——小学语文教学新思维》为我省小学语文教师专业成长和小学语文教学质量提升发挥应有作用,成为我省小学语文教研员"专著园"里的一道亮丽风景。

是为序。

2021年4月23日

目　录

第一章 "体格教学"的基本内涵

第一节 "体格教学"的核心要素解读

因体施教,识体而教。"体格教学"的核心目的是让学生在阅读实践中初步感受不同文体的文学特征,学习不同文体文本的阅读方法,体会不同文体的表达特点。教师应能做到因体而取,不同文体确立不同的教学目标;能因体而为,不同文体选择不同的教学策略,从而有效提升学生的语文核心素养。

以往的阅读教学,文体意识淡薄,不管什么文体都采用统一模式教学,即"初读—精读—总结",造成阅读教学低效。2019年秋季统编教科书已全面铺开使用,其中单独编排文体单元,可见其对文体的关注。然而,有的老师在教学中往往只关注到文体,却忽略了不同文体需要不同的阅读策略;有的教师则是注重阅读策略却忘却了文体。基于此,笔者提出小学语文"体格"立场的教学主张,拟从概念界定、解决问题、课堂策略等方面阐述对"体格"立场的语文教学的若干思考。

一、"体格"教学的内涵阐释

体,即"文体立场,分类立体"。"体"是指文体,"体"字从人从本,表示身体是人之根本,引申为根本、本体。身体有一定的结构、外形,故又引申为作品体裁,如"文体"。所谓文体,是文章作品和文学作品样式的总称。它是反映社会生活、表达思想感情的具体形式。文体又称"体裁",取"量体裁衣"之意。[1]无论读解还是撰写文章、作品,都不能忽视"文体意识"。

格,即培养关键能力和塑造必备品格。"格"是指规格、格调、风格,引申为标准等。要达到标准,就有了"入格""定格""破格""升格"之说法,推究为小学语文核心素养的关键能力,基于文体的阅读教学应该按一定的规格、标准推进,即"入格(理解)—定格(运用)—破格(思维)—升格(审美)"。

这里的关键能力是指理解力、表达力、思维力和审美力。理解力即文本阅读的语文层面的思考、表达,而表达力即语言系统建构与语言运用表达;思维力即思维能力的发展与思维品质的提升;审美力即审美鉴赏能力与审美创造能力。也就是说,语文层面的思考、表达,言语实践能力,以及综合其他学科的思维能力、表达能力和审美评鉴能力,需要学生在阅读中基于独立思考进行深层次的探究。

"体""格"立场辩证统一。"体格"立场的教学主张,是基于文本的"教与学"的辩证统一。"体格"教学,首先关注的是文体教学,强调分体而教,注重策略的研究;其次根据各种文体形成的格调,即文章的风格,从"理解(入格)""运用(定格)""思维(破格)""审美(升格)"四个能力维度,培养学生的语文核心素养。"体""格"教学的辩证统一的过程如图1-1所示。

这个阅读模型即"以关键能力的培养为经,以文体特征为纬"。四个能力维度是一个连续体,下一级是上一级的基础和先决条件,其横坐标为文本利用程度、纵坐标为思维加工程度,即阅读能力层阶越高,越需要"整体把握",思维加工程度越广、越细、越深刻。

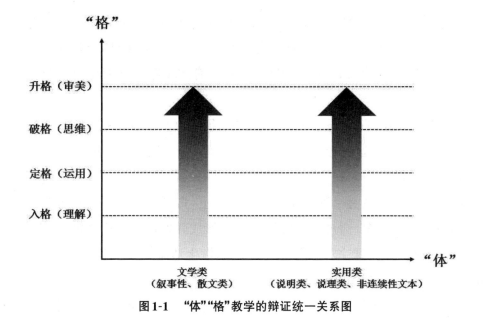

图1-1 "体""格"教学的辩证统一关系图

二、"体格"教学的实施路径

"体格"教学的实施路径分为宏观层面与微观层面。教学各种文体的文章，一般都需要整体阅读，"宏观看全篇骨架"，应该成为我们解读所有文本的一个起点。从宏观层面就要做好整体规划。图1-2是语文学科素养形成概念框架示意图。"体格"教学在宏观方面可分为基础建设、中间建设、上层建设三个层次，这三个层次之间的关系如图1-2所示。

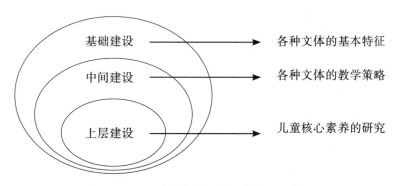

图1-2 语文学科素养形成概念框架示意图

该图是由三个层面构成的同心圆结构。最外圈代表各种文体的基本特性,是基础建设;中间的圈代表各种文体的教学策略,能达到熟练运用技能的能力;最核心的圆,则代表在有效策略的学习中学生语文核心素养的形成,即自为"品格"。

第一层面:基础建设——各种文体的特征(文体的格调研究)

基础建设是"体格"立场教学的第一层面,是教学的基本格式,即各种文体的特质。在全面使用统编教科书的背景下,教师更应思考如何把阅读课的重心落到语文要素的学习上,即学生通过课文内容学习其中的语文知识,通过相应的语文实践形成并发展学生语文能力。阅读课就是通过"课文"这个"例子",教给学生清晰明了的语文知识(事实性知识、概念性知识、程序性知识、反省知识),培养学生的语文能力。其中"程序性知识"就是学习语文的诸多方法和运用策略的知识,如阅读散文的方法、概括文意的方法等。[2]不同文体的课文教学,既要有其共性的目标,也要有其个性目标。如《太阳》一文,属于说明性文章,而关于阅读说明性的文章,课标提出了两个个性目标:一是"能抓住要点",二要"了解课文的基本说明方法"。因此,阅读教学仅仅立足于"知识的获得"是远远不够的,"策略的学习"比"知识的获得"对学生的阅读意义更深远。

第二层面:中间建设——教学的基本格式(教学的策略研究)

语文教材中的每一篇课文都有其潜在的教学价值,准确辨识其文体类别,依循文体特征教学,可以更好地发挥选文的教学功能,丰富学生的生活经验与语文经验。阅读是一种文体思维,什么样的文章就应该用什么样的阅读方法。如果不辨文体或错辨文体,阅读时就会忽视文本内在的含义,甚至误解作者本来的写作意图。如对于文学作品的阅读,应该"用文学的姿态"阅读,小说重在人物、情节、环境;诗歌重在情感、意象、节奏、想象……[3]

统编教科书每个学段都有相应的文体渗透,低年级以儿歌、童话为主,三年级开始设置寓言故事单元,四年级有散文和神话故事单元,五年级有说明文和民间故事单元,六年级有小说单元。如果能教给学生不同学段的不同的文体特征,并做到由篇而类,可以更有效地促进学生的能力迁移。通常学生在阅读了大量同一类文体的作品之后,才能逐渐辨识这类文体的文本特征及阅读方法,知道对于这一类的作品,应该从哪里入手,要特别关注哪些关键节点,思索这些关键点背后的语文知识,找到阅读这类文本的方法与策略,最终拥有属于自己的阅读经验。这种由篇及类的"类篇"教学是最行之有效的,可以帮助我们暂时从以往的人文主题的单元序列中跳出来,形成以文体为主线的阅读教学思维,改进阅读教学。

第三层:上层建设——品格率(学生核心素养的研究)

语文教学要能够教出一种品格,服务于语文核心素养的提升。发展"体格",促进学生健康成长,精神向上。尊重品格育人规律,着力发展语文的核心素养。发展语文的核心素养需要双核的基础:以促进学生发展为基础,以塑造人的独立品格与所需能力为基础,切实处理好知识教学与素养培育之间的关系。回到教育的原点去看,教学应该是为了培养适应个人终身发展和社会发展需要的必备品格和关键能力,即培养人的核心素养。[4]因此,只有真正做到以关键能力教学为核心素养的培育服务,才能培养学生善思考、会创新的能力。

第二节 "体格教学"的核心策略解析

如何在小学语文阅读教学中培养学生的阅读素养?笔者认为,教师要能甄别文体特征,遴选有效的教学策略,做到因体而为,用不同策略教授不同文体。最早的文论著作——曹丕的《典论·论文》中就论及各种不同体裁的文章应具有不同的特点,提出:"夫文,本同而末异。盖奏议宜雅,书论宜理,铭诔尚实,诗赋欲丽。"该文对八类文体的四种不同特点作了简要分析。[5]按叶圣陶的分类,文体分为"文学类""实用类"两大类,再分得细些,两种又继续分为"记"和"叙"、"说"和"论",这样就成四种文体:一为记叙文——记叙事物的形状、光景;二为叙述文——叙述事物的变化经过;三为说明文——说明事物和事理;四为议论文——评论事物,发表主张。[6]特级教师黄国才在《一步一脚印,一课一关节》的公益讲座中谈到的文体分类比较符合当下教学实际(如图1-3所示)。笔者借鉴叶圣陶、黄国才老师的分类方法,结合自己分类教学实践,将文体分为文学类(含叙事类和散文类)和实用类(含议论文、说明文、应用文非连续性文本类)两大类来概括文体的特征,并提出相应的阅读策略。

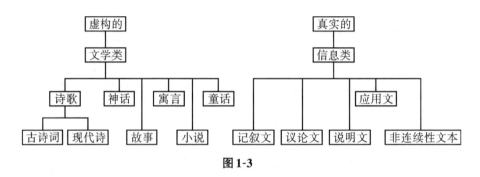

图1-3

(一)文学类文本的教学

小学语文教科书中,文学类文本通常分为叙事类和散文。叙事类文本一般有童话、神话和小说等,事件是记叙的核心。散文又分为写景散文、叙事散文和抒情散文。叙事类文本教学,以讲好故事为主,可以说主要方法是默读、略读,感受人物的情节、主题和表达。具体策略有三:一是读故事,做到知人论世;二是讲故事,分为故事内叙述和故事外叙述;三是赏读,品析聚焦点或矛盾点。

1.童话教学

童话阅读贯穿小学六年级。童话阅读教学可从三个方面着力,对学生进行核心素养的培养。策略一:巧用情节梯,读懂"反复",理解故事内容,乃为"入格";策略二:巧用"对比""表演",读懂言意合一,建构语言,是为"定格";策略三:巧用"连结""图像",读懂想象意境,培养想象力,此为"破格";策略四:讲童话,复述故事,陶冶情操,直至审美"升格"。

2.神话教学

神奇是神话重要的文体特征之一。要欣赏神话形象的神奇,就要去朗读,去想象,去复述,去憧憬。朗读可以感受神话文本语言的节奏和张力,尤其是文言文故事文本;想象是神话的特质,也是激发和发展学生想象力的绝佳载体;复述是一个再创造的、语言内化和运用的过程;而憧憬是对神话的精神回应,是对神话思维和精神的积极呼应。神话故事重在学习情景化描写和复述故事,实施神话的"语用"教学,探寻其教学策略:一是朗读和想象并重,感悟神话人物的"神";二是概述和专属并行,再现神话故事的"神";三是品析与迁移并举,领略神话语言的"神"。

3.小说教学

读小说要关注情节、环境,感受人物形象。每篇小说都有自己的个性特征,为此,可以根据小说的时代特征和类型特征设计核心问题。策略一:以人物形象为切入点来设计核心问题。小学阶段,叙事性体裁的小说居多,而人物形象是其中的核心问题,阅读时可以以人物探究为核心,提纲挈领,串起多项阅读活动,读懂人物多维立体的形象;策略二:抓住小说的情节高潮处来设计核心问题。优秀的小说离不开矛盾冲突的推动,小说中的矛盾可以使情节跌宕起伏,更好塑造人物形象,激发学生的阅读兴趣,在此矛盾处设计问题能牵一发而动全身;策略三:抓住小说中的环境描写来设计核心问题。有的小说在环境描写方面着实浓墨重彩,有的为下文埋下伏笔,有的既推动故事情节的发展又渲染气氛,突出人物形象,可根据环境描写的不同作用设计问题,贯穿教学;策略四:抓住小说的细节描写来设计核心问题。小说中的细节是小说的灵魂与血肉,它对于情节的发展,人物形象的塑造,主题的表达往往起到非常重要的作用。因此,小说的阅读教学的核心问题设计要在细节上下功夫。

4.散文教学

散文最容易显示作者的性格和人格、爱与憎、忧与喜。读者极易通过作品认识作者眼中的世界,洞见作者的人品、性格和爱好等,并从中领悟到自身可感却难以言传的情感反应。根据散文文体的这一主体性特征,教学中要把握散文主体情感的真实性。

(1)写景散文教学

写景散文的阅读策略如下:第一步,触摸——会其意,理解景物描写的动与静;第二步,咀嚼——理其文,揣摩景物描写丰富的想象;第三步,转换——得其法,实现言意之间的转换;第四步,朗读——悟其情,品鉴语言之精妙。

(2)叙事散文教学

叙事散文不像小说那样记叙事件的完整过程,而是记录作者在过去某一段时间、空间里见闻的过程,即"我"的经历。叙事散文的阅读策略如下:一是执其神、感其形、悟其言;二是抓住"叙事、真情、细节",做到"真情"抒发,"细节"把握。

(3)抒情散文教学

抒情散文不像诗歌那样抒发情绪本身,而是描述作者感情变化的过程。抒情散文的阅读策略如下:一是咀嚼,从词句表述中学语习文,发展语感。咀嚼,可以从个性化的表达入手,还可以着眼文中意蕴深刻的句子或特色鲜明的句式、让人怦然心动的细节;二是转化,"活化写法"的转换,感受美好情感(突出朗读);三是品趣,从充沛情意中发现奇趣,意会理趣。

只有把握不同散文种类的特点,把握它们不同的艺术创作规律,去探究和改进阅读教学方法,才能引导学生对课文进行透彻理解,从而收到更切实有效的教学效果。

(二)实用类文本教学

实用类文本比较常用的方法是默读、跳读、速读、浏览、批注,主要指向提取信息、得出结论、指导实践。小学阶段实用类文本以说明文为主。根据说明对象的不同,说明文可以分成事物说明文和事理说明文。事物说明文的说明对象是具体事物,通过对具体事物的形状、构造、性质、特点、用途等作客观而准确的说明,使读者了解、认识这个或这类事物;事理说明文的说明对象是抽象的,将抽象事理的成因、关系、原理等说清楚,使读者知其然并知其所以然。根据说明语言不同,可以分成平实性说明文和文艺性说明文。平实性说明文的语言常常是直截了当地说明对象,不描写,不夸张,没有弦外之音;文艺说明文常常用较形象的语言来说明事物,使被说明的事物具有生动性和形象性,易于引起读者的兴趣。

不同类别的说明文在教学上有不同的侧重。以统编教科书五年级《太阳》和《松鼠》为例,这一单元的说明文侧重了解基本的说明方法,用恰当的说明方法把某一件事物介绍清楚。运用"恰当的说明方法"最根本的目的就是"介绍清楚事物特点"。《太阳》属于平实性说明文,科学性较强,语言平实,通俗易懂,主要运用多种说明方法介绍太阳远、大、热的特点,说明它与人类有着密切的关系。其教学侧重点在于运用"恰当的说明方法",这样会更加直观和准确形容太阳的特征。《松鼠》是一篇融知识性、科学性、趣味性于一体的比较典型的文艺性说明文,语言活泼,描述生动。作者抓住松鼠的主要特点,形象地介绍了松鼠的外形、习性等。《太阳》和《松鼠》在表达方法、语言风格方面不同,《太阳》主要运用列数字、举例子、作比较等多种说明方法,属于"彩绘"(指以各种不同颜色描绘出来的装饰画);《松鼠》则以形象化描写为手段,主要运用打比方的说明方法,属于"白描"(指用最简练的笔墨,不加渲染,描画出鲜明生动的形象)。所以,《松鼠》一文如果泛泛地讲说明方法就与其语言特质无关,学生反而不能欣赏到《松鼠》独一无二的文体语言;而介绍松鼠的特点属于"这一篇"说明文的特质,值得教。也就是说,《松鼠》这篇文章具有文艺性说明文的代表性。所以在介绍一种事物某个方面的特点时,常常用"白描"+"彩绘"的习作支架,可以将某一种事物的某个特点写得淋漓尽致。

阅读教学不能只在知识点和能力点、知识和能力的细节上做文章,而是要引导和启迪学生学会正确的思维。将单篇课文按照文体归类教学,是一个"举三反一"的学习过程,不经历"三"的积淀,就难以获得"一"的提升;唯有掌握了这个"一",学生才能将获得的阅读方法与能力迁移到同类文体作品的阅读中。将单篇课文按照文体归类教学,可促进学生阅读能力的正向迁移。因此,有文体意识,提领一顿之后往往能抓住核心语文价值,教得必然轻松;有文体意识,课堂必定讲求整合,疏密有致,教得必然大气。

第三节 "体格教学"的核心价值追求

萨特说:"阅读是一种被引导的创造。"真正的解读还需要教师积极的引导,真正的阅读是对文本进行系统且具体地解读。它需要一个具体的语感路径,一个渐进的、由浅入深的对语言斯磨与玩味的过程,才能得其基本要领。[7]为此,笔者尝试建构起一个关于阅读的、看得见的路径,它分为四个部分,如图1-4所示。"入格"理解内容;"定格"语言建构与运用;"破格"思维训练;"升格"审美提升。这四个部分是螺旋式上升的,能力维度是逐渐提高的。小学语文教材中的文章主要有童话、寓言、神话、散文、小说诗歌等体裁,不同的体裁有不同的表达风格,其教学策略自然也不尽相同。就散文而言,可以分为"抒情散文""状物散文""说理散文"和"叙事散文"。其中状物散文具有语言优美、生动形象等特点。教学这类文体,能有效促进学生的语言积累、欣赏和表达能力的提升。教师如何教学这一类型的文体呢?在语文课堂教学中,教师应引导学生把握文章本质、文体特征,通过理清文章思路,体悟语言表达的妙处,探寻语言范式,以及言语实践等,使学生获得表达能力的提升。因此,按"体格"教学的四个维度来分,状物散文的教学策略有四个层次:一是抓核心问题,理清状物之序;二是品语言特点,体悟表达之效;三是做比较辨析,探寻语言之妙;四是搭语用平台,习得语言之法。

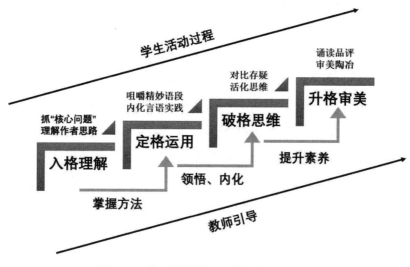

图1-4 基于"体格"立场的教学路径

其一,状物类散文的脉络结构清晰,理清结构尤为重要。教学此类文体时,教师首先要结合课后习题,进行核心问题的设计,引领学生从整体视角来把握文章的主要内容以及框架结构,同时也提高学生的概括能力。如统编版语文教科书四年级下册第四单元《猫》《母鸡》《白鹅》三篇状物类散文,其结构就非常简单清晰。《猫》围绕着猫的可爱写了成年猫的"古怪"和小猫的"淘气"两个特点;《母鸡》围绕作者对母鸡由讨厌到不敢再讨厌的态度变化展开,形成一个封闭的"圆形结构",结尾呼应开头;《白鹅》则按总分结构写出了白鹅高傲的特点。其二,状物类散文往往是通过生动、直观、形象的语言文字来描绘事物特点,表达作者情感的。在阅读教学中,教师应注重对文本语言的感悟、品味,引领学生透过语言文字,理解文章的内容,体会文章蕴含的情感,体悟表达之效。其三,通过单元整体解读,可发现三篇文章都采用了"特点+事例"的表达方法,教学时,教师可从核心问题入手,帮助学生理清文章脉络,再探寻作者笔下的动物有什么特点。不同作者采用不同的表达方法,学习他们是如何围绕动物的某个特点把它写清楚并表达自己喜爱的情感的。最后,在习得作家言语表达风格之后,实现自我建构,形成自己的言语图式,迁移运用于习作。

尤要提醒的是,每一种文体都有一定的教学策略,他们基本上有个共同点,即首先从核心问题出发,再在诸多的语言现象中挖掘作者对于这一"类"文体的表达方式,教出属于这一"类"文体的基本特征。有的文章语言现象比较外显,一读就明。如统编四年级下册的《海上日出》一课,按照日出的变化顺序来写景物,同一单元的《颐和园》则按照游览顺序来写景物。有的语言现象比较隐蔽,易被忽略。如统编五年级经典散文《鸟的天堂》,前半部分写"大榕树",后半部分写"鸟的天堂"。下面就《鸟的天堂》一课基于"体格"立场的教学路径问题展开学理说明。

一、入格理解,梳理核心问题

在学生初读课文的基础上,引导学生思考:作者和他的朋友几次到"鸟的天堂"?每一次看到什么样的景象?此环节在厘清课文思路的同时,整体把握课文内容,自然带出两次去的时间不同(傍晚和早晨),分别写了大榕树和群鸟活动的情景,而两次作者的感受也完全不同。第一次是觉得"鸟的天堂"里没有一只鸟,第二次由衷发出"那'鸟的天堂'的确是鸟的天堂啊!"的感叹。接着,引导学生质疑:作者为什么感叹那"鸟的天堂"的确是鸟的天堂?此问题为核心问题。这是统编教科书的一个特色,强调"一课一得",即每篇课文抓一个重点。要解决这一核心问题,可以尝试引导学生把核心问题分解为几个小问题:(1)这棵大榕树有什么特点?(2)鸟的天堂是怎样的?(3)为什么这棵大榕树能成为鸟的天堂?这其实是学生针对重点句子中的两个关键词提出的很有思考价值的问题,是基于教学的核心目标和学生的最近发展区而确定的"核心问题",此环节着力培养学生阅读理解能力,从简单的检索到理解,是学习散文之"入格",即阅读解码的过程。从课堂实践来看,这三个子问题都是围绕核心问题来问的。从这一系列的问题来看,学生的思考是有价值的,解决三个问题的过程,也正是作者行文思路和学生学路合二为一的过程,学生的理解力、思维能力也将得到进一步提升。

二、定格运用,学习言语特点

本课的语文要素是体会景物的静态和动态描写,在解决"这是一棵怎样的大榕树?"及"鸟的天堂是怎样的?"这两个问题的过程中,学生学习的目标和内容直接聚焦于学习语言文字的运用及学习运用语言文字。

一是从整体阅读入手,放手让学生自主与文本对话,获得阅读初感。围绕"为什么这棵大榕树能成为鸟的天堂?"这一问题,教师引导学生自主设计学习路径,在解决问题的过程中提升对文本信息进行提炼与运用的能力。二是由读"景"(榕树的茂盛、鸟儿活动的热闹)到悟"情"(作者的兴奋、激动)过渡。默读课文第4~7自然段,通过找关键词理解了"这是一株怎样的大榕树";默读课文第10~11自然段,理解了"鸟的天堂是怎样的"。学生通过细读发现作者用上了表示先后顺序的词"起初""后来""接着",把看到的鸟的活动情景写清楚。教师引导学生再读读句子,做批注,写感受。学生在品词析句中发现作者不仅把鸟由静到动的变化过程写清楚了,而且自己的心情也在变化:从昨天没有看到一只鸟的失望,到今天看到的"一鸟飞鸣到百鸟飞鸣再聚焦到一只画眉"的欣喜。教师及时梳理写作方法,即作者从静到动,从广角镜头的众鸟飞鸣到特写镜头写画眉鸟的欢快鸣叫,达到点面结合的效果。这个环节让学生由读到悟,在积累语言的同时学会建构语言和运用语言。这一过程也验证了吴忠豪教授的观点:"语言的建构必须有两方面的要素:一个是语言材料积累,语言材料越丰富,语言建构能力越强,因为语言材料就是语言建构的基础。一个是语言建构的经验,语言运用的经验。"[8]三是相机点拨,点拨在学生"感觉和理解的盲点"上,将"未知转化为已知","让他们恍然大悟"。学生发现写鸟的多和热闹不仅表现在"到处都是"这样的词语上,还有简短的句式,如用"大的,小的,花的,黑的,有的"表现鸟多。通过对比读,把原文的句子改为"大一点的,小一点的,穿花衣服的,黑不溜秋的,有的站在树枝上叫的真是欢,有的呼啦一声飞了起来,有的在用力地扑着翅膀",教师引导学生发现这句话不但写出了鸟的大小不一、颜色各异,更是发现作者巧用短句,表现当时激动的心情。此环节从语言建构角度审视阅读教学,引导学生不仅对有蕴意深度的句子或让人怦然心动的细节涵咏咀嚼,读出情味来,更向学生传授具体的语言规则,如短句怎么读、怎么用,为学生语言能力的发展提供教学支架。学生在对比朗读中体会作者怎么用词,怎样造句,发现文本语言的奥妙,这对于丰富学生语言材料、主动运用语言都是极有价值的。

本环节中,在学生无序的交流中,教师及时引导学生在读书、思考、点拨、再思考的过程中,让静态的语言知识在一定的语境中逐渐转化成动态的语言能力。在学生感受文本写了什么,怎么写的以及作者为什么要这样写后,教师引导学生结合课后思考题的"选做题"仿写,这样的过程实现了语言的建构与运用,实为"体格"教学中重要的一环——"定格"。语言建构与运用是语文核心素养的重要组成部分,也是体格教学的整体结构的基础层面。学生语言运用能力的形成、思维品质与审美品质的发展、文化的传承与理解,都是以语言的建构与运用为基础,并在学生个体言语经验的建构过程中得以实现的。

三、破格存疑,提升思维能力

学生学习"鸟"这一部分时畅谈"我最喜欢哪句话?因为……"。学习"树"这一部分时在读文本、找句子、品词语、说感受中体会"作者是怎样把树的特点写出来的"……通过思考、比较、提炼,他们对课文的理解已不仅仅停留在"是什么"的层面,而且对于"为什么"和"怎么样"也有了更多的体悟。接着,教师引导学生思考:"作者写鸟的天堂,为什么要把树写得这么具体呢?题目是《鸟的天堂》,为什么第一部分却写大榕树?"学生在自主发现、互动交流、对比阅读、感受归纳中,发现第一部分虽写树,但处处为写鸟作铺垫,榕树的枝繁叶茂利于鸟雀营巢,农民不许人捉鸟是"鸟的天堂"的人为因素;第二部分表面写鸟,但与树有关,开头交代了群鸟飞鸣的自然环境,接着写"到处是鸟声,到处是鸟影",突出大榕树确实是鸟儿自由生活的乐园,不愧为"鸟的天堂"。此环节顺应学生发展的需要,变线性的、块状的教学设计为简洁的、弹性的、立体的、开放的学习活动,能促使学生语言、思维与情感的同步提升,属写景文章之"破格"的思维训练。

四、升格朗读,培育审美情操

最后一个环节,通过对比读,读出对大榕树的赞美和舒缓的节奏之美,读出"鸟的天堂"由静寂到热闹的动态美。最后引导学生有感情地朗读作者的《筑渝道上》,加深理解作者表达的对自然与生命的真挚情感。此环节从局部再到整体,从语言再到情感,在这样的情意驱动下,学生从表面的文字深入直至了解语言的内核,在真实的体验中学习真实地发生着,是谓"体格"教学之"升格"。孩子的审美情操得到了培养。至此,学生建立了散文的阅读理解路径。

不同的文体模式,其语言代码的组合规则及解读方式也不同。文本的解读是具体的,教师依照具体的阅读体会来发现新路径,让学生在阅读的经验世界里了解文本内容,学会触类旁通,提升阅读质量,此为"体格"立场之"入格"。接着,探究作者在文中是怎样进行表达的,向作者学习语言范式达到运用层面,这就是"定格"。把握作者的文脉即情感的流动方向,获得文本的思路框架,还要展开联想和想象,品味语言,读出弦音,批文入情,丰富作品的内涵,此环节正是学生思维能力提升的过程,即为"破格"。一般而言,文章表达都有一个由浅入深、由表及里的过程,感情在波澜起伏中也有层层推进的轨迹,而由感情的推进,学生便能找到文章结构的主脉,同时提升审美情操,此为"体格"立场中的"升格"。这也验证了这四个能力维度是一个连续体,下一级是上一级的基础和先决条件,理解了才会用,会运用了才是真正的理解。而学会了语言的建构和运用之后,学生的思维品质和审美能力将得以提升。换句话说,要先积累丰富的语言经验,才能丰富学生的思维内容。这样由一课到一个核心问题,掌握了这一篇的阅读思维模型,再到这一类文章的学习,学生的语言素养自然也就形成了。

一方面,体格立场的语文教学要因体而取,确定不同文体的不同教学目标。教师要集中研究文体的基本特征和教学策略。研究每一类文体教什么的具体路径如下:(1)思考"这一类"教什么(辨体);(2)思考"这一篇"教什么(断文);(3)思考"这一组"教什么(问度);(4)思考"这一课"教什么。[9]教师准确领会文本要旨,须做到以下两点:一是识体而教,准确确定教学内容;二是得体而写,从而发展学生言语智能。当然,教师还可以尝试纵向研究,就每一类文体在低、中、高不同学段的教学目标定位作深入研究。另一方面,"体格"立场的语文教学要因体而为,根据不同文体采用相应的教学策略。语文教材中的每一篇课文都有潜在的教学价值,准确辨识其文体类别,依循文体特征教学,可以更好地发挥选文的教学功能,丰富并提升学生的生活经验与语文经验。

此外,我们可以将目光从常态的"精读文""略读文"转向课外的"选读文",并尝试通过课内带课外的阅读,开展不同文体的"自选文"的研究。在此过程中,首先要根据年段目标、文体特点等多方面因素反复独立地筛选文本,当前颇受欢迎的单元整组教学、主题阅读、群文阅读等语文教学模式,就是对这一思考的呼应。如"整组导读、聚点探究、整组提升"的单元整组教学,在学完一个单元后,进行整体回顾,在此基础上发现规律,深化收获,引向更广阔的实践空间,也使语文学习更富于思辨。

概而言之,因体而取,因体而为,适体而教,得体而写,由篇及类,才能实现言语智慧的转换,从而真正提升学生的语文素养。

注释:

[1]金文伟.汉字教学常用字形义解析[M].北京:中国财富出版社,2012:43.

[2][3]薛法根.文本分类教学——文学作品[M].福州:福建教育出版社,2016:2-3.

[4]余文森.核心素养的教学意义及其培育[J].今日教育,2016(3):2.

[5]刘勰.文心雕龙·体性[M].北京:中国财富出版社,2012:43.

[6]叶圣陶,夏丏尊.七十二堂写作课[M].开明出版社,2017(9):2.

[7]吴礼明.散文阅读新路径[M].福州:福建教育出版社,2012.4.

[8]吴忠豪.语言积累是学习语文的基础[J].语文教学通讯,2015(6).

[9]王小毅.小学语文分类阅读教学研究[M].重庆出版社,2016(3):2.

第二章 "体格教学"的教学策略阅读能力培养途径

阅读策略是指阅读主体在阅读过程中,根据阅读任务、目标及阅读材料的特点等因素所选用的促进有效阅读的规则、方法和技巧。基于学习者建构的"策略"是指语文教学中帮助学生学习的路径、方法,形成多角度、多样态、可视化的助学系统,助推学生在自主学习的过程中完成个体建构、学伴建构、场域建构,并在学习过程中举一反三、融会贯通。这样有助于教师了解学生的认知和思维过程,找到相应的教学策略,进一步优化"策略建构",使学生能更好地学习语言,培养思维。

2006年,原台湾小语会理事长赵镜中在全国第六届青年教师阅读教学大赛中发出了"教课文"还是"教阅读"的追问。赵教授希望借由"这一篇"来"教阅读",也就是帮助学生在读懂这篇文章的过程中习得一些阅读的策略、方法,培养学生的自学能力。在赵教授的追问下,2012年笔者开始实践群文阅读,关注"阅读策略",在理论方面做了初步探索,同时带领团队进一步实践探索,深刻地感受到"阅读策略"的妙处。有方法的教,可以由教"一篇"读懂"一类",使教材真正成为"例子"。

2019年秋季,全国一至六年级统一使用统编教科书,统编教科书一个明显的改变就是设立四个"策略单元"。笔者在近几年的语文教学、教研中,借鉴赵镜中和祝新华的理念,结合统编本教材安排的四个"策略单元",即预测、提问、提高阅读速度和有目的的阅读,以及分散在其他各个单元中的策略进行实践思考,形成了螺旋上升、循序渐进的较为系统的"体格教学"之各类文体的教学策略。

第一节　文学类课文阅读能力的培养

一、优化课堂提问，提升阅读能力

阅读教学通过提问启发学生思考，培养他们的阅读理解能力和运用评鉴能力。从阅读测试结果出发，探讨改进课堂提问（包括学生提问）的策略，使之指向高层级阅读能力，以促进学生深度阅读思考，提升学生的阅读素养。

（一）关注课堂提问之缘由

在省义务教育质量监测的试卷中，阅读理解是重要的考查项目。在小学语文学习中，阅读是龙头和基础。命制高质量的阅读理解试题，无论对于升学，还是对于反拨小学阅读教学，都具有重要而直接的积极意义。阅读理解试题只有聚焦于阅读素养评价，才有可能更好地实现这两方面的功能。

1.阅读能力测试概况

笔者参加省普教室举办的情境材料命题比赛时，曾对命制的一份试题进行试测，试题以文学性作品梅子涵的《走在路上》为情景材料，共命制了8道题，其中第7题为评鉴人物的开放题："读了文章，你认为小远是个怎样的孩子？请结合文本内容至少说明两点理由"。测试后的统计显示学生的作答情况大致分为四种：40%的学生在说明理由时不会概括，表述啰嗦，没有分点作答；20%的学生在说明理由时观点与依据前后不搭；30%的学生在说明理由时语无伦次，没有针对前面所提的观点自圆其说；只有10%的学生做到分点作答，表述清楚。

阅读测试考查学生对文本内容的理解,更考查学生对语言形式的赏析。在评价方面,既考查学生评价文本内容,更要考查学生评价语言形式。在评鉴语言形式方面,有一道针对文学类文本《一只蓝鸟和一棵树》的题目为:故事以"蓝鸟没有走,春天也没有走。"为结尾,你认为好不好?根据文本说明理由。下面是学生呈现在答题卡上的部分答案(得0.5分左右或不得分):

答案1:不好。因为春天过去,夏天就来了,夏天过去,秋天就来了,秋天过去,冬天就来了,春天是会走的。

答案2:不好。没有道理,春天不可能没走。

答案3:好。起承上启下的作用。

答案4:好,因为这样可以写出小树和蓝鸟的深厚情谊,体现出句子的严谨性、科学性、准确性……

当然也有部分优质的答案,如:①好,因为心里的春天在,友谊就在!②好,因为在大树眼里,小鸟就是春天,小鸟可以为他唱歌,让读者体会到友谊是最美妙的。③好,因为开头写一棵树和一只鸟,所以这个结尾正好呼应了开头……

2.针对问题进行分析

从学生的答案中,我们可以获得如下启示:第一,教师教的"套路"不中用,从来没有"放之四海而皆准"的答案。从答案3我们发现,有学生答题被套路套住,这说明平时老师重理性教学,教语文知识(如"承上启下")时,着力点没有放在理解和运用上,学生虽然把"承上启下"这样的专业术语挂在嘴上,但不理解它如何承上和启下;从答案4来看,学生不辨文体,把说明文"严谨性、科学性、准确性"套用在文学类作品上。第二,学生自主"多读"最有用。"文字,斑斓了心灵",因文而异,读到心里去,与作者的情感产生共鸣。多阅读,多体会,是培养语感的关键。第三,对于关键句表情达意的作用学生不理解,教师在阅读教学时,应该引导学生联系上下文来理解难懂的句子。

（二）课堂提问存在的基本问题

从上述阅读测试的情况来看，我们可以倒推当前阅读教学课堂提问的现状。

课堂提问存在的基本问题：一是问题的数量太多，教师的提问随意性大，问题的目的性、针对性不强，且流于形式，对完成教学任务作用不大；二是问题的认知层次太低，多为复述性问题，只要求找显性事实。三是教师没有规范学生的作答，养成其提出观点要能有依有据地回答的习惯，甚至没有养成分点作答的习惯。第一、第二两个问题是互相关联的：题量多，认知层次就低；认知层次高，课堂题量就少。因为高层次的问题需要较长的思考时间，而且学生很难一步到位把问题答好。为了平衡问题的认知层次，克服当前提问存在的典型问题，教师必须减少课堂重在找显性事实的低层次问题（复述、解释），增加高层次问题（如概括段意、推断篇章的深层含义、评价表达效果），并鼓励学生寻找多个答案。

为此，我们要思考测试评价如何对接课堂，以阅读测试倒逼课堂教学，依靠评价标准重塑阅读教学课堂。在课堂上培养学生的阅读理解能力和运用评鉴能力，着力于阅读素养的培养。因为阅读素养不仅决定了学生的阅读水平，还是学生综合发展的基础。如果阅读理解命题以评价阅读素养为目标，能够真正体现考试以能力立意、选拔以素养为本的理念，那么，学生阅读素养的提升将得以落实。

（三）课堂提问的有效策略

鉴于课堂提问在教学中的重要意义和作用，阅读教学应注重培养学生"感受、理解、欣赏和评价"能力。如何培养？作为教师必须思考不同层次的问题的不同作用：对于一些事实性的问题，只需学生回忆具体的事实；高层次的问题则需要学生运用知识和开展批判、创意思维，并深入思考、处理数据，分析信息以找出原因，得出结论，作出概括并找出论据支持观点,相当于布鲁姆的"分析"层次。在阅读教学过程中,教师必须保证有高认知层次的问题,引导学生批判分析、综合推论、批判、创造性思维;鼓励学生寻找多个答案,激发思考的兴趣。因为高层次的问题能使学生很好地理解段落或篇章的主要内容和深层意思,提出自己独特的想法,运用所知信息解决问题,以及评鉴、运用写作方法。

评价阅读素养,可通过评价各种具体的阅读思维能力来实现。阅读理解命题要从不同的角度和层面如实反映学生阅读思维能力上的差异。阅读思维能力对阅读理解水平差异的影响程度,与阅读者的水平等级有关。阅读理解水平大致可分为初、中、高三个级别。初级级别可能只停留在"识字"认读解码能力,而对于四年级及以上的学生,他们应该达到中级阅读者水平并向高级努力,应该检测他们对词义、句义和结构逻辑的解读,以及信息综合与素养提高。为此阅读理解命题应该聚焦于阅读思维能力。我们知道评价分为评价思想内容(如人物、事件、观点等)和评价语言形式(如遣词造句的效果、布局谋篇的巧妙等),它属于高阶思维能力的培养。笔者主要围绕阅读思维能力的构成及相关的命题评价问题展开分析论证,并提出几点见解和建议。

1.讲究课堂提问,精炼问题指向与表达

课堂提问是师生互动的教学方式,是师生思想交流的重要手段。每一个教师都要运用课堂提问,每一堂语文课也都少不了课堂提问。好的课堂提问可以启发学生的思维,强化学生的认知,科学评价学生的学习行为,沟通师生的情感,反馈调控课堂教学进程,培养学生的高阶思维能力。因此,阅读教学要将提问更多地指向运用、评鉴和质疑创新等高层级阅读能力,扭转阅读教学低层级问题泛滥的局面,提升学生的思维品质。同时要讲究提核心问题,思考如何做好阅读教学和阅读测试趋同化,即课堂提问就是测试题目,测试题目的文字表述就是课堂提问。笔者在一次市级培训中将统编三上《大青树下的小学》作为情境材料让老师针对本课进行文本解读,提2～4个各个能力维度的问题,大部分老师还是习惯于提检索性的问题,更有老师连续提了好几道词语理解的问题。笔者进一步引导老师提高阶思维的问题,有的老师提出的问题与课后思考题2一致,即"这所学校有哪些特别的地方?用自己的话说一说。"这是考查学生的概括能力。当问题提出来后,笔者让老师针对这道核心问题进行解答,部分老师在答题时也跟学生一样只抓一个要点。这时,笔者引导教师深度阅读全文,分点表述,即:①学生特别:有来自不同民族的学生,穿戴不一,在同一间教室学习;孩子们爱学习,团结有礼。②情景特别:铃声是原始的铜钟声;有山林里的动物陪伴着听课。③环境特别:学校位于边疆,富有乡村气息和民族风情。④活动特别:跳孔雀舞、摔跤。只有让老师也经历了答题的过程,他们才会思考当课堂中学生的回答遇到困难时如何教给学生解答问题的思维方法,让他们向考场试题答问进行迁移,真正实现阅读教学与答题能力的培养相呼应,那么学生语文核心素养将得以提升。

有方法的教是提升阅读能力的关键。如《大青树下的小学》这一课的思考题1:朗读课文,一边读一边想象课文描写的画面,在文中画出有新鲜感的词句和同学交流。这道思考题从复述角度的学习而言,属于创造性复述,但是在本课的教学中,它仅仅是认识、了解"有新鲜感词句"的手段策略,所以,仅需把画面用一两句话表述出来便可。如果老师只是一味地问:"你想象出哪些画面?都画出哪些词句?孩子有可能一画到底。如何发挥老师的"教"?如何让学生在老师的"教"后得以进步?为此,我们要思考:学生凭什么想象画面?如何表达画面?这时可以采用分解法,把核心问题拆成几个容易解答的小问题,然后对各个小问题进行梳理归纳,最后完成对核心问题的解答。笔者把这个核心问题拆分成三个小问题:用自己的话描述你想象到的画面;交流画出哪些新鲜感的词语;说说你所画的词语为什么是新鲜的。然后引导学生进行交流归纳总结,最后得到较满意的答案。

2.讲究有效理答,促进思维品质以提升

在课堂中,完整的提问过程包括教师发问、学生回答和教师处理问题三个主要环节。教师处理问题即为"理答",就是理会学生的回答,具体表现为倾听、梳理、纠正、提升,以帮助学生抵达"最近发展区"。理答的本质就是关注学生解决问题的思维方法和过程,而不只是答案的正确与否。然而,我们详细分析老师的理答,发现不少问题:"含糊其辞式",就是对学生的回答不置可否或只给一个抽象概念,如"谁能概括得更精练一点";"轻描淡写式",就是对学生的回答也不评价、不引导,一味地问"还有没有不同意见""还有没有新的想法"——学生只管乱说一通,老师没有作出回应,讲到哪就问到哪儿;"标准答案式",有的教师力图引导学生提供自己预期的答案,让教学继续进行,这会抑制学生与众不同的、经过深思的、反传统的尝试,长期以往,学生会认为他们只需要猜测教师期望的答案,不需要提出自己的独特见解。

针对学生回答片面而浅层次的情况,教师应适时提出思考问题让学生深入思考,教师有效理答,学生的思维层次将得以提升。如果教师对学生答案的处理可以做到"判断、赏评、陈述和继续提问"等全面落实,将更有利于学生思维能力的培养。平时老师的课堂理答更多的是简单的判断和赏评,而对于"陈述和继续提问"要科学实施,如陈述就是补充或纠正学生的回答,可以分为"重述、梳理、选取、补充、指错和整合"等内容[1],如果老师在课堂提问中能注重后五个内容的理答并科学应对,相信学生高阶思维能力的培养一定能得以落实。

第一,重述和梳理。"重述"是教师重述每个学生的答案,从表达到内容都没有改变,教师重述的目的是强调,达到面向全体;而"梳理"是教师梳理某个学生的答案,没有增加或减少学生答案的内容,但在用语、次序等表达上却有明显的变化,这样做的目的是规范孩子的表达,避免他们的语无伦次。在课堂教学中,经常会出现有学生回答用语不当、啰嗦、层次混乱、重复语句、前言不搭后语等情况。为了赶时间,很多教师不会特别注意，通常用"不错"等评语轻轻带过，或者请其他同学回答，这不利于学生运用适当的语句展示其理解篇章的程度。这时老师可以追问，引导学生梳理答案并组织语言。两种做法的异同是：两者都没有改动学生的答案的内容，但"梳理"会改变其用语和表达方式，"重述"则是原原本本地再说一遍。

第二，选取和补充。课堂上老师的追问至关重要，有时教师提了较高层次的问题，但学生会无意识地浅化问题，如教师要求学生归纳段落或篇章大意、回答某个问题，学生会照读原文来回答。我们发现，无论是低年级还是高年级学生，都喜欢以直接读出课文的方式来回答教师的提问，无意识地浅化问题。如果教师的提问是低层次的复述题，只要求指出事实，上述回答是可以接受的。但是，如果学生把"重整题"改为"复述题"，教师必须提出追问，即要求学生以自己的话来概括，以训练其筛选、概括重要内容的能力。而对于"选取"环节，教师删选学生错误部分，只重讲正确的部分，不讲错误部分。当然如果遇到学生还会出现只答对一部分的情况，这时老师就要启动"补充"应对措施，让学生的学习有提升。

第三，指错和整合。对于学生答案的不足之处，教师往往在"指错"之后再加以说明，说明学生答案错误的原因，论证、给出正确的答案。如"你的答案是有问题的……这是因为……"，当然错误严重者还可以做到直接纠错，通常可以这样说："你应该说……"，在"整合"方面老师可以做删选、归纳多个学生的答案，如：综合两位同学的意见。从内容的角度看，"重述"和"梳理"没有改变学生的答案，"选取"是删除学生答案多余和错误的部分，"补充"是增补了学生的答案，使其完整。

总之，教师如果注重这几个方面的思维训练，课堂提问讲究提开放式的核心问题，让学生讨论答案的优劣，可以培养学生的批判性思维能力；教师改进答案，可以提高学生的表达能力和思维品质；再加上讲究阅读策略，有思考地阅读，学生的评鉴能力也能得到科学的指导和有效的提升。

二、教会阅读策略，提升阅读能力

（一）预测策略的教学

1.解读编排意图，确定教学方向

统编教科书首次在三年级上册编入阅读策略单元（第四单元），要求学生在这一单元的学习中掌握"猜测与推想"的阅读策略。所谓"猜测与推想"，就是根据已有的信息对故事的结局、情节的发展、人物的命运、文章观点等多方面进行预测和验证。这一策略通常运用于故事结局出人意料的小说或者情节曲折、趣味盎然的童话故事。正如法国著名作家萨特所说："阅读时你在预测，也在等待。你预测句子的末尾，预测下一个句子，预测下一页书。你等待它们来证明你的预测是否正确。"

其实，在传统教学中，教师常常会在出示课文题目时顺势提问："看到题目，你觉得这篇文章可能写什么内容？"或者在布置课后练笔时提示："猜一猜故事接下去会怎么发展？"但是，教师必须注意，"猜测与推想"作为一种阅读策略，并不等同于我们常说的"猜猜看"，它强调的是读者的知识经验储备和对文本信息的掌握，在预测之后还需要在继续阅读的过程中加以验证，也可能形成新的假设再进行阅读，即需要经历"练习预测—验证预测—修正预测"的过程。单元的导读页中亦明确提出这一单元的语文要素：（1）一边读一边预测，顺着故事情节去猜想（尝试实践）。（2）学习预测的一些基本方法（提示方法）。（3）尝试续编故事（指向表达）。同时，在课后练习中同样细化了这些要求，如鼓励学生在阅读中练习预测；提示学生当自己的预测和故事内容不一样时，要及时修正自己的想法，继续预测；根据课后"泡泡"提示语，组织学生从预测的内容、依据、修正预测的体验等方面展开交流。

了解了单元的编排特点和策略本身的内涵后，我们再解读《总也倒不了的老屋》就会更加明确。这是本单元的第一篇课文,也是一篇精读课文,教师采用旁批和课后活动的方式,提示预测的线索有课题、插图和内容等,强调预测时要有依据。单从编排上看,它应该起到示范学习的作用。因此,教师教学时应着重引导学生通过教科书提供的"支架"了解"预测"是怎样得出来的,再照样子说说旁批中的其他预测是怎么得出来的,从而让学生初步感受"预测时要有依据"的策略内涵。从内容上看,这是一篇童话故事,讲述的是活了一百多岁的老屋在准备倒下时,遇到了小猫、母鸡和蜘蛛陆续来投宿,为了帮助它们而坚持不倒的故事。文章以对话的形式展开,不但能引发学生的好奇心,激发学生阅读兴趣,而且有助于学生主动、充分调动已有经验,发挥想象,预测故事情节、内容和结构等。

值得注意的是,本课首次引入了"旁批"的形式。在小学三年级就有这样的阅读形式,其目的主要有三:一是在学生初次学习预测故事和理解故事的过程中给予一些提示。但是,教师在教学中要注意提醒学生,旁批只是别人的思考和理解,并不代表所有人的预测,因而不要一边猜测一边看旁批,应先按照故事的情节发展来预测。二是可以作为一种"支架",引导学生根据它找到相应的故事内容,明白旁批中的预测并非凭空乱想,而是有根据的,进而领悟"猜测与推想"的意义。三是可以让学有余力的学生参照着学习写简单的批注,久而久之,有助于学生养成良好的阅读习惯。

2.结合具体学情,分步推进教学

考虑到这个单元的特殊性,教师不能像教普通单元一样教这篇课文,而要基于学生真实的阅读经历,着力于通过预测促进学生思维的发展,提高学生的阅读理解水平和阅读速度。在备课的过程中,主要考虑如下问题:(1)预测总是在第一次阅读中发生,如果学生已经阅读过故事,课堂教学怎么指导?(2)学生的预测与故事不一样时怎么办?(3)如何让学生呈现自己的预测从哪里来?基于以上解读和思考,确定了本课可以渗透三种预测策略:(1)根据题目预测;(2)根据生活经验预测;(3)根据上文重要信息预测。具体教学分三个板块展开。

板块一:揭示课题,理解内容

(1)揭示课题,猜人物形象。教学中,教师可以先出示课题让学生根据题目猜猜会发生什么故事,说说猜想的理由。待学生简单发表想法后,再出示课文题目的旁批:"老屋总也倒不了,是被施了魔法?"这时,老师再作示范预测——"图中的老屋看上去那么慈祥,它应该会答应吧!"这一过程旨在指导学生一边读一边预测故事情节的发展,接着引导学生借助课文插图,说说"老屋"给人留下了什么印象,如不结实、容易倒塌、破旧、结蛛网等。

(2)默读课文,了解故事内容。让学生默读第1自然段,并设问:"故事果真和自己猜想的一样吗? 你从哪些内容中发现的?"

这一部分主要是引导学生看题目猜内容,第一次尝试运用"预测"的阅读策略。学生从题目中很容易就能猜测这是要讲一座倒不了的老屋的故事,但他们紧接着又会从课文中发现,一开始"老屋"分明想着"我到了倒下的时候了",可题目又是"总也倒不了",这是为什么? 第一次验证的偏差,可以引发学生带着自己的猜想再读故事的兴趣,继续了解故事的内容,原来故事讲的是老屋想倒下去时,先后有小猫、老母鸡和小蜘蛛来求助……等到故事读完,最后再对照自己一开始阅读时的猜测,感受就会更直观。

(3)朗读课文,随文理解词义。这个环节主要让学生先放声朗读培养学生的语感,之后提出自己阅读时不理解的词语,如"偶尔""往前凑"等,帮助学生解决常态阅读课中存在的读不准或者不理解的字词,化解学生的学习困难。

板块二:初识旁批,学习方法

(1)阅读单元导读,初识语文要素。在初始了解课文的基础上,再引导学生回读单元导读页内容,了解单元语文要素。通过读文字,获取信息。了解本单元的主题是"猜测与推想"。语文要素有三条:一是指向怎样预测,即"一边读一边预测,顺着故事情节去猜想";二是提示预测有一些基本方法,"学习预测的一些基本方法";三是指向表达,"尝试续编故事"。接着引导读插图,因为课文的插图是由一些彼此连接的线条和错落有致地散落在线条中的村庄、树木和山地等构成的,暗示沿着不同的方向预测,会有不一样的结果,领略不同的阅读体验。

(2)对比发现,认识旁批。课文的旁批呈现了隐形的"学习伙伴"预测的思考过程,因此,教师先引导学生对比本课和其他课文的不同,就是本课的文本边上有一些阅读提示语,这就是"旁批"。

(3)阅读旁批,初识预测。接着请学生依次读旁批,找到与旁批对应的课文内容,在小组内交流说说自己的发现,学生很快就会发现这些旁批都是对故事内容的猜测与推想,从而水到渠成地揭示了"预测"的概念:猜测和推想就叫"预测",这是一种很重要的阅读策略。

(4)反复练习,探究预测依据(表2-1)。这些预测是怎么得来的呢?出示课后思考题第二题,引导学生运用"当我读到_____时,我猜到了老屋会答应。因为_____"的句式说一说这些预测是如何得出的,让学生进一步学习如何有根据地进行预测。

预测依据表2-1

预测的依据		预测的内容
故事里的内容	生活经验和生活常识	
小猫刚刚离开,老母鸡又来请求老屋不要倒下	不断地被别人打扰,可能会觉得很烦	→ 我想老屋可能会不耐烦了
老母鸡走了之后,小蜘蛛又来请求老屋	乐于帮助别人的人,应该会愿意继续帮助别人	→ 我猜到了老屋会怎么回答

课文的插图是由一些彼此连接的线条和错落有致地散落在线条中的村庄、树木和山地等元素构成的,这就暗示着我们沿着不同的方向预测就会有不一样的结果,从而领略不同的阅读体验。因此,这一环节我侧重鼓励学生说出不同的预测,并在表2-1的基础上增设一栏"我

的预测",继续提问:当你读到这里的时候,有没有不同的想法?这样学生在填写过程中就能加深对预测的理解。

预测表2-2

预测的依据		我的预测内容	课文的预测内容
故事里的内容	生活经验和生活常识		
小猫刚刚离开,老母鸡又来请求老屋不要倒下	不断地被别人打扰,可能会觉得很烦		我想老屋可能会不耐烦了
老母鸡走了之后,小蜘蛛又来请求老屋	乐于帮助别人的人,应该会愿意继续帮助别人		我猜到了老屋会怎么回答

板块三:对比发现,分享预测

如果说第一二板块是采用旁批、泡泡的形式,给学生学习预测策略提供扶助,帮助他们了解、梳理、掌握阅读策略,并在课后思考练习题中逐步落实,让学生思考,依据课文题目,可能进行预测的内容是什么。充分预测后,我开始引导学生进行如下探讨。

问题一:猜测与推想都是对的吗?

我会引导学生发现课文中旁批的内容与故事的发展存在不一样的地方,如课文第7~9自然段老母鸡请求老屋的部分,文中写的是老屋没有不耐烦,而是很爽快地答应母鸡的请求,但旁批的预测内容则是"我想老屋可能会不耐烦了"。这样,学生可以初步认识到猜测和推想与原文不一定相符,由此,让学生初步形成验证的意识。同时,经过上述表格的填写,学生又能体会到预测要有一定的依据,从而形成明确认识:预测的内容可能跟故事的实际内容一样,也可能不一样,只要有自己的依据都可以的。

问题二:如何可以预测得准确?

让学生各自交流一两处自己猜测的内容,并说说自己是根据哪些线索进行猜测的。通过之前的表格梳理,学生大多能总结出或依据前文猜测,或依据生活中的体验猜测,或直接大胆猜想,在此基础上,我带领学生梳理旁批:(1)针对课题预测:老屋总也倒不了,是被谁施了魔法?(2)观察插图并预测:图中的老屋,看上去那么慈祥,它应该会答应吧。(3)根据课文内容中的一些线索预测:我想老屋可能会不耐烦了;读到"老屋说:'再见!好了,我到了倒下的时候了!'"这句话就知道,一定又有谁来请老屋帮忙了;我猜到老屋会怎么回答;老屋可能还会遇到其他需要帮助的小动物;估计老屋不会倒了。(鼓励孩子写信给作者慈琪,让他分享故事的真正结局,满足孩子最后的预测验证)从而引导学生的猜测往深处思考,激发孩子猜读的兴趣,猜读就是一切都说不定。猜读之后,还可以产生我想"快点读"的内驱力,直至"我要知道结局究竟是什么"?到我已经学会"对比读",我要看看哪种结果更好?并进一步产生我想"继续写"的欲望。这些过程旨在让学生达成共识:提高预测的准确率,可以依靠潜心在故事中发现线索,依靠勾连生活中的切身体验,依靠大胆猜想。

整个教学过程,由形象到抽象再到形象,由预测到验证再预测,不断巩固预测的方法的可得。课末我再总结方法:(1)联系读者本身的知识积累,预测文章结构。(2)联系读者本身的生活经验,预测文章内容。(3)联系文本线索,预测故事情节。文章的题目、插画、时间、地点、人物、事件、物品及感情等都可以成为线索进而预测故事的发展。这样,学生经过这一课的学习就能基本掌握猜测与推想的方法。

3.让预测成为习惯,有意识反复练习

阅读策略的学习,不仅要引导学生理解课文的内容,还要引导学生关注理解课文内容的思考过程。在指导过程中,还有三个方面需要教师注意把握:一是反复性。猜测与推想,是读者对文本内容发展形成的假设在阅读的过程中寻找资料检验假设,进而形成新的假设,再次进行检验。因此,在一篇文章的阅读中,多次经历这一过程可以使学生形成持续的阅读兴趣,拉近与文本的距离,从而唤起学生阅读的主动性,这对培养学生阅读的专注度和边读边思考的阅读习惯大有神益。二是过程性。学生在进行猜测与推想时,教师不要急于让学生确认自己的想法与文本的实际发展是否符合,关键在于鼓励、引导学生仔细阅读,学会从文本中找出可供自己预测的线索,对于初次尝试预测的学生来说,愿意尝试以及尝试的过程比结果更为重要。三是内化性。在学生熟悉猜测与推想的流程后,教师可以进一步指导学生将这种阅读策略进行内化,在平常的阅读中进行适时的自我监控,即在完成阅读理解的基础上,监测完成的过程和效果,学会根据文本的发展和自我阅读感受,灵活调整阅读策略,从而提高阅读的兴趣和能力。

(二)提问、批注策略的教学

当前,课堂中多半提问是教师为疏通课文内容的需要按课文情节的推进依序提出的。教师用"问题"牵着学生在课文的表层徘徊,不仅控制了课堂,还束缚了学生。为此,我们将提问的关注点聚焦到五种阅读能力的提升上,即提取信息、理解、运用、评鉴和质疑创新(提问题)的能力。

1.以"促进能力发展的课堂提问"为策略

针对《海上日出》的第一次磨课,我们围绕"核心问题"策略进行课堂观察,并以课堂观察量表记录授课教师一节课围绕阅读五个层次能力的培养的提问次数和效度。观察点之一便是"有效提问策略"。课堂提问应不仅着眼于掌握基础知识、理解教学内容,更重要的是要培养学生发现问题、提出问题、解决问题的能力,促进学生思维能力的发展。

授课教师最初的备课思路:一要有学法(批注)的指导,二是一节课只围绕一个核心问题——"为什么作者说这是伟大的奇观"的解决,根据五种阅读能力,分别提出了以下问题:(1)提取信息能力:作者按什么顺序描写了海上日出的景象?作者如何围绕色、形、光和动态把海上的日出写"奇"呢?(2)理解能力:说说你对"奇观"一词的理解?仔细观察表格,从描写日出前后的颜色、形状、光芒的词语中你发现了什么?(3)运用能力:为什么"镶"和"染"不能替换?(4)评鉴能力:说说你从"太阳好像负着重荷似的一步一步、慢慢地努力上升,到了最后,终于冲破了云霞,完全跳出了海面,颜色红得非常可爱"中体会到什么?(5)质疑创新能力:"光"有什么象征意义?

我们安排了五位观察员分别进行观察。

观察员1:多数学生在理解、运用、评鉴层面有所欠缺,有关问题提出时,不少学生陷入沉默。

观察员2:教师提问次数还是过多,追问"还有吗?"达到23次。可见,教师的提问不是为了启发学生思考,而是为了"套"出一个预期的答案。

观察员3:四人小组的合作学习中,两个男生比较主动的,两个女生没有参与。而当教师介入时,合作时间已经差不多了,从定内容到小组交流写批注只用了5分钟。

观察员4:学生批注不到位,有的不会抓要点批注,有的批注潦草,有的写体会不够简练。

观察员5:学生能体会到"冲破云霞"用法的意义,说明已学会从文本的语言表达发现矛盾、提出问题,这标志着阅读能力的提升。同时,通过对比阅读其他有关日出的名篇,学生能从不同角度去发现同样写日出,在巴金的笔下有什么特点,可见对比阅读迁移运用的目标初见成效。

由上观之,教师提问主要流弊如下:(1)问题数量略多,提问随意性大;(2)问题的认知层次太低,多为复述性问题,学生不用思考就能从文章中找到答案,不利于学生高阶思维能力的培养;(3)教师在阅读课堂中通过提问引导学生大量重述课文内容等,无助于学生深入学习。

一节课只有一个核心问题,当核心问题出现解答困难时,如果教师没有妥善应对,即使将"阅读五层次"引入课堂提问,孩子的阅读也依然是浅阅读。"一节课一个核心问题,当核心问题出现解答困难时,还可以要求学生根据能力层次自已提出阅读理解问题,即辅助问题。"[2]香港理工大学祝新华教授为我们的第二次磨课指出了方向。

2.以"核心问题与辅助问题协同"为策略

核心问题指那些引导学生较深入地梳理课文、提出个人观点而重点讨论的问题,属于高层次的问题,如较复杂的理解题、评鉴题和创意题。因此,教师在执教《海上日出》时,把"为什么说这是伟大的奇观?"看作是核心问题,是因为这个问题带出文章的主题,表现作者对大自然的热爱与对光明的追求。辅助问题则指为了引导学生寻找事实、理解词句、简单概括等初步梳理课文而提出的问题,属于低层次的问题。如解释题、复述题和较简单的概括题等。因此,教师可把"伟大的奇观是什么意思?课文中哪些景物的特点是伟大的奇观?"看作是辅助问题,要求学生解释关键词语的意思和寻找文章中的显性事实,引导学生回答较高层次的核心问题:"为什么作者说这是伟大的奇观?"于是,我们将第二次磨课目标定为两种策略并进:批注笔记法、把核心问题分解成辅助问题,如表2-3所示。

表2-3 《海上日出》核心/辅助问题协同示例

提问方式一:先提辅助问题	1.辅助问题:作者按什么顺序来描写日出的伟大奇观? 2.辅助问题:课文怎样描写日出前、日出时和日出后的景象? 3.辅助问题:作者如何围绕海上日出的动态变化来写? 4.核心问题:为什么说这是伟大的奇观?
提问方式二:先提核心问题	核心问题:为什么说这是伟大的奇观? 情况一:学生不能直接回答,可补充提以下三个辅助问题。 1.辅助问题:作者按什么顺序来描写日出的伟大奇观呢? 2.辅助问题:课文怎样描写日出前、日出时和日出后的景象? 3.辅助问题:作者如何围绕海上日出的动态变化来写? 重提核心问题:作者为什么说这是伟大的奇观? 情况二:学生能直接回答,便进入新的提问环节

现实教学中,教师一般情况是先提出核心问题,若学生解答有困难,再抛出辅助问题;但是,如果在学生先质疑的情况下,学生有可能先提出几个辅助问题,不一定一下子就提到核心问题。此时,教师最好循着学生的思路据学而教,即先提辅助问题,后提核心问题。上述两种提问方式其实各有优点:提问方式一由浅入深,确保在提出核心问题之前,学生对课文已有基本的理解;提问方式二最终会返回至核心问题,教师便可把核心问题视为规划教学或设计教案的重要因素之一,如有时间,教师可考虑当学生不会回答时应该提出什么辅助问题。

适当考虑以核心问题替代辅助问题是减少过多提问、提高提问认知层次的基本原则之一。为此,可以从三个方向改变提问策略(阅读能力层次、教学目标、核心问题和辅助问题),如表2-4所示。

表2-4 改变提问策略方向的关系

教学目标	阅读能力层次	问题主次
减少低层次思维(提取信息、解释词语、识别表达方法等)	检索	辅助问题 ↑↓
	理解	理解题回答得不理想
加强高层次思维(概括段意、推断篇章的深层含意、评价表达效果等)	理解(概括)	概括题回答得很理想 ↑↓
	理解(推论)	
	理解(读懂言外之意)	
	运用	核心问题
	评鉴	

为了改善课堂提问层次低和数量多的弊端,教师可以"阅读能力五层次框架"为基础,以教学目标为导向,设计有效的阅读教学提问,以达到减少课堂提问的数量,提高问题认知能力层次,有效培养学生的高级思维能力和阅读素养。如表2-4中的第一列是教学目标,起导向作用;第二列是围绕教学目标分层达标的阅读能力的培养;第三列呼应第二列设计有效的提问,也就是说理解题回答不理想时就要提出辅助问题(往往是检索性的)。第三列第二行则是理解中的概括题回答得好时,则直接跨进核心问题,快速提高思维层次,思考高层次阅读思维能力的问题。

3.以"核心问题结合批注笔记"为策略

从表面上看,核心问题辅以辅助问题可以达到化繁为简,化难为易的目的,但其深层意义应该是以学生的学为主导,让学生通过潜心会文找到解决问题的好办法。而批注,正是一步步解决问题的最佳途径。批注笔记是个性化阅读的外显形式,学生在批注中能够抓住关键词句,反复思考,留下思维的痕迹,并在交流中逐层深入理解。

第一稿笔记:聚焦"奇观"

1.课前欣赏名家的批注方法。

2.出示本班学生课前预习的批注笔记,回顾已学过的几种批注的方法:①标要点;②抓关键词写体会;③了解背景资料。

3.批注示例:说说你对"奇观"这个词的理解。(课件标注示范式的批注,对于辅助中下生的学习起示范作用。)

4.指导批注,品味"奇观"

(1)请大家再默读第2~4自然段,看看作者是怎样描写日出前、日出时和日出后的景象?边读边勾画,及时批注自己的感受。

(2)学生当堂围绕核心问题读体会、写批注。

课堂观察员反馈:虽然批注贯穿整节课,却感觉批注点显得较为分散。课例中,教师运用批注的次数显得颇为频繁,总共3次。若为了体现"批注"而进行"批注",那么课堂时间分配就难免平均用力,师生在交流、反馈时均感到费时而吃力。学生最初写的批注和最后写的批注可能在同一个层面,不一定有变化。究竟在文本何处采用"批注式阅读"?怎样的批注才会有真实的学习行为发生,才能避免教师越俎代庖,代替学生去聚焦批注点?

北师大版四年级上册主要的批注方法是辅导学生标画问题、点画重点词句;下册第五、六、八单元开始要求学生用简单的批注符号—写批注笔记—交流—自读—补充修改批注笔记,这时承接前三个单元的学习,通过"知—懂—会",循序渐进地教给学生批注阅读的方法,并引导学生在自主阅读中坚持使用是很有必要的。我们便明晰了"聚焦批注点,进行二次批注,引导学生有效交流,留足课堂时空,用好课堂生成资源"的思路。

第二稿笔记:升华"奇观"

1.指导批注,品味"奇观"为主要切入口。

(1)作者对"光"的描写贯穿全文,抓住其中最让你心动的一两个词或短语,把感受写下来。

指导批注:哪个词直接描写太阳光?太阳光怎样灿烂、夺目?作者为什么用"冲破""冲出"而不用"钻出""走出""拨开"等词语?并指导学生通过了解背景资料进行批注。

(2)指导用单元训练的"金钥匙"修改批注。

(3)展示学生的二次批注,全班交流。

2.了解背景,帮助学生理解"光"的象征意义。

3.学法迁移:对比阅读。

此次,我们留足时间让学生再读课文,引导学生围绕核心问题"为什么说海上日出是伟大的奇观",以"光"为主线,抓住重点词进行二次批注学习,从而更加充分地理解核心问题。学生以"光"的变化为主线进行批注,能抓住重点词结合背景资料(光的象征意义)以及名篇对比阅读进行圈点批注,深刻理解海上日出之所以伟大的原因。这样的研讨,是学生真实的学习行为发生的过程。因为学生写过批注,有自己的思考,再交流研讨互相启发和补充,收获自然丰富。所以,二次批注和核心问题的融合有助于教师在教学设计时就从"学生需要学什么"这个角度出发,指向高层次阅读思维力培养,快速提升学生的阅读素养。

三、聚焦文体关联,提升概括能力

培养学生的概括能力是小学阅读教学的难点。教师要从儿童的视角及认知水平出发,发现教材的长处,用好统编教科书,教出能力。做到"瞻前顾后",把握教学内容;分层突破,把准内在联系;适体而教,教出不同策略。研究有方法的"概括"教学,形成"概括"范式,才能让学生的"概括思维"得以发展与提升。

林崇德先生认为:"概括是智力与能力的首要之特点。因此,中小学生概括能力的发展,应看成智力与能力发展的重要指标。"[3]中小学生的语文能力,应看作以语文概括为基础。小学生的语文概括能力非常重要,它既可以使学生获得篇章结构的知识,提高布局谋篇的能力,又可以使学生受到分析、判断、推理、概括、综合等方面的思维训练,直接提高学生的阅读能力。然而,从日常教学调研中发现,目前小学生概括能力的现状不佳,主要表现为:不能够准确地概括出一段话的主要意思、一篇课文的主要内容,语言烦琐、主次不分、要点遗漏;教师对概括能力的培养缺乏意识及有效的教学策略。

"工欲善其事,必先利其器"。要提高学生的概括能力,小学阶段是打基础的阶段,唯有有方法的"概括"教学,才能为学生将来的语文学习打下坚实的基础。衡量一个学生的阅读能力的高低,其中很重要的一个方面就是看他的概括能力。除此之外,概括能力的研究能够为我们有针对性地为学生开展阅读评估奠定必要的基础。为了考查学生达到学习目标的程度,促进学生的学习,改善教师的教学,笔者对所在区域小学三年级及以上的480名小学生进行了抽样测试。

(一)小学中高年级概括能力的调查

为什么要指导学生概括课文主要内容?如何指导学生概括课文主要内容?对于这些问题,其实大多数教师并没有深入去斟酌。而对这些问题的探究与澄清,将有助于一线教师更好地把握"概括"教学的意义实质,提升"概括"教学的实践理性。

为了便于调查研究,笔者将阅读认知研究成果转化为具体可测的指标,国际上最有影响的测试——国际阅读素养进展研究项目(PIRLS)、国际学生评估项目(PISA)及美国教育进展评价(NAEP)为我们提供了借鉴。在国内,祝新华教授的六层次阅读能力系统评估,教育部学业质量评价相关研究项目以及省普教室黄国才老师主持的教育部重点课题DHA140324D的研究成果,值得重视。对比以上六种阅读评估系统,我们发现它们所评核的阅读能力具有一致性,如表2-5所示。

表2-5 国际、国内大型阅读评估中的阅读能力指标比较

PIRLS 2011	PISA 2009	NAEP 2009	六层次阅读能力（2005a）	教育部学业质量评价相关研究项目	教育部重点课题DHA140324D的研究成果五层级阅读能力
阐释、整合观点和信息	整合与阐释	整合阐释	重整伸展（分析、综合、比较）	分析综合	理解（概括）

　　这六种认知领域分类适用于不同年龄学生的语文学科的学习，对阅读水平分类有重要的参考价值。经分析研究，小学语文中高段相同阅读能力的考查都涉及到整合观点和重整伸展、概括。依据阅读活动的实际状况，参照《义务教育语文课程标准（2011版）》对第三学段阅读的目标规定，我们发现"阅读能力"在"语文能力"中占举足轻重的地位，在语文阅读能力结构中，"理解"居于核心地位，"概括能力"是最基本的技能。[4]阅读能力考查学生初步的现代文阅读能力。PIRLS研究团队认为，阅读是将阅读目的（语言及文学、找寻并运用数据），阅读文体（短文，如记叙文或说明文；读本；以及运用文字和插图的图解说明文）和阅读技能（能寻找明确的数据；直接推断；解释篇章及发表意见；仔细阅读，评估内容、语言和文章的要点）结合在一起的。[5]概括是以自己的语言概括篇章的主要内容。良好的读者总能在阅读后，简要概括所把握的内容，因此，这一方法也可能是最简单而有效的评估方法。读者概括主要内容可以通过删除不必要信息（去除细节）、抽取重要信息（抓重点）、概括（提炼主题）等方法。[6]综合以上六种阅读能力指标的同一层级的阅读能力，笔者梳理出中高年级概括能力的书面测试框架，如表2-6所示。

表2-6 中高年级概括能力测试框架

年级	一级指标	二级指标
中年级	直接推论	指出文章所归纳出的结果（总结出不同信息）
高年级	整合并解释篇章	识别文章的全文信息及中心思想（能将不同信息贯连）

根据以上测试框架,按"文学类文本、实用类文本"两类进行选文,围绕测试框架进行研制试题。测试单位为乡村完小、乡镇中心小学、市直小学三年级到六年级的上学期末每个年段各40名学生。编组说明:(1)师资配备:市级骨干教师。(2)被试对象情况:年段比较好的班级。四年级的学生已经学过《为中华之崛起而读书》,目的在于研究学生阅读能力的掌握情况,比较不同年级间的"概括"能力差异,以便更有的放矢地帮助学生掌握概括能力,使其成为高级阅读者。以统编教科书四年级课文《为中华之崛起而读书》和课外阅读《冬蝈蝈》这两篇文本为内容,对四个实验班进行同题实测。测查问题有四:一、默读短文概括每个自然段的意思;二、想想短文讲了哪几件事,试着给短文分段;三、简要概括每个结构段的段意;四、概括文章的主要内容。测试结果如表2-7所示。

表2-7　测试结果

各能力维度	能力维度分布各年级占比	三年级	四年级	五年级	六年级
概括每个自然段的段意	能抓住主要人物,概括主要内容	26.53%	30.6%	70.4%	98.2%↑
	能说出主要内容,但是分不清层次,语言表达较啰嗦	42.85%	40.8%	9%	3.5%
	抓住主要人物,却抓不住主要事件			15.9%	8.9%
	完全不懂概括	30.61%	28.6%	4.5%	1.8%
划分意义段	段落划分完全正确	15.55%	20.4%	39.5%	78.6%↑
	第一部分正确,二三部分错误	9.21%	44.9%	13.6%	17.8%
	完全错误	75.24%	34.7%	54.5%	13.6%
概括意义段段意	抓主要人物主要事件的关键词来写	10%	33.6%	30%	57.1%
	用小标题概括	35%	3%	3%	5.4%
	用繁复的语言描述或只能机械地抄录个别词句作为答案,完全不能概括段意	40%	51.4%	67.5%	37.5%
	放空白	15%	12%	4.5%	

续表

各能力维度	能力维度分布各年级占比	三年级	四年级	五年级	六年级
连段意概括主要内容（把握文章主要内容）	懂得把段意连接起来整理成文章主要内容,语言通顺	25%	55.1%	36.36%	53.5%
	懂得把段意连接起来概括,但是语言表达过于冗长	11%	26.5%	20.45%	16.1%
	直接概括了主要内容,非段意连接	19%	20.25%	20.25%	26.8%
	完全不懂概括	35%	20.04%	20.49%	3.5%
	放空白	10%		4.5%	

通过测试发现:一是不同年级间的"概括"能力有差异。概括每个自然段的段意、划分意义段、概括意义段段意和连段意概括主要内容这四个能力,明显的是六年级优于其他年级,也就是说随着年级的增长,孩子概括能力不断地提高。三年级基本学会分段,但是不善于归纳段意,概括主要内容;四年级概括意义段段意不但优于三年级甚至是五年级。四年级连段意概括主要内容优于五六年级。从以上数据得知"把握文章主要内容"这个长线的训练要点,必须从第一学段开始,一步一个脚印,每一阶段都应落实达成该阶段的教学目标,最终才能达成终结性教学目标即能把握文章主要内容。二是有系统训练的年级概括能力优于其他年级。从这一组数据"三年级得分率25%,四年级55.1%,五年级40.36%,六年级53.5%"可知四年级连段意概括文章的主要内容的(把握文章主要内容)能力反而优于五六年级。原因是统编教科书有系统的训练。通过分析发现,主要有以下几个问题:

1.学生因素(为练而练)

概括思维认知浅显、语言简明性和逻辑性混乱。概括段意题自三年级开始出现了明显的差异,如根据概括的正确性、广阔性以及深刻性,并结合简练性,可以把小学四年级的学生所拟的段落标题划分为六种类型(时蓉华、钟启泉,1965):第一类,离文型。标题与原文不符,完全脱离课文段落内容,占15.69%。第二类,个别词句型。只能机械地抄录个别词句作为答案,完全不能概括段意,占11.2%。第三类,次要情节型。初步掌握课文的部分情节并加以概括,但不能分辨主次。标题只反映了该段的次要方面,概括得很不全面,占25.26%。第四类,主要事件型。能舍弃细节,抓住主要事件加以概括,但有主要内容遗漏,概括欠全面,占25%。第五类,全面概括型。能分清主次,把主要内容正确全面地概括出来,但以展开式的语言表达,不精练,占10.71%。第六类,抽象概括型。能分清主次,正确而全面地概括主要内容,语言精练,标题能全面、正确、深刻地反映课文内容,占12.11%。分析表明,根据课文内容建立直观表象是低年级儿童初步理解课文的必要条件,在初步理解课文的基础上,进一步分析内容层次、逻辑关系后所编拟的标题显著地优于通过表象作用所编拟的标题,但学生分析课文的逻辑层次会遇到不少问题,学生原有的概括能力,编拟标题的知识、技能,课文本身的难易度等都会影响所拟标题的水平表现。[7]为了进一步了解五六年级学生概括能力的差异,笔者又就《为中华之崛起而读书》这一课进行第二三次试测,试测结果,如表2-8所示。

表2-8 《为中华之崛起而读书》测试题

次数	测试问题	学生答题情况
1	这篇课文写了哪三件事?	部分学生无法理清文本中的三件事,概括以偏概全。20%学生甚至只能关注到其中一件事
2	提示:可以关注时间、地点、人物和事件分别概括课文的三件事	有了提示,大部分学生会理出三件事,但是单件事也不容易概括好:概括一件事时,很多学生没抓住重点;第二件事时间、地点的词语太多,学生不知道该选择哪一个;第三件事,人物多,事件较复杂,学生对提炼主要人物的方向不够精准
3	不做任何提示,请学生将三件事连起来,自主概括全文	把三件事连起来概括时,学生不容易理清事件之间的关系。很多学生没有运用关联词、连接词来合并段意的意识,造成语言不连贯、不简洁

从以上试测中我们可以得知,学生能在教师的提示下,初步掌握"关注主要人物和事件,把握文章主要内容"的方法。但要使学生完全掌握概括能力,还需要教师有步骤地开展一系列有梯度、有"质量"的训练与巩固。概括能力的培养不是一蹴而就的,而是需要长期由浅入深、由简到难的实践和及时总结。

2. 教师因素（为教而教）

实际教学中,存在着教师教学形式单一、概括能力培养理念欠缺和机械应对等问题。为提高学生的概括能力,虽然有的老师重视课前预习,但是很多孩子基本没有独立完成,而是借鉴课外参考资料。而课堂上老师为了教学的推进或者赶进度,被孩子的"会"所迷惑,让他过关甚至表扬孩子答案很精准,久而久之,孩子的概括能力没有形成。而教师自身概括能力也存在着缺陷,没有行之有效的方法。

3. 教材因素

从"学生因素"分析中,我们不难发现孩子确实存在问题。我们往往会怪罪孩子,其实沉下心来思考,就会发现,如果老师有方法的教,孩子们能力的形成是看得见的,通过调研分析发现三年级26%的学生已掌握"概括自然段段意"的方法。可见三年级是概括能力培养的起始年级。而课文中全篇和段落中都有大量中心句的出现,统编教科书训练要素是初步要求抓住关键语句理解一段话的意思。四年级把握文章主要内容的能力优于五六年级,原因在于统编教科书从四年级开始对概括能力进行长线的训练,因五六年级之前采用的版本教材没有这方面系统的训练,所以对学生来说这方面的能力尚未形成,由此得出学生能力的形成又与教材的系统训练及教师有方法的教是息息相关的。

综合上述测试调查数据及分析,结合统编教科书的语文要素,得到启发:根据课文内容建立直观表象是低年级儿童初步理解课文的必要条件。在初步理解课文的基础上进一步分析内容层次、逻辑关系后所编拟的标题显著地优于通过表象作用所编拟的标题,但学生分析课文的逻辑层次会遇到不少问题,学生原有的概括能力,编拟标题的知识、技能,课文本身的难易度等都会影响所拟标题的水平表现。我们可以比较清晰地了解影响学生概括能力的种种因素,以便更有针对性地指导学生提高概括能力。教师从中年级开始就应该关注学生的概括能力的培养,四、五年级是分清层次、语言概括的"分水岭",更应该有目的地训练。

(二)小学中高年级概括能力培养的改进对策

概括是属于思维能力的培养,概括课文的主要内容可贵的价值不是"内容"本身,而是"概括",是"概括"出"主要"内容的这个过程。一个有意义的"概括"过程,留下一个"概括"体验,形成一种"概括"范式,才能让学生的"概括思维"得以发展与提升,让学生的经验思维、迁移思维、反思思维等语文学科的思维能力和品质均得以发展与提升。针对年段特点,结合文本特色,指导学生学会准确、全面地概括是当前阅读教学之重任。提升概括能力,教师要从儿童的视角及认知水平出发,挖掘教材的长处,用好统编教科书,教出能力。对统编教科书阅读能力长线训练要素的科学性、系统性进行分析研究很有必要。基于以上思考,概括能力的培养要紧扣目标、突出重点和分层突破。

1.紧扣目标,确定教学内容

《义务教育语文课程标准(2011年版)》提出,第二学段"能初步把握文章的主要内容","学习略读,粗知文章大意";第三学段"阅读说明性文章,能抓住要点,了解文章的基本说明方法","阅读叙事性作品,了解故事梗概"。[8]站在整体的角度看小学各阶段语文教学中概括能力的培养,培养学生的概括能力是第三学段语文教学的重点。"把握文章主要内容"能力包含梳理课文条理、概括自然段意思和各部分主要意思的能力。由于梳理条理和概括能力养成在不同的阶段有不同的训练目标,所以我们要依据年段特点,设定相应的概括能力训练目标,依据课程标准、教材,确定小学阶段概括能力培养的教学内容。课堂要从关注"教师的教"转变为关注"学生的学",注重学生的学习过程。

2.瞻前顾后,突出教学重点

概括能力的训练一定要搞清楚不同学段学生的学习定位,不拔高,不降低,并注意年段目标的链接,能力梯度的爬升。从学段的要求得知,针对概括课文主要内容,各个学段的教学层级并不相同。如果我们做到瞻前顾后,引导学生从第一学段开始分阶段按照"把握主要内容"的能力序列进行学习训练,就能循序渐进地养成这方面的能力。三年级读懂自然段的意思;四年级学习概括各部分的主要意思;五年级能初步把握文章的主要内容,如五年级上册第八单元"阅读时注意根据要求梳理信息,把握内容要点",旨在加强方法的迁移与运用,培养学生把握说明性文章主要内容的能力。把握说明性文章内容要点,既可以用完整的句子表述,也可以用短语表示,只要是能准确概括出要点便可;五年级下册继续对"把握文章主要内容"进行训练,以便最终能形成"把握文章主要内容"的能力。六年级把握文章的主要内容作为终极目标,做到前有铺垫,后有巩固。六上第八单元"交流平台"做了回顾:(1)阅读文章,要注意把握文章的主要内容;(2)文章的题目有时能提示文章的主要内容,关键句对了解主要内容也有帮助;(3)可以通过理清事情的因果来把握主要内容;(4)一般来讲,了解了文章每个部分主要讲什么,再把各个部分的主要意思连起来,就能把握主要内容;(5)把握文章的主要内容,不同的文章有不同的方法,要灵活运用。这也预示着六年级下册的学习,学生应该达到"把握文章主要内容"这个终极教学目标,即形成独立把握文章主要内容的能力。《义务教育语文课程标准(2011年版)》在第二学段提出"能初步把握文章的主要内容",但是教师在第一学段就要有意识地渗透,从学习"提取文中明显信息"开始,到"读懂句子",从"初步把握"到"了解文章的表达顺序",这是一个渐进的过程,同时又是一个继续学习巩固的过程。

3.分层突破,把准内在联系

把握文章的主要内容既是教学目标又是学习的策略。其实从第一学段开始就有相关的要求:低年级过程性目标是弄清楚每个自然段有几句话,每句话主要讲什么。第二学段的三年级过程性目标是知道概括自然段中心意思的方法,学习概括自然段的中心意思;四年级过程性目标是学习初步把握文章主要内容。第三学段的五年级过程性目标还是学习初步把握文章主要内容;六年级过程性目标是能把握文章主要内容。统编教科书关于"把握文章主要内容"这一能力学习的训练安排,做到纵向线索清楚,由易到难,螺旋上升,循环往复,稳步促进学生把握文章主要内容能力的形成和提升。"单元导语"所设的把握文章主要内容的方法,按认知规律,有序推进,不断夯实。做到有方法,逐级细化,逐点渗透,目标清晰。遵循"前有铺垫学习,中有重点教学,后有巩固提升"的系统教学的语文学习规律,从第一学段开始,分层突破,按照"把握主要内容"的能力序列进行学习训练,逐步养成"把握文章主要内容"的能力。根据长线的训练系统,结合不同学段的教学目标采用不同的策略,如图2-9所示。

如果我们从第一学段开始采用任务分解的办法,认识和掌握五种句型:谁干什么?谁是什么?谁怎么样?什么是什么?什么怎么样?中、高年级各有侧重,从而实现能力的螺旋上升。编者有计划地安排统编三至六年级有关概括能力的语文要素:三年级"借助关键句理解一段话的意思";四年级能初步把握文章主要内容的训练要素,教给学生简单的、常用的把握文章主要内容的方法;五年级阅读时注意根据要求梳理信息,把握内容要点;六年级阅读叙述性作品,要求了解事件的故事梗概,在阅读中了解文章的表达顺序。例如《为中华之崛起而读书》是统编教科书第一次在四年级让学生有方法地掌握文章主要内容的一篇很好的范本文,针对课后思考题应该有相应的策略,如表2-10所示。

表2-9　"把握内容"长线训练系统与策略一览表

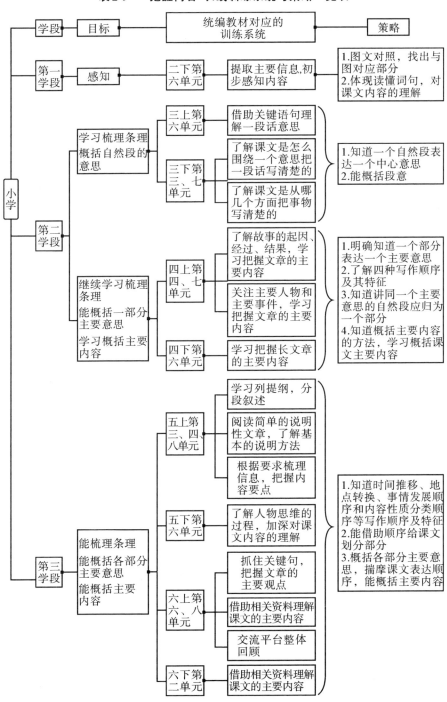

表2-10

教师行为	学生答题情况	应对策略
教师不做任何提醒	部分学生无法理清文本中的三件事,概括以偏概全。20%学生甚至只能关注到其中一件事	1.默读,思考课文写了哪几件事?引导学生可以根据"我"的变化或时间地点的变化来区分
提示:可以关注时间、地点、人物和事件分别概括课文的三件事	有了提示,大部分学生会理出三件事,但是单件事也不容易概括好:概括一件事时,很多学生没抓住重点;第二件事时间、地点的词语太多,学生不知道该选择哪一个;第三件事,人物多,事件较复杂,学生对提炼出主要人物不够精准	2.分别概括好每件事。其中第一件事很清楚,有明显表示时间、地点的词语,当人物出现较多时,引导学生抓住主要人物,次要人物的言行可忽略;而第二件事的概括,寻找事件的关键词,抓主要人物+关键事件,即周恩来听伯父感叹"中华不振";第三件事要提炼事件中的关键词,准确概括主要人物的表现就是目睹"中华不振"
不做任何提示,请学生将分别将三件事连起来,自主概括全文	把三件事连起来概括时,学生不容易理清事件之间的关系。很多学生没有运用关联词、连接词来合并段意的意识,造成语言不连贯、不简洁	3.再连起来说说课文的主要内容。先理清三件事的关系是什么?学生很快就能弄清楚第二、三件事都是第一件事的原因,这三件事之间是因果关系,教会学生先说结果再说原因,或者用表格的形式以"时间、地点"为线把三件事串联起来

　　由上面的例子进行有针对性的概括能力的训练,即用好统编教科书,有方法地培养概括能力,孩子的概括思维将得以提升。叶圣陶先生说过:"语文教材无非是例子,凭这个例子要使学生能够举一而反三,练成阅读的熟练技能;因此,教师就要朝着促使学生'反三'这个标的精要地'讲',务必启发学生的能动性,引导他们尽可能自己去探索。"[9]

(三)小学中高年级概括能力的教学策略

　　不同文体的教学对概括能力的训练是有区别的。写人的课文,主要围绕人物所做的事来提炼人物的性格特点、精神品质;写事的课文,要概括清楚事情的起因、经过、结果。说明文阅读中的概括能力训练着力于对说明对象本质特征的把握,即能概括出文章从哪些方面说明了事物的哪些特点。在概括中把握文体特点进行有针对性的训练,可使学生更好地掌握概括的方法。教学中我们除了关注学情,发现学生学习难点在哪里,看看是整体把握不够,还是整合提炼有困难,或者是表达上的问题,教学的着力点不同外,还要思考不同的文体有不同的概括思维,如果没有梳理出不同文体不同的教学方法,学生的概括思维将不能得到培养。"单元导语"所设的概括方法,依文体特征,逐点讲清,系统构建一类文体的阅读方法。可借鉴夏丏尊和叶圣陶对文章的分类,最基本的分类法把文章分为两种,一种是记叙文,另一种是论说文。如果再分得细些,就分成四种:记叙文、叙述文、说明文和议论文。[10]笔者梳理第二三学段语文教材的阅读内容和目标,发现教材中要求概括主要内容、掌握文章要点的基本属于记叙文、说明文,当然六年级还有部分议论文。下面以记叙文和说明文为例,做个梳理,如表2-11所示。

表2-11 第二三学段统编教科书要求概括掌握要点篇数统计表

文体	册次及篇数						
	四上	四下	五上	五下	六上	六下	合计
记叙文	第四单元3篇 第五单元2篇 第七单元2篇	第四单元1篇 第六单元3篇	第六单元3篇	第一单元3篇 第二单元名著4篇	第八单元3篇 第六单元1篇	第四单元3篇	28篇
说明文		第二单元2篇	第五单元2篇		第6单元1篇		5篇

梳理了教材分册分文体编排的思路后,接下来要落实的专项训练就是分段。分段是有规则的,最普通的是依照文章的内容。例如一篇文章,如果有一部分是总说,那么总说就成一段;一部分是分说,假如分三项,那么每项各成一段,就成三段;最后如果还有总结,那么也成一段。这样文章就该有五个段落,应该分五段来写了。当然在实际运用上也和句读法一样,可有种种变化。[11]因此,在教学过程中,我们主要选择记叙类和说明类的课文作为培养学生分段和概括能力的载体。

笔者梳理出分段的基本方法和概括段意以及概括主要内容的基本方法。说明文的分段方法主要有:(1)按文章的结构方式分段;(2)按所说明的事物的内容、性质分段。记叙文的分段方法则可以细分为五个方面:(1)按事情发展的顺序分段;(2)按时间的变化分段;(3)按地点的变换分段;(4)按事物的内容和性质分段;(5)按文章的结构分段。

教师要引导学生从显性内容的安排顺序中理清思路,把握文章的表层结构,形成对文本的初步理解。找到了文本的思路,就找到了概括的主线,再串联一颗颗"珠子",对段意和主要内容进行概括。如果在三年级开始就渗透曾祥芹的"段落取精法":阅读一段文字时,在一般中抓重点,在重点中抓关键,抓住最关紧要、含意深厚的词语、句子,认真地加以揣摩、领会,分析归纳,采取这种由表及里,层层深入的方法,就可寻找到段落的精要之处。它是识别摄取文章段落的精华和要领的方法。[12]到了第三学段文章篇幅普遍比较长,"概括"更需要考虑文体,如说明性文章在概括各部分的主要意思时,可以用完整的句子表达,也可以用短语表示,只要是能准确概括出要点便可。小说侧重"情节",散文则用小标题串联法。学生拿到文本,若能从不同文体入手,采用不同的概括策略,如表2-12所示,做到综合运用,融会贯通,就能提升语言概括能力。

表2-12 不同文体的概括策略一览表

文 体	策 略							
	概括段意策略			概括主要内容策略				
说明文	梳理说明要点			对象加特点连接法				
记叙文	1.取主法(抓住重点自然段归纳段意)	2.串连法(抓住自然段的意思进行综合概括)	3.问问题法(抓住文章的线索归纳段意)	1.题目扩展法	2.要素串联法	3.人物加事件并列叠加法	4.关键语句连缀法	5.问题整理法

文章的表达顺序是作者创作思路的外化,是文本内容的经纬,承载着服务文本内容、更好地表达内容的重任,准确解析文本的结构是把握文本脉络的重要手段,更是整体感知文本内容的基础,所以,依托文体教给学生概括内容的方法尤为重要。概括能力的培养首先要有法,这法来自课程,来自文本,来自教师,来自学生。作为教师,要"提炼方法—引导实践—再提炼—再引导";作为学生,要"学习方法—实践方法—再学习—再实践—自我提炼方法—实践"。要关注学生学习的过程以及在此过程形成的方法,从"释题—粗知文章大意—了解课文内容—划分各个部分—理解各部分内容—概括各部分主要意思—把各部分主要意思连起来成为一段通顺连贯的话"这样一个阅读理解、概括串联、交流汇报、说理争辩的过程,学生的理解词句段能力、概括能力和表达能力将得到训练与培养,同时思维的训练和思维力的培养得以发生,真正实现"学阅读"和"学表达"的目标。

统而言之,概括能力的培养融合于高阶思维形成的过程,对它的训练与培养需要不断反思与实践。教师需做到明晰概括能力的要素,遵循概括能力的原则,立足教材,渗透方法。根据学习过程、内容类型、思维层次等对学生具体学习过程加以指导,引导学生发展高层次的思维能力。

第二节　文体思维能力的培养

一、转变学习方式,培养思维能力

所谓"群文阅读",指的是"师生围绕着一个或多个议题选择一组文章,而后师生围绕议题进行阅读和集体建构,最终达成共识的过程"。[13]李玉贵老师将"群文"定位在:学生"个性解读"所获取的与"自身生活经验"关联的"议意"(即进行群文组合所具有的可讨论性)的所有"可能性"。课文是用来"教学"的,群文是用来"思考"的;课文强调"掌握重点",群文强调"寻找议意";课文尊重"教师引导","群文阅读"将"倒逼"学习方式的转变,即把课程改革"积极倡导自主、合作、探究的学习方式"的理念变为现实。实际教学中,教师应如何开展群文阅读课呢? 下面,以"亲情"主题的群文阅读课为例,谈谈思路与做法。

(一)合理选文,"倒逼"师生大量主动阅读

群文阅读的关键在于议题的确定。议题的确定与文本解读应该没有主次之分,有时是先有议题,再寻找文本进行文本解读,有时是先有了文本并进行大量的文本解读,最后才确定下议题。这就需要教师从"文章内容、人文内涵、表达方式"等多角度确定主题,再围绕主题精选文章。

准备《"亲情"主题》的群文阅读课,备课时最先吸引我的是奥地利绘本《我爱我的爷爷》。这虽然是一本外国图画书,可书中涌动的情景,却充满了"中国味儿"!"亲情"这个议题是具有普遍性的,如今的学生大多是独生子女,对"亲情"的理解并不深刻,以此为议题,有助于学生理解"亲情"。为了让学生在较短的时间内经历、体验较高水平的研究性阅读,我尽量选择能让学生从不同角度、不同的表达方式来理解亲情的文本,趋向差异性和多角度。在广泛阅读的基础上,我最终将《先左脚,再右脚》《奶奶,我爱你》和《我爱我的爷爷》组成一组。三本绘本同样是写老人对子孙的爱,但方式不同:《我爱我的爷爷》中的爱是默默付出的,《奶奶,我爱你》中的爱是直接表露,《先左脚,再右脚》中的爱是潜移默化。这些都能引起学生对童年的无限回忆和对亲情的珍惜与感恩。

(二)阅读策略,"倒逼"学生真实有效阅读

群文阅读教学,不仅要让学生从多篇文章阅读中获取丰富的信息,更重要的是让学生学会快速阅读、整合信息、质疑讨论,使大部分

学生都主动地参与到学习中来。群文阅读从"一篇"到"一群"的更大价值是努力改变以往阅读教学中的许多痼疾。它意味着"教"和"学"的改变。"单篇教学"在单位时间内,教师"讲"的时间多了,学生阅读的时间就相对少了。"群文阅读"则注重让学生自己去读,让学生在阅读中学会阅读。在群文阅读的有效实施方面,我在设计《"亲情"主题》的群文阅读时,进行了积极大胆的尝试。

1.有效导入,群文阅读的目标层级化

上课伊始,我先激发孩子的阅读兴趣:孩子们,你们知道什么是阅读高手吗?(阅读能力很强的人)你们想不想当阅读高手?今天施老师就教你们如何做阅读高手!这节课我们一起走进美国作家汤米创作的绘本书《先左脚,再右脚》。

出示这节课的五个学习目标:

(1)读出故事情节的发展;

(2)从情节中分辨出高潮;

(3)借由高潮前后的情节内容整理主题;

(4)透过情节发展整理故事的主题;

(5)故事最打动你的情节是什么?你从中体会到亲情是什么?

兴趣是是开启主动阅读的金钥匙,五个学习目标的分级呈现为学生搭建了学习的支架,让他们知道要成为阅读高手必须把阅读思考的过程呈现出来。

2.有效导读,群文阅读的策略实施最优化

在群文阅读课上,学生一节课内要阅读多篇文章,所以,教师要有意识地渗透快速阅读的策略。在有效导入后,我提出导读目标(1),引导学生读出故事情节的发展。

师:这么长的故事,肯定由很多情节构成。给大家4分钟时间快速默读课文,读完后用一个个词语概括出书中每个情节的变化,并把这些词语写在便利贴上,说说自己的发现。(指导学生用箭头的起伏表示情感的变化。)

欢迎他　让座位　大声唱　流鼻涕　泡假牙　早起　沉默　打哈欠　修水龙头　读故事　剪玫瑰　爬楼梯　过马路

逛超市　修玩具　少吃饭　送玩具　送回乡下　想爷爷　看望他

（学走路）（搭积木）（打喷嚏）（讲故事）（过生日）（中风）（搭积木）（喂吃饭）（讲故事）（学走路）

师：（进入导读目标（2），即从情节中分辨出高潮。）这么多的情节，串成了一条情节线。你们再细细读一读，并谈谈你的发现。（根据学生交流情况，板书：突然变、慢慢变）

师：（进入导读目标（3），借由高潮前后的情节内容整理主题。）从高潮前面情节中你读出了什么？高潮后面的情节你又读出了什么？这前后的情节发生了什么变化？说说你的依据。（生交流）

在这过程中，老师引导学生不断发现，鼓励学生在一次次阅读中发现情节的秘密。

师：（进入导读目标（4），透过情节发展整理故事的主题。）前面的情节讲爷爷爱我，后面的情节讲我对爷爷的爱，故事情节在变化，但不变的是什么？（根据学生交流板书：爷爷爱我，我爱爷爷）

生：不变的是爷爷爱我，我也爱爷爷。

师：这种爱就是——

生：亲情、亲人与亲人之间的爱。

在这个环节主要让学生在阅读中去发现议题，从而围绕议题谈感受。

师：我们今天阅读的群文的议题就是"亲情"，（进入导读目标（5））说说故事最打动你的情节是什么？为什么？你从中体会到亲情是什么？

教师示例：最打动我的情节是爷爷教我"学走路"，（示例圈画"学走路"的动词。）我从这些动词中体会到爷爷对我的关爱，因此亲情就是关爱。在学生汇报交流时，我还鼓励学生对同一个情节读出对亲情的不同理解。

在交流中,我时不时地教给学生读绘本的方法,"读书不仅可以关注画面而且可以关注文字。""读书要从书中走出来和生活联系起来。""读书要发现自己,超越自己。""读书应该思前想后,才能读出更多的东西。""同一画面反复读,读出不同的思考。读书就是应该这样,不断思考,不断推翻自己的观点,自己的想法,不断碰撞出新的观点。"……这样,学生就在潜移默化中习得了方法,提升了能力,不但进行了大量阅读,而且训练了默读的速度。课上,学生在一种轻松而又充满挑战的氛围里,发现了绘本的许多"秘密",建构了亲情的"意义"。此环节看似老师的"导",实则是让孩子有策略的"读",不仅拓宽了学生阅读的广度,还培养了孩子的阅读力、思考力。

3.有效小结,群文阅读策略的知识化

学完《先左脚再右脚》后,老师及时小结:刚才大家一起聊绘本,我们先聊故事的情节,知道一本书由很多个情节组成,从中发现这些情节通常是一波三折的,还发现同一本书,虽然故事情节不同,但是都围绕同一个主题来写。最后大家还选择了最能打动自己(或自己感兴趣)的一两个情节细读,谈论自己的体会。谈完后老师边与孩子回顾,边逐条出示金钥匙:

一读,读故事情节,想想这些情节是如何发展变化的,哪些情节是高潮;二读,读故事主题,想一想故事想表达什么观点;三读,选择最能打动自己的一两个情节细读,谈论自己的体会。这是对师生共同阅读第一篇的策略或方法(程序)的知识化,预备迁移。

接着,再让学生运用这把"金钥匙"去学习另外两本绘本,并在小组间进行交流。

师:边读边想,先试着把自己读的内容说给别人听,再思考作者想要透过文字表达什么,把读出的内容写在便利贴上并贴在文本的相应位置。

这样的学法指导是通过和学生的谈话引出的,而不是我直接灌输的,不仅告诉学生要这样学,还告诉学生为什么这样学;让学生不仅知道读书的方式,还知道要"读出什么"。根据第一本绘本的学法,我提出如下问题和要求:

(1)这本书的"慢慢变"在讲什么?

(2)"突然变"体现在哪里?(高潮)"突然变"之后是什么?(结局)

(3)"突然变"之前是"慢慢变",还是"突然变"?之后呢?(关注情节发展变化)

(4)先把所写的情节词按照文章的顺序贴在海报纸上,自己读一读,再和同桌所写的放在一起比较、讨论,接着在情节词下标上读出的感受:

让座位……擤鼻涕   读故事……

(关爱)……(讨厌) (陪伴)……

此环节是师生共同阅读第一篇的策略或方法(程序)进行总结(知识化),预备迁移。回扣"初始认识"或者"议题"。接着,运用这把"金钥匙"去学习其他篇,一是印证,二是修正,三是丰富"初始认识"(议题)。接下来师生围绕共同议题,集体建构,发现共同点,然后就"共同点"进行深入研读,通过师生共同学习探讨,去丰富或完善自己的"初始认识",真正实现"一篇带多篇"的效果。这样的课堂设计,不仅符合课程改革倡导的自主、合作、探究的教学方式,还彰显了学生合作和探究的能力。

4.有效整合,群文阅读知识"结构化"

"结构化"意味着文章组合的"线索"更加丰富,更具逻辑性,这就解决了单篇阅读"少慢差费"的问题。教师可以把多篇文章看成一个阅读整体,设计具有比较性、迁移性的问题,将多篇文章横向联合,指导学生在阅读中提取、整合信息。本节课的最后,我让学生采用比较阅读的办法,比较三本绘本情节线的异同,启发学生对亲情进行不同层面的解读。

师:这节课我们一起阅读了三本绘本,每个故事都是围绕"亲情"这个主题,但又不尽相同。你们能说说这三个故事的相同点和不同点吗?

生:都是写我对爷爷奶奶的爱,或是爷爷奶奶怎么爱我。

师:这是从内容上发现相同的地方。那么,这三篇有没有什么不同呢?联系具体情节,并观察情节曲线图,谈谈你的发现。

生:《我爱我爷爷》既写了爷爷对孙子的爱,又写了孙子对爷爷的爱。从曲线图上看,情感变化由几个高潮组成,这是一波三折的写法。

生:《先左脚,再右脚》先写爷爷如何爱孙子,后来,爷爷生病了,就开始写孙子如何照顾爷爷。我觉得这是一种前后循环照应的写法。

生:《奶奶,我爱你》用了总分形式,先总写奶奶很爱我,接着每个情节都围绕这句话来写。

学生通过对比三本绘本的异同,对几种情节结构的认识更加深刻,自然习得了写作方法。

群文阅读的课堂不是"教懂"型的,而是"练能"型的:练自读能力,练信息提取能力,练探究(发现)能力,练思辨能力,练表达能力,练表现(除语言表达之外的将探究结果多方式呈现)能力。只有这样,才能拓宽语文的广度,才能实现"以学生为中心,以能力提升为核心"的个性化教学。

二、教学评一致,提升思维能力

"先测后教"是从时间角度界定测与教的关系的,"测"的载体是试题,"教"的是师生之间的互动,教的目的是完善学生的认知结构。"先测后教"使每位学生都有了主动学习和创新的机会。这样的设计,使学生由原来的被动听讲变成积极性学习者、研究者与参与者,彰显了学习生命力和精神生命力。

"国际阅读素养进展研究(PIRLS)"把阅读能力分解为获取信息、直接推论、综合解释文意、评价思想内容与语言形式等要素。在借鉴以上阅读能力研究成果的基础上,我们根据《义务教育语文课程标准

（2011年版）》的要求和当前小学阅读教学的实际,将阅读能力分解成认知能力、理解能力(概括、解释、举例、比较、运用)、评鉴能力、质疑创新能力等要素。这四种能力由低到高组成了一个阅读能力的层级结构。笔者尝试在第一、第二、第三学段的阅读教学中融入测评,做到分学段有序进行学生阅读能力的培养。不同学段,学生阅读能力不同,阅读测试的重点也应该有所侧重。

（一）第一学段:尝试融入测评,侧重认知能力的培养

第一学段(1～2年级)可以侧重于认知能力的培养,引导学生在文本中找出明显的信息,并给出简单的推论。低年级应以识字教学为主,此阶段的最佳测评融入时段应该是第一课时与第二课时之间,因为第一课时应该扫清字词障碍,在这样的基础上再来融入测评,学生会学得更有实效,集中培养初步的认知能力。如北师大版二年级的神话故事《女娲补天》,第一课时主要测试的题目分别是"女娲为什么要补天? 女娲怎样补天? 补天成功了没有?"第二课时测评的题目是"说说这篇神话故事的神奇之处表现在哪里?"由此引出这两个小问题:(1)"为什么是五彩石不是六彩石、七彩石?"(2)"如果是七彩石,故事又该怎么写?"通过最后两个小问题的推进引导学生练说,进一步体会神话故事的神奇和巧妙的特点。

以上试题没有琐碎的字词理解等基础题目,这样的测试,既能考察学生的阅读能力,又能引导教师从教课文内容转到教阅读能力,发挥导向作用。

（二）第二学段:以课中测评为主,侧重理解运用能力的培养

第二学段(3～4年级)可以侧重于理解运用能力的培养,引导学生对文本信息作简要的概括、评价与运用。要改变以往以理解内容、体悟情感为目标的教学,引导学生经历真实的阅读过程,习得有效的阅读方法和策略,以期提升阅读智能,感受阅读乐趣。

《包公审驴》是北师大版小学语文四年级下册第五主题单元"智谋"中的一篇记叙文(民间故事),叙述了包公施巧计审驴,抓住小偷替穷人找回被偷的驴的故事,塑造了包公足智多谋、断案如神、刚正不阿、维护正义的形象。故事中包公审驴的策略蕴含了过人的智慧,能给学生以智慧的启迪,但表现得较含蓄,需要教师引导学生去领悟。文中除了具体形象地描述了包公的所作所为,还通过对衙役、百姓表现的叙述来衬托包公的形象。这样故事性强的课文,如何让命题跟我们平时的教学更好地融合,让目标—测试—教学一致?香港理工大学祝新华教授在《促进学习的语文评估:基本理念与策略》一书中说过,"根据不同阅读目的采用不同的阅读方式,是每个读者适应信息社会应当具有的观念和技能。"[14]而中小学普遍存在的问题是以同一种方式阅读不同性质的文章。教的方向不对,那么目标—测试—教学又如何能一致?经过实践研究,我们发现促进学生的阅读教学与测评融合可以实现三者统一。下面以《包公审驴》为例具体阐述。

促进学习的语文评估,分三个环节进行:

1.收集信息——课堂前测

设计纸笔测试(针对课文命题)、课堂提问、课后访谈、观察等。

2.解读信息诊断原因

(1)判断表现。对测试题进行定性和定量分析。

(2)诊断原因。分析存在的问题和未达成目标的原因。

3.善用信息——改进教学

(1)逐题分析学生的学习表现,并做客观描述。

(2)在简单的评断之余,提出具体的改进建议,以促进学生的持续发展,做到课堂上有针对性的教学,真正解决学生的学困点。

(3)必要时提出实据,或作必要的解释,让学生清楚如何改进。

在《包公审驴》的教学实践中,教师可灵活选择及组合这些因素,实施策略,根据评估三环节展开课堂教学,如表2-13所示。

表2-13　评估三环节

环　节	步　骤	课堂展示
收集信息	1.收集信息（前测）	（课上自学文本进行测试）
解读信息	2.判断表现	对测试题进行定性和定量分析
	3.诊断原因	分析存在的问题和未达成目标的原因：（1）学生概括小标题存在问题；（2）理解关键词表情达意的作用这个能力比较缺失
善用信息	4.反馈（得分、赞赏、建议、实据与解释）	引导学生如何概括小标题，教给学生如何抓要点概括即删繁留主或者用提问题的方法即主要人物＋主要事件概括小标题
	5.改进教学	教师：设计补救措施，设计后续教学计划，重点解决关键词表情达意的作用。如根据学困点教会孩子如何理解关键词表情达意的作用；学生：根据自己的表现计划改进方法并实施这一计划

将纸笔测试与课堂教学进行有机融合，以提高教师课堂提问的针对性与有效性，激发其对教学行为的理论思考。但需要注意的是，不同时段要有不同的评测重点。

（1）在规划教学时设计好评估活动

课前测评（以下简称"前测"）共设计11道题，其中第9题是"这篇课文中，你读出了一个怎么样的包公？请从课文中找出相关语句说明。"教师在这节课上以此问题为核心，紧扣"读出一个怎样的包公"，让学生概括人物形象并说说理由。试教时有学生曾读出了"诡计多端"的包公，这时需要教师分析作出有针对性的引导，找出错答的原因：一有可能是学生对包公这个人了解不够；二有可能是词不达意。因此，课堂上教师要先让学生用读的方法对人物形象进行甄别，读出包公与其他人物的不同，接着引导学生走进文本，说说为什么这么处理的依据。最后，总结出读懂人物形象一定要回归文本，进行有理有据的思考与阅读。

（2）在规划教学前进行诊断性评估

即通过前测了解学生已掌握的知识与技能，诊断学生的困难和错处。我们把这样的评估称为诊断性评估,这类诊断性的评估往往能通过一系列(10道左右不同能力层级)的小问题集中检测学生对文本的掌握程度,以便教师规划教学时对症下药。

如对于前测中的第6题:"这次,到庭听审的不只是几十号人,而是有好几百人了,他们个个都想来看看热闹。这里的"看热闹"指(　　)。"

A.提意见　　　　B.听审讯　　　　C.问究竟　　　　D.了解计谋

这属于理解探究言外之意的题目,60%的学生选择"问究竟",说明学生对包公这个人不了解,加上学生的阅读经验不足,又没有联系文本内容进行研读,因而回答不够准确。这时老师及时引导学生联系文本内容和课外阅读读懂"看热闹",这里的"看热闹"实指百姓出于好奇想看看这次包公又会用什么好法子断案,由此告诉学生用联系上下文和生活实际的方法往往是真正读懂一个词、一个文本深层意思的好办法。

(3)在实际教学中进行实时评估

在实际教学行为进行过程中对学生实施即时、渐进、持续的评估,关注学生在怎样学习,实时发现学生的学习困难,及时提供学习指导与帮助,而不只是依据一次测评来判断其学习情况。如前测单上,请学生当堂提出至少三个的问题,并探讨"这是属于哪个层级的问题",引导学生发现,要学会提有针对性的问题,提有思维价值和探究价值的问题。如第10题:课文写"看热闹"的人(包括衙役等)及其表现,你认为有没有必要?根据文本内容说明理由。此为"质疑创新"类题,意在鼓励学生进行深入探讨。对于学生的回答,教师要通过追问等方式进一步引导学生探讨,以诊断并拓展学生的学习。这样的有效提问为学生提供了表达自己想法的机会,也让教师了解学生对字词及文本的理解程度,从而进一步引发深度思考,与此同时,提问也能促进学生之间的互动,促使学生更加投入学习,从而培养了学生的创新思维能力。当然,教师的有效提问示范也有助于提升学生的提问技巧,从而进行有效学习。这样以测试为依据,确定目标及重难点、教学内容、教学策略,学生们更是通过试题测验—上课反馈这一环节,明白了什么类型的文章就该用什么样的方法去读。可以说,阅读教学因为融入阅读测试,构建了高效的阅读课堂。目标—测试—教学向着一致的方向发展,将极大地推进教学效率和正向的测评。这样在课堂教学实施时考虑把课上厚的同时,还要考虑把课上薄一些,实现长文短教,达到高效课堂,教给学生读懂故事性强的文本要讲究策略方法,如提问题的策略,着力培养学生理解能力、评鉴能力以及思维的能力。

(三)第三学段:适时融入测评,侧重运用评鉴能力的培养

第三学段(5~6年级)可以侧重于概括较为复杂信息的能力,引导学生对文本内容或语言发表自己的见解,运用文本信息解决生活问题。下面以北师大版五年级科普说明文《奇异的激光》为例,具体阐述以测评融入阅读教学不同阶段(课前、课中、课后)的思路与做法。

本教学设计的"先测",侧重关注全体学生,针对学生"课前测"的情况,教师结合自己原先的判断去对学生的测试情况作出即时评价,制定相应的教学策略,了解学生对已有知识点的掌握。

1.课前测

(1)关注"课文写什么",即激光的特点和作用,并能用思维导图梳理出来,如图2-1所示。

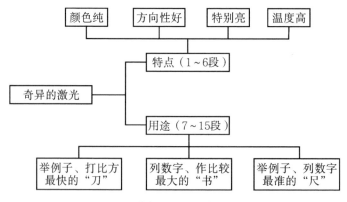

图2-1 《奇异的激光》结构图

（2）聚焦"课文怎么写"，即说明方法、说明语言，如（前测题第9题）：大部分学生都能判断出一种说明方法，但这个句子有两种说明方法，学生都没找出第二种说明方法。

①判断下列句子使用的说明方法，把序号填写在后面的括号内。

A.列数字　　　　　B.作比较　　　　　C.打比方　　　　　D.举例子

E.分类别

②由于方向集中，激光就特别亮，最亮时，比太阳还要亮100亿倍。

（　　　）

第①题主要测试学生的概括能力，能从文本中提取多个明显的或隐含的信息进行概括，对文本有个整体把握，该题旨在让学生启动先备知识阅读课文，了解激光的特点和用途，感受激光的神奇。第②题主要测试学生的解释能力，能用联系上下文的方法读懂句子的意思，让学生了解作者是怎样抓住事物的特点，运用多种说明方法进行说明的，体会说明文语言的严密平实。

2."后教"

当堂针对性施教，对于前测题第1题，当教师对着学生的思维导图追问："你为什么这样写（即有特点又有作用）？"时，学生说不出依据来，这时教师引导关注写法，即文章的过渡句。通过读过渡句，学生一下子读懂了文章前半部分讲激光的特点，后半部分讲激光的作用。接下来聚焦"特点"，当场诊断对于激光的特点的掌握，全班学生的看法不一，（结合前测题2，学生对于激光的特点——人造光、单色光不理解，只回答三个方面，即"特别亮、温度高、方向性好"。这时，引导学生再次默读课文1～6自然段，圈画出写激光特点的关键词，发现在"人造"这个点上，大家意见不同。因此教师应在课上及时诊断，引导学生在每一句话圈画重点词即抓关键词提取信息的能力，其次在每个要点前标注序号，避免遗漏要点。最后，引导他们及时添加"单色光"这个特点。

3.课中测

课中测，以四道不同能力层级题目推进，力求解决学困点和难点,有意识地培养学生甄别信息、评鉴和运用文本信息解决生活问题的能力。

(1)对于激光是奇异的光,表述有误的是哪一项?(   )

A.火光、太阳光、闪电等都不是人造光,激光是一种人造的光。

B.激光颜色纯,方向性好,方向集中,能产生高温。

C.激光绚丽多彩,奥运会、世博会都用激光灯来做装饰。

D.激光特别亮。

(2)判断下列句子使用的说明方法,把序号填写在后面的(   )里。

A.列数字   B.作比较   C.打比方   D.举例子

E.分类别

①由于方向集中,激光就特别亮,最亮时,比太阳还要亮100亿倍。(   )

②我们的眼睛对着电灯看,会感到刺眼;看太阳,会瞬间目眩;如果对着激光看,眼睛就会严重受损以至永远失明!(   )

③光是一个"飞毛腿",一秒钟可以跑30万千米。(   )

④建筑师建房、造桥、筑路、打隧道用它画线、吊线;气象工作者用它测量云层高度;飞机、导弹、坦克、舰艇、火炮用上它,大大提高了瞄准的精度。(   )

⑤按照这一密度,可将美国国会图书馆的所有信息存放在一块方糖大的盘上。(   )

⑥请选择以上一个例子,说说作者运用说明方法的好处。

(3)简答题:"默读第二部分'激光的应用',从最快的'刀'、最准的'尺'、最大的'书'"三个方面选择其中最感兴趣的一个做批注,说说作者是怎么说明白的,用了哪些说明方法,这样写的好处是什么?

(4)"激光却能集中成平行的光束向一个方向发散,而且几乎不衰减。"这句话中的"几乎"能去掉吗?为什么?

第(1)题,教师针对学困点引导学生理解选项C中的"绚丽多彩"是多种颜色,而激光是单色光,因此这个词的表达有误。第(2)题②中教师引导学生在判断一个句子所运用的说明方法时要考虑得再周全些，因为有时候作者为了说明的需要，会多种说明方法套用，从而让学生明白运用多种说明方法能更加清楚、具体地写出事物特点。引导学生关注"刺眼""目眩""受损而失明"几处，进而体会说明方法的好处，品味作者用词的准确，充分感受激光特别亮的特点。第（2）⑤题的答案是DB，学生看到"方糖"就选了C，失误多。第（2）⑥题在体会说明方法的好处时写得较笼统，选择第（2）③题的，流于"生动形象"的套话较多。

第（3）、（4）题主要是测试学生的评鉴能力，是让学生对语言文字及表达方式的运用发表自己的见解。第（4）题主要让学生体会说明文语言的平实严谨的特点。这样的测试既能测试学生阅读能力，又能发挥考试的导向功能，引导教师在平时的阅读教学中关注学生阅读能力的培养。课中测达到的效果可以从两个层面理解：一是试行学生之间通过合作学习自行解惑；二是教师针对学生的学困点有针对性地解疑，强调引导学生的认知结构向科学的知识结构靠近。

4.课后测

课后测既是检验学生的阅读理解水平，又是对其运用能力、实践能力等综合能力的检测。例如：

（1）"通过查阅资料，你还知道激光有哪些用途？仿照课文的写法，列一个小标题，再围绕标题，运用多种说明方法介绍激光其他的特点和用途"。

（2）本节课你收获了什么？

本环节旨在引导学生通过多种途径搜集资料，进一步培养学生筛选、整理信息能力，使学生学会挑选对理解课文内容有帮助的、容易理解记忆的信息。仿写部分又达到培养学生综合运用的能力，达到举一反三，把探究性学习延伸到课外，以达到正确理解科普性文章的内容及学习写作要领之目的。

阅读测试考察了学生的阅读能力，充分发挥教学评价的导向作用，努力实现教学目标、教学实施和教学评价的一致性。

三、借助高阶问题，提升思维品质

语文核心素养是学生在积极的语言实践活动中积累与构建起来，并在真实的语言运用情境中表现出来的语言能力及其品质，是学生在语文学习中获得的语言知识与语言能力、思维方法与思维品质，是情感、态度与价值观的综合体现。基于学业质量评价，我们的阅读教学该如何培养学生高阶思维能力？

在测评中，我们发现，整合水平低的学生只能依靠大量不断重复记忆来保持既有记忆，学过的知识很难有效运用于复杂的情境，特别是陌生的情境。因此，培养学生的高阶思维能力一定要有特定的语言运用情境。

笔者对近期命制的一份试题进行试测，本试题以文学性作品梅子涵的《走在路上》为情景材料，共命制8道题。通过测试，发现第7题评鉴人物的开放题"读了文章，你认为小远是个怎样的孩子？请结合文本内容至少说明两点理由。"的作答情况大致分为三种：一是先评价小远是个怎样的人，在说明理由时答案一长串，不会概括表述，啰嗦且没有分点作答，比例为40%。学生答案如下："小远是个孝敬老人的孩子，他原来觉得奶奶动作慢，后悔买了一张票和奶奶一起看电影，导致没看到电影的开头，后来他发现奶奶老了走不动，原来他一直都没有注意到奶奶，后来搀着奶奶一起走"；二是误读题，这样的学生占20%。题目要求评价小远是个怎样的人，学生说明理由时只写一个要点，观点多写了，造成观点与依据前后不搭。如，"我认为小远既是个急性子又孝敬长辈的孩子。理由是奶奶年老了，走不动，小远却一直朝她大吼"；三是说明理由时语无伦次，没有针对前面所提的观点自圆其说，这样的答案占到30%。当然，还是有10%的同学懂得分点作答，表述清楚。

就阅读评价内容第7题开放性的题目，我们反观阅读教学中普遍存在以下问题：（1）课堂上高层级阅读能力的问题缺失，导致学生在考场上无从下手不会作答;(2)高层级阅读能力的训练和指导不力,使得学生在考场应答时没有条理,逻辑思维能力受限;(3)学生课堂多为口头作答,鲜见笔头表达,老师的有效理答没有针对性;(4)学生质疑问难缺失,思维层次停留在低阶层面。

如果试着在教学中带入不同层次的问题,让学生在阅读时能理解文本,并能有所习得。课堂上教师就应该着力琢磨提出高级思维的问题,并引导学生深度阅读文本有方法地答题。在高级思维能力的培养上,以文学性作品为例进行阐述。

(一)要有特定的语言运用情境

从评价的角度看,语文核心素养的评价离不开真实的语言运用情境和学生实际的语言运用活动。也就是说,情境和活动是学生素养得以表现的基本条件,要评价学生的素养,就要为学生素养的表现设计必要的情境和活动,通过在特定语言运用情境中的言语活动,使学生内在的语文素养得到较为充分的体现。为此,测评题目应以具体的情境为载体,以典型任务为主要内容。情境与活动在语文评价中,特别是命题设计中有着重要的作用。

(二)要让学生的思维清晰可视化

当前的语文知识学习仍然存在着较为明显的概念化倾向,教学多停留于相对抽象的概念,即教知识的最表层,老师课堂上更多是"告诉"。如《钓鱼的启示》一课,作者为什么详细写"放鱼",学生也知道作者主要写"放鱼部"分,然而老师的教学往往停留在此,甚至不忘一句话总结:写作文的时候要注意详略的安排。其实这样的知识教学于学生而言仍停留于知识概念化记忆的过程,并没有真正内化。基于这样的思考,如何让学生的思维可视化?如果把这部分的教学分三步走:一,思考。课文哪一部分是详写,为什么这部分要详写?二,重构。如果把"钓鱼"或"放鱼"安排为详写,你认为作者想要表达什么呢?(如果详写"钓鱼",可能想告诉我们,鱼来之不易,但是容易把教学的重头放在体会詹姆斯的不舍上;详写"放鱼"则要表现如何遵守规则,而且规则是通过父亲的嘴巴说出来的,父亲在规则面前,以毫不含糊的态度指引詹姆斯战胜了诱惑,渡过了道德的难关,才有后面的由"放鱼"这件事对詹姆斯的人生意义的启示。)

三,小结。作品中详写与略写的安排是根据表达重点而定的,我们在阅读和写作时要多加思考和留意。当然如果就此引导学生如何解答,就可让他们的思维经历多重转化,即由知识内容(文章是如何安排详略,随文了解什么是详略)到知识形式(为什么这样安排详略,在重构中学习详略的不同安排),再到知识旨趣(合理运用详略,学会辩证地看问题)。这样使学生的思维清晰可视,学生才能在正确的思维、感受知识的意蕴上下功夫,从而渗透到知识创生的方法、思维,并从中挖掘出知识所蕴含的内在价值。

要让学生思维可视化,还可以教给学生程序性的知识,如"这篇文章的主要内容是什么,请用简练的语言概括。"试想如果我们教给孩子的是程序性的知识,即针对不同的文体概括主要内容的方法是不一样的,如叙事性作品解答思路:关键人物＋主要事件;小说(童话、神话、故事、剧本等):主要人物＋主要情节;说明文可以抓住事物的特点(功能、作用等等)来概括。同一篇文章也可能有不同的方法,常见的是中心段(句)提炼、标题扩充、段意合并、要素罗列等。如评价文章的题目,常见的问题:文章为什么以此为题? 文章用"××××"为题,在表情达意上有什么作用? 这篇文章的题目叫《××××》,你觉得这个题目好在哪里?(或者这个题目好不好?)请结合文本说明理由。有同学认为,这个故事的标题"××××"太一般了,建议换一个更吸引读者的。你认为呢? 根据文本内容说明理由。围绕类似的问题,教师可以教给孩子评价题目的基本方法:(1)如果标题采用修辞手法的,就要还原它的本义后再分析作用;(2)标题是主要事件的,如《和时间赛跑》直接点破题目就是文章的主要事件;(3)标题是主要人物和主要事件的,如《罗斯福集邮》,直接用"主要人物＋主要事件"来概括;(4)标题设置悬念,激发读者阅读兴趣,产生质疑,如《生死攸关的烛光》,为什么烛光攸关着生死?攸关着谁的生死呢?(5)标题是文章的线索,如《一枚金币》以"一枚金币"为线索,父亲让儿子去挣一枚金币,前两次母子俩骗父亲,说金币是自己挣来的,父亲把金币扔进火炉里,第三次儿子历尽千辛万苦挣来金币,父亲为了试探儿子坚持把金币扔进火炉里。这样就以"一枚金币"为线索把各部分内容组织起来。这样的题目就能吸引读者眼球,产生好奇,激发读者阅读兴趣。

一个标题往往同时具备多种作用,答题时要作全面的分析;题目中运用修辞的(语带双关、比喻、拟人),要还原它的本义后再分析作用。

(三)要用高阶问题助推思维发展

高阶问题是教学中的核心问题,即能够引领学生的思维向深远处扩展的问题。

笔者对一个毕业班质量监测的薄弱单位的4所农村小学进行蹲点视导,听随堂课。经过调研,我们发现老师一节课平均提了10个左右的问题,这些问题大多是检索性的问题,而且老师习惯于串讲串问,即一个一个的问题往前推进,亦步亦趋,这样的做法导致课堂上学生没有了思维的空间,没有了阅读的空间,丧失了分析综合评价的能力。研究发现高阶思维的问题在我们教学中尤为重要,但却恰恰是老师的短版。

学生要完成这个问题需要在这篇文章中纵横驰骋,他们需要提炼信息,梳理信息,然后把相关的信息融合在一起,变成一句通顺、有逻辑的话,再把它表达出来。要让他们每一步的学习都是在登高,让他们在每一节语文课上都能学到他曾经没有感受到的东西。

从不同角度提出问题,以及问题深度与广度是思维层级的不同表现。四年级的学生一般会结合文本内容提出问题,但不懂筛选有价值的问题以更好理解课文内容,从而关联全文进行思考。因此,如果从研究考试评价的角度来研究课堂提问,课堂上学生的思维能力将得以提升。下面以北师大版小学语文五年级上册《生死攸关的烛光》为例,在引导孩子提问题方面做出尝试。全班45名学生,问题呈现如下:(1)伯瑙德夫人把情报藏在哪些地方?(检索)(2)一家三口如何保护蜡烛里的情报?请简要概括。(理解中的概括)(3)课文写了一件什么事?(概括)(4)题目为什么叫"生死攸关的烛光"?(43人,占95.6%)(评价形式);(5)伯瑙德夫人是个什么样的人?结合文本说一说。(评价人物,20人)(6)你喜欢文中哪位人物,根据文本说明理由?(评价人物,26人)

在关键词表情达意方面学生提出了这样的问题:(1)第二自然段的"绝密"能不能改成"秘密",为什么?(2)第三自然段"闯进"能不能改为"走进",为什么?(3)"烛光摇曳着,发出微弱的光"中的"微弱"能不能去掉,为什么?"夺回"能换成"拿回"吗?为什么?

通过对预习中学生提出的这9个问题进行梳理,可以看出学生能问善问,所提问题紧扣高阶思维。学生不仅能扣紧故事内容来提问题,且能从简单的检索性问题延伸到故事内容的概括,从评价内容到评价形式方面学生都有了很大的进步。

老师在有效理答方面也做了较积极的尝试,如学生回答"为了保护这生死攸关的烛光,一家三口怎么做?"在对故事情节进行概括时,大部分学生采用图示法概括,如图2-2所示。

图2-2　故事情节图(一)

在老师的引导下,学生进行推敲,从而做到有方法的概括,梳理出概括关键情节的方法,即:关键人物+关键动作。语言简洁明了,如图2-3所示。

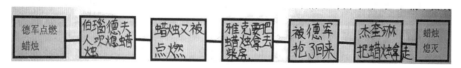

图2-3　故事情节图(二)

接着,出示班里2名学生用情节曲线的形式概括故事的主要内容,并引导学生对比两种概括方法的异同,从而发现用情节曲线的形式更能突显小说故事一波三折的特征,如图2-4所示。

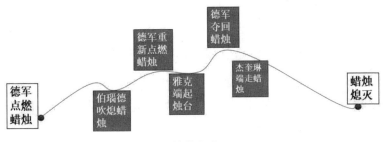

图2-4　情节曲线图

然后,聚焦情节曲线,从而发现德军三番两次点燃蜡烛,伯瑙德一家与他们周旋,保护蜡烛。学生通过再读情节曲线还发现,每一次情节的发展都离不开蜡烛,因而探究点就聚焦在"蜡烛"上。教师应引导学生围绕"蜡烛"提出问题,如:蜡烛在文中起着什么作用? 文中为什么多处写蜡烛? 这样写有什么好处?

最后引导学生找出描写"蜡烛"的有关句子,从而读出环境描写在文中的好处。通过交流了解环境描写的作用:一是渲染紧张气氛,烛光"微弱",说明蜡烛随时都有可能熄灭,情况十分危急;二是衬托人物害怕的心情,即烛光成了伯瑙德一家眼里"最可怕"的东西,这说明她们内心害怕,同时又隐喻着烛光关系一家人的生命乃至整个地下工作者的命运;三是烛光贯穿故事始终,可以推动情节的发展。

那么这时教师可以水到渠成地小结:在品评环境描写等表达方面的作用时,不能只是抓要点表述,还应该紧扣文本进行补充说明,让理由更加充分,这样学生学习了环境描写的作用后能举一反三。当他们读到六年级的《黑孩子罗伯特》时,自然会关注探究这篇小说中环境描写的作用,如作者为什么三次写玫瑰花? 故事的最后一个情节是送走黑孩子罗伯特,走出教堂,教堂里的玫瑰花开得正艳。结尾这样安排有什么用意? 当学生把同一文体的相关知识进行关联时,他们自然而然会发现小说中语言反复的规律,也会思考:在什么情况下会出现反复?这样反复的作用是什么?那么,一流学生便可以自己分析做答思路,思考课堂上老师如何教授评价反复;对于二流学生,老师提供的示例不仅从解答的角度给予他们启发,而且从答题路径上给予了指导。

语文学习活动的主体是学生,阅读教学只有充分重视学生的主体地位,并为其阅读过程"保驾护航",指导阅读的过程中注重阅读方法的渗透和阅读方向的引领,确保学生真实地开展学习,学习指导才能落到实处,发挥效用。

(四)要让知识以结构化形式呈现

调研发现,我们教学中存在的最重要的问题就是我们往往重视获得文本所呈现的知识,也重视通过文本习得的学科能力,却忽视把一个个的知识点放在学科大背景下进行思考和整理,经常会发现同一个知识点在不同的年级反复出现,而且被老师做相同的处理,也就是说,老师缺乏一个完整的、系统的学科知识体系,教给学生的知识呈现碎片化。为此,让知识结构化,教给学生程序性的知识尤为重要。把看着没有直接关联的或者散落在文章中的零散的知识、概念等变成一个支架,把点状、线状、零散的知识梳理在一个系统之中,形成一个复合型的概念网络。这样,试题命制的角度和方式都能兼顾被测试者和学习者的双重身份,为其搭设种种"支架",使其对题目更容易上手,能更好发挥水平,并对阅读方法和阅读策略进行指导,体现在对学习理念与方式方法的有效引导,发挥试卷提升学习能力的作用。如果把《走在路上》的阅读情境题当作一篇课文教学的话,由上所述,学生回答没有针对性,学习活动碎片化,前言不搭后语地发表看法,老师应能在阅读教学中采用任务驱动的形式,建构学习框架。

活动一:你认为小远是个怎样的人?根据文本说明理由。

活动二:小组交流反馈意见,互相取长补短。

活动三:小组派代表发言,先说观点,再围绕观点说出两个理由。

渐渐地,学生便学会用严谨的语言来支撑自己的观点,使自己的表达形式更加有条理,有依据。以生为本,渗透方法,关注过程,学生就会批判性地看待问题,用语文的方式表达自己的观点。长期以往,他们将学会提取和整合信息,语文素养将得到提升。

(五)巧用追问引领思维深入

学生的思维怎么样才能深入?追问是迫使学生的思维一点点深入非常重要的方法,一个个追问能够形成一条问题链,迫使学生不得不更全面地思考问题,更准确地表达自己的观点。其中语言建构与运用重点关注学生语言积累与整合、语感获得和语言规律把握等关键性因素的水平变化。

高级思维是自主的分析、评价、创造的思维。它具有较高的认知水平,有较高的认知能力。从这样一个定义中,我们不难发现具有深度思维的学生应该有这样的特点,如对知识信息的加工、概念的理解与运用这方面有着比较深刻的理解,能够在这一基础上建构起个人的知识体系,并且能够运用自己的知识解决生活中所遇到的复杂问题。如《生死攸关的烛光》临结课时,老师引导学生探究"为什么文章安排小女孩最后出场?主人公是一家三口,为什么军官描写却占很大一部分?可以去掉吗?为什么安排一家三口,一家两口可以吗?这样学生就不仅仅理解课文内容,他们会更加懂得关注写法,关注人物的出场顺序,在这危急关头首先是妈妈,伯瑙德夫人的所作所为为儿女树立榜样,其次是哥哥雅克意识到自己的责任,虽然缺少对敌斗争的经验,但是在死亡的考验面前从容镇定。同时妈妈和哥哥又把誓与敌人斗争到底的决心和勇气传递给了妹妹杰奎琳。这样在最后关头才有妹妹挺身而出机智战胜敌人!通过讨论孩子很快能发现这样写符合人伦的顺序,符合塑造人物的需要。这对他们以后写故事、塑造人物性格、表现中心有很大的指引作用,真正达到以读促写。

总而言之,阅读教学要促进学生深度阅读思考,提升学生阅读能力,首先必须讲究课堂提问和引导学生课前提问,使问题更多地指向高层级阅读能力,并且措辞要精准;其次要改进理答,提高学生的表达能力和思维品质;还要训练学生纸笔作答的能力,只有这样才能形成合力,助推高阶思维能力的发展。

第三节　绘本阅读与功能性阅读能力的培养

一、绘本教学的误区与对策

绘本,又叫图画书。经典的绘本"图""文"一体,互识互释,以其独有的精妙语言文字和明快的画面,营造出了一片新的教学氛围,赋予课程一个新的面貌。不难发现,翻阅一本本幽默诙谐、生动有趣的绘本,能引领着孩子们翱翔在一个个神奇梦幻般的空间里,享受绘本带来的不同以往的快乐,孩子的心胸开阔了,思维灵活了,表达力进步了。

然而,在具体实施中,由于认识的偏差,绘本阅读往往没有发挥其功效,使教学陷入了种种误区。

(一)追根溯源——绘本阅读教学存在的误区

1.重图文,轻想象

在绘本里,图画不再是文字的附庸,而是图书的生命。一些教者过分专注于文字内容,忽略了图画,没有引导学生细细地观赏图画中的形象、色彩、细节等,也没启发学生感受画面所流露的情感、表达的意蕴,更没引领学生遐想文字、图画以外的世界。有文没图、有图没想象的教学现象屡见不鲜。真正尊重孩子们独特的阅读感受,不压抑孩子的奇想与乐趣,才能让阅读走进孩子们的心,让孩子们真正享受到阅读的快乐,这才是绘本阅读的价值所在。

2.重自读,轻指导

阅读活动中,因为绘本中配上了大篇幅的图片,以致于家长和老师误认为只要看懂图画就行了,从而出现把书丢给孩子自己去读的现象。如果把一本很有阅读价值的绘本直接丢给孩子,孩子会在几分钟就把一本绘本看完,因为绘本中的文字很少,留给他们的或许只是几幅漂亮的图画,一个好玩的故事,绘本本身的价值没有充分发挥。于是,孩子们的阅读就仅限于自己对绘本的理解,缺少应有的指导与牵引,绘本阅读的作用在学生整个阅读中所起的作用会大打折扣,甚至完全缺失。

3.重绘本,轻延伸

绘本中的图画是延展的、跳跃的、活动的,能引领孩子们走进故事情境,蕴含着文字无法表达的语意。而教者往往只注重绘本中精彩的故事,忽略了绘本本身的延展性,殊不知绘本常常会在精彩处戛然而止,留下很大的想象空间。同时,很多教师在指导学生阅读绘本时,只是为阅读绘本而阅读,没有把看书、思考的权力交给学生,给他们足够的时间和空间反刍绘本,因而忽视了绘本阅读在学生的文本阅读、思考、表达中所起的作用。

分析以上出现的误区,究其原因是教师对绘本的认识不够到位,以致出现了以上的偏差。在推广绘本阅读的今天,我们除了要充分认识绘本其自身的特点外,更要挖掘它较一般读物所存在的优势。

(二)挖掘绘本阅读教学的价值

教师要充分挖掘绘本阅读教学中艺术、想象、语言价值,让学生在阅读中品味快乐,学会思考,形成正确的人生价值观。

1.陶冶情操,培养审美能力

绘本的题材是多种多样的,每一本经典绘本的蕴意都比较丰富,或饱含哲理,或深刻隽永,可以全面帮助孩子建构精神世界,培养多元智能。绘本每张图像都会说话,教学中教师要充分挖掘,将美术表达形式的多样性、物像形态的生动性、色彩鲜明的协调性等与故事的叙事关系紧密相连,让孩子在阅读过程中既享受文学,也受到美学的熏陶。

2.启迪想象,培养创造力

好的绘本不仅仅在讲述一个故事,同时也是在帮助孩子提升观察力,丰富他们的想象力。简明的文字与细腻浪漫的图画能让学生的想象力与创造力得以自由驰骋。所以,在绘本阅读过程中,要重视学生读图能力与想象能力的培养。可以选择最富想象、最动人的图画,引导学生细细地观赏图画中的形象、色彩、细节等,感受画面所流露的情感,所表达的意蕴,遐想文字以外、图画以外的世界。当阅读把快乐带给儿童时,就把无可估量的巨大精神财富带给了他们,这就为他们建造起了自由的精神空间与心灵家园。儿童在与绘本进行心灵对话中,在闪烁着人性光辉、充满大自然和谐和童真童趣的字里行间徜徉时,必定会开阔眼界,丰富内心,启迪想象,升华境界,培养创造力。

3.抓住细微,发展语言能力

一本好的图画书能让一个不识字的孩子仅凭看画面就能"读"出大意。此外,一般来说图画书都有一个精心设计的版式,封面、扉页、环衬、正文以及封底,共同构成一个完整的整体,文字与图画相互依存,依靠翻页推进情节⋯⋯所以,在绘本阅读教学中,千万不要急着翻页,而应让孩子仔细地去看那些图画,引导孩子在看图中读懂故事,发现细节,感悟内涵,进行有效的语言沟通,从而促进孩子语言学习的发展,提高语文学习的能力。

(三)讲究绘本阅读教学的方法

1.扣紧要点,逐图阅读

一本好的绘本,能让孩子百看不厌,而在孩子看的过程中,教师可投入感情朗读故事,可以充分运用动作、神态等辅助语言来"演"故事,用生动、夸张的手法来呈现故事,用预告精彩片段来吸引学生课外阅读,用故意犯错来培养孩子读图的敏感度。让孩子从书的封面到封底、从扉页到版权页、从前言到目录等认识书,再逐图引导孩子读绘本。如《蚂蚁和西瓜》这本绘本,我选择了书中最具代表性的五幅图画与孩子们一起阅读,五幅图画把蚂蚁怎样运走西瓜的过程都完整地表现了出来,我们按顺序阅读这四幅图画,每一幅图画我都设计了能让学生有所收获的学习内容,如第一幅图画中,我让学生根据小蚂蚁的动作、神态、心情,想象蚂蚁的语言。有了观察和点拨,学生的想象力被调动起来:"小帽子像发现了新大陆一样,激动得一蹦三尺高!连帽子也裂开嘴巴飞起来。""右边的那只蚂蚁张开双臂仿佛在说'哇!这么大的西瓜呀!'""看,小帽子后面的蚂蚁听到喊声兴奋地冲了过去,想亲西瓜,小帽子前边的蚂蚁拍手叫绝呢,眼睛都亮起来了!"阅读第二幅图画时,我着重训练学生细心读图的能力,阅读后几幅图时,我主要让学生用"先……接着……最后……"的句式,说出蚂蚁把西瓜搬回家的过程。这样逐图阅读,每次阅读都有训练重点,有利于授之以渔,让孩子阅读有方向可循。当然,在阅读中还要讲究一些阅读技巧,增强孩子的阅读兴趣,养成较好的阅读习惯,让孩子感受阅读的快乐。为此,可以设计一些问题,让孩子带着问题去观察、思考、想象,提高阅读的效率和能力。

2.跳读训练,开放阅读

学生是阅读的主体,我们先以学生的自主阅读导入,让他们先说说自己最喜欢的一页。这种阅读方式,是从学生的兴趣点入手,让他们掌握主动权,孩子的兴趣自然被调动起来,而且在孩子们看看说说自己喜欢的那一页的过程中自然就把书的大概内容了解了。一本绘本画,可以让孩子们从头到尾反复读,也可以选择喜欢的页面跳着读,如《蚂蚁和西瓜》一书,可以让孩子直接跳读第四页,关注文中的细节。

学生喜欢读作者画的地下蚁穴,可引导学生观察绘本上蚂蚁的地下蚁穴。可有一位学生这样写道:"当戴帽子的蚂蚁发现西瓜后,跑回蚁穴叫同伴时,蚁穴中的蚂蚁有的在烧菜宴请客人,有的正在做红靴子,有的正在种植蘑菇,有的在健身房练举重、玩滑梯、荡秋千,有的在刷牙,有的放下手中的活儿奔走相告'快点,快点跑'……"

实践证明,引导孩子关注细节,既可以训练孩子的说话能力,又可以丰富孩子的精神世界,启发他们大胆想象。蚂蚁的洞穴是个奇妙的世界,孩子的语言世界更是丰富多彩。有的孩子眼睛亮起来:"看,这可能是蚂蚁王国的厨房,你看他们用放大镜生火,并且制造了抽油烟机。""老师,我也从书上看到了,蚂蚁会用树叶种植蘑菇,看来还真有这回事啊!"多么富有想象力的语言啊!孩子们看看这只蚂蚁,点点那只蚂蚁,哈哈大笑。我也童心未泯,陶醉其中,越看越觉得这幅画充满了童趣,仿佛这不是蚂蚁,而是一群调皮的小孩。这样孩子们学得轻松,读图的过程就是他们观察、想象能力等得到训练的过程。

3.品味语言,感受积累

绘本阅读教学过程中的语言学习有多种方式:听教师大声读、反复朗读、讨论、看图讲述、故事接龙等。其中"听教师大声读"是绘本阅读的重要方式,也是学生学习语言的重要方式。除了在读中积累,有的语言也可以让学生进行模仿表达,让孩子领悟绘本语言表达的形式与精髓。赏读型的绘本阅读课一般可以由老师放声朗读,也可以由学生自我赏读。老师的放声朗读可以起到情动而辞发的作用,能充分调动孩子的感官,强烈的语言熏陶还能激发孩子快乐阅读的欲望。如《猜猜我有多爱你》的导读中,老师可先读小兔子对妈妈说的话——"我爱你有这么多!"看图后,师生共同读兔妈妈的话——"我爱你有这么多。"在此基础上,示范读第二段小兔子的话:"我的手举得有多高我就有多爱你!"让学生单独读兔妈妈的话:"我的手举得有多高我就有多爱你!"通过听老师读、和老师共读以及自己读等多种朗读方式,帮助学生感受语言,积累语言。在读完这个故事后,可引导孩子表达自己对妈妈的爱。学生们便以模仿的形式表达着自己对妈妈的爱:"我爱你从山的这边到海的那边。""我爱你像海那么深。""我爱你到宇宙,再从宇宙那回到这里来。"……同时,此类绘本的图画往往也用抒情优美细腻的笔触,美得令人心醉的画面感染人,所以教师还要引导孩子静静地欣赏画面,在视觉的感知与听觉的感受中渗入美,让学生学会欣赏美。如《爱心树》这本绘本的阅读教学,老师可以声情并茂地范读故事,孩子静静地听,让每一个画面和每一个文字都能深深地渗入孩子们的心田,达到情感共融,孩子们收获颇多。孩子看着图画,思维却受着老师语言的牵引,他们会非常的安静,会沉浸在老师给他讲故事的愉悦中,会沉迷在故事情节里,语言的积累、情感的渗透会抵达孩子心灵最深处、最柔软的地方。故事讲完了,也许孩子什么也没有说,因为他不能立刻从故事里抽离出来,阅读的价值就在静静的享受和回味中。老师运用品味语言、想象情节、联系生活、体验情感等方法引导,发展学生的想象力和语言表达能力,促进绘本阅读能力的提高,让学生在兴趣盎然中学会阅读。

(四)构建绘本阅读教学链条

阅读绘本要用发现的眼睛、思考的大脑、创新的表达,构建绘本阅读教学链。我们可以从两个方面把绘本读厚。

1.补白训练,拓展阅读

在"绘本阅读"过程中,教师要引导学生看图画,在观察、思考的基础上,进行创新表达,如读故事、谈感受、说想法、讲心得、辩事理等。在《蚂蚁和西瓜》的阅读中,我让学生看图想象:小蚂蚁尝试了各种方法后,还会用上什么方法?这样学生能畅所欲言,既填补了绘本的空白,又锻炼提高了想象力;也可以进行文字语言表达,如改编故事情节、续写故事结局、在绘本扉页写前言等;还可以进行图画表达,如学画书中图画、合作制作绘本等。

2.读后延伸,把书读厚

毕竟绘本适合的年龄段在低中年段,但绘本的有效性可在指导上过渡到学生的课外阅读中,从有图有文过渡到全文字的阅读。教师在引导阅读绘本时作适当的拓展,如阅读绘本《我爸爸》,从中体会爱的教育,教师顺势引导学生阅读《爱的教育》等书籍,由浅入深,过渡自然。如读《鳄鱼怕怕牙医怕怕》时可以组织学生表演故事；读完了《爱心树》，可以创设情境让孩子续写故事："如果你是这个小男孩，你会对大树说什么？"也可以在扉页处写前言，在结尾处补白或写信给书中人或作者，谈谈阅读的心得体会等，让绘本阅读不因课堂的结束而结束。

姜苏娟老师曾经说过："绘本阅读过程中儿童不再被拷问，不再被要求写心得、写佳句，可谓是真正的无压力阅读。"阅读习惯是进行情感教育的一扇门，对于绘本的阅读来说，应该就是无压力的、快乐的。只有在这样的前提下，绘本的阅读才会是分享的、体验的。教师在挖掘绘本自身的魅力、分享绘本的人文价值、思考绘本的个性风格的同时，我们的绘本阅读教学的课堂上应该多一点分享，少一点要求；多一点欣赏，少一点问题；多一点乐趣，少一点枯燥；多一点体验，少一点传授。引领学生在阅读中感受童趣、分享快乐，带领孩子走上阅读之路。只有这样，我们的绘本教学才能让孩子越来越喜欢。让孩子真正走进绘本，让绘本走进阅读。

二、功能性阅读的教学策略

祝新华教授在《促进学习的阅读评估》中提出"功能性阅读"这一理念，即学生根据特定的任务，选择相关的读物，寻找某些必要的信息，或确定需要进一步阅读的读物，采用浏览、略读、跳读等方式。统编小学语文教科书在六年级第三单元编排了"有目的地阅读"这一策略单元的学习，正属于"功能性阅读"范畴。因此，以此理念观照这一阅读策略单元的教学，有助于我们把握能力要求。祝新华教授认为，"功能性阅读"的主要技能包括：（1）根据需要检索阅读材料的能力。（2）对情报资料的理解能力，如掌握阅读方法，理解作者是怎样把自己的思想表达出来的，或是适应具体专业材料的阅读能力，如看地图和图表。（3）选择自己所需材料的能力。（4）对所读材料内容的组织能力，如编列提纲。[15]由此,我们对于"有目的地阅读究竟要训练什么"可以有相对明晰的认识,下面结合统编教科书六年级上册《竹节人》为例具体分析。

(一)立足功能性阅读的解读与设计

本篇课文所在单元的语文要素包括:一是根据阅读目的,选用恰当的阅读方法。二是写生活体验,试着表达自己的看法。看似一个是阅读要素,另一个是写作要素,但其实二者是统一的。从功能性阅读的四种技能来观照这一课的语文要素、能力要求、教学目标,我们可以明确,阅读要素对应的是第三种技能的培养,而写作要素则需要学生在写的过程中"把阅读中所学的阅读方法运用到自己体验过的事情中,并把它写生动"。基于此,教材又在单元内进行有层次、有梯度的安排。《竹节人》是本单元第一篇精读课文,也是学生初次接触"有目的地阅读"这一策略,意在让学生初步感受带着不同的阅读目的阅读的效果。因此,教师在把握《竹节人》这一课时,必须观照整个单元的设计,遵循"初步学习—深入学习—自主实践"的过程,方能精准落实语文要素。

学生初读这篇文章时,很有可能将其当作一篇散文来读,而本单元的阅读策略是"根据不同的阅读目的,选取恰当的阅读方法",如何让学生明确这一任务,体验这一过程,尝试根据阅读目的展开不同的阅读?教师不妨从学生的已有认知和已有经验出发,引导学生根据阅读需要,自觉选用之前学到的阅读方法和已经掌握的阅读策略进行阅读。综合运用这些阅读策略,根据不同的阅读目的选择合适的阅读方法,是学生学习的难点,也是他们的认知需求。这样一来,既能凸显策略学习的瞻前顾后和实效性,又能契合学生的学习实际,更好地将学生带入本单元的学习中。

首先是联方法,猜读课题与明确任务。在揭示课题之时,教师可以引导学生自觉运用已学的预测策略,针对课题猜读课文:竹节人长什么样?竹节人怎么做?竹节人怎么玩?竹节人有趣吗?如果学生事先有所预习,教师则可以让学生用一个词来形容竹节人或者玩竹节人(如有趣、令人入迷等），让学生联结之前学过的阅读方法，实现知识的有机迁移。而后，教师再让学生将导读提示和课后思考题关联起来读，如表2-14所示。导读提示中的三项任务都是以了解课文的写作顺序、主要内容为基础，都需要运用"浏览全文，筛选信息、细读内容"的阅读方法，也就是先通读全文，再跳读。但在任务类型上又有不同：任务一是实操类；任务二是体验赏析类；任务三是语言表达类。因为目的不同，关注的文本内容、选用的阅读方法也就有所侧重：任务一可用图像化方法，任务二主要是批注品读方法，任务三可用复述方法。此环节着力培养功能性阅读的第三种技能，即选择自己所需材料的能力。在关联读的过程中，学生就会发现，导读提示是课文的写作提纲，也是本节课的学习目标，带着阅读目的去阅读课文，相比于直接阅读更能抓住重点。因此，这个过程其实是教师为学生明确功能性阅读搭建的第一个支架。

表2-14

导读提示	课后问题
同一篇文章，阅读的目的不同，关注的内容、采用的阅读方法等会有所不同。如果给你以下任务，你会怎么读《竹节人》这篇文章？	为完成三个不同的任务，你是怎样读这篇文章的？和同学交流
● 写玩具制作指南，教别人玩这种玩具	1. 为完成"写玩具制作指南，教别人玩这种玩具"这个任务，可以先快速读全文，找到相关内容，再仔细读
● 体会传统玩具给人们带来的乐趣	2. 我选的是"体会传统玩具给人带来的乐趣"读的时候特别注意文章中写"我们"投入地做玩具、玩玩具的部分……
● 讲一个有关老师的故事	3. 我是带着"讲一个有关老师的故事"这个任务读文章的，主要关注老师没收玩具、玩玩具的内容，并围绕这些内容，重点梳理了故事的起因、经过、结果

其次是重实操，锁定"做法"与"玩法"。任务一"写玩具制作指南，教别人玩这种玩具"就属于这种重实操的阅读。教师可以根据这一阅读目的，引导学生先快速地浏览全文，搜索与之相关的"竹节人做法"和"竹节人玩法"的段落（第3自然段、第8～21自然段），并在相应段落

做好标记。从功能性阅读的理念来看,这一环节让学生经历"浏览—细读—提取关键信息—整合运用信息"的过程,借助圈画关键词、画思维导图、编列提纲等方法提取信息,找出制作竹节人需要的材料和做法,再运用速读策略,对第8~21自然段玩竹节人的信息进行快速提取、对照、分析和整合。这样,可以较好地落实功能性阅读的第一种和第四种技能的训练。

再次是重体验,聚焦"制作之乐"与"玩耍之乐"。导读提示的任务二是"体会传统玩具给人们带来的乐趣",也就是要在阅读中发现、感受"制作之乐"与"玩耍之乐"。《竹节人》这篇文章中许多表述都很特别,穿插着武术的套路和招式,如"单打""搏斗""黑虎偷心""泰山压顶""双龙抢珠"等,这些鲜活的语言有助于学生体会作者言语表达的功力以及所蕴含的意味。虽然第二项任务关注的段落与第一项任务相近,但侧重点不一:第一项任务重在提取信息、综合信息,第二项任务侧重品读体验,更多是关注细节描写,因而主要运用的阅读策略应该是浏览、批注和品读。

最后是赏写法,关注"老师的故事"的起因经过结果。导读提示的任务三与前两个任务截然不同,"讲一个有关老师的故事"这个任务的主角是"老师",内容是"一件事",根据这两个关键词,快速阅读课文时应聚焦描写老师的那一部分,也就是课文的最后。教师应引导学生提炼事情的起因、经过、结果,尤其注意老师没收玩具与最后自己玩玩具的反差,让"这件事"更生动,也更完整。当然,在这个过程中,教师还可以引导学生自己发现问题并思考:"课文题目是竹节人,为什么还要写老师的故事?"这样,既能勾连提问策略的旧知,又印证学生前面的预测:最后一部分讲老师的故事一定与学生玩竹节人有关;学生这么痴迷玩竹节人,会不会发生因玩竹节人违反纪律而被老师批评的事呢?从而多层次地强化学生的任务意识。

(二)立足功能性阅读的观照与反思

上述四个环节的设计,主要围绕课文主题和导读提示中的三个任务展开。但在实际教学的过程中,我发现,虽然整个过程已经有意识地在指向、落实功能性阅读的技能训练,但教学效果并不理想,比如,提取关键信息不全面,交流任务一时,大部分学生只关注第3自然段,对第8~21自然段写玩玩具的部分有所忽略,比如交流比较零散,选择任务二的学生一般懂得围绕竹节人的"有趣"交流读后的感受,也可以抓住关键词语、段落、批注谈感受,但大多是零散的发现;再比如,复述不够精准,关于任务三的内容,课文写得相对简单,学生不明确如何转换为老师的角度去看待"玩",即便已经学习了详细复述和创造性复述,但表述时依然有难度。

归根结底,造成这些问题的原因是教师只重视教策略本身而不是借助策略培养高效的阅读者。比如,上述环节虽然是围绕导读提示的任务进行设计,但彼此之间缺乏有效的联系,零散的教学必然导致能力点的碎片化。既然"有目的地阅读"属于功能性阅读的一种,我们依然可以从功能性阅读的视域加以观照,探寻如何让策略的指导和能力的训练更具统整性。

其一是多方位体验阅读策略。《竹节人》作为本单元的第一篇课文,承载着认识策略、感知策略的基础任务,因而导读提示提供了三种任务引导学生进行尝试。但笔者注意到,学生更多时候是选择任务一和任务二进行品读,这一现象说明学生自己选择目的阅读时存在一定的局限性,因而教师在这一环节可以适当介入,让学生聚焦多样化的阅读目的,多方位落实策略训练。为此,我将相应的自选环节调整为赏评式的小组学习,引导小组成员选择不同的任务展开阅读。比如,在汇报时,选择任务一进行阅读的学生应先说明自己围绕该目的重点阅读了哪些内容,采用了什么阅读方法,而其他学生可以补充发言或提出问题。虽然其他学生可能没有选择任务一,但在这个过程中,他们为了做好聆听记录或是给予赏析式点评,依然需要在短时间内阅读他们之前没有重点关注的部分,从某种程度而言,既是一次"有速度地阅读",又是一次"有目的地阅读",策略的运用得到有效训练。

其二是搭建任务学习的支架。由于学生提取关键信息不够全面，整合信息能力相对薄弱，对于如何为竹节人写一份玩具制作指南常常感觉无从下手。为此，老师可以引入"冲浪纸飞机"的制作指南，引导学生发现制作指南的特点：可以是条款式的纯文字说明书，也可以是文字、符号、图画相结合的示意图，还可以是"图片＋口头解说"。这种搭建支架的辅学手段可以让学生快速地了解制作指南的特点，即语言简洁、清楚，内容完备，包括制作竹节人需要准备哪些材料，分为哪几个步骤，每个步骤怎么操作，制作过程中的注意事项等。同时，在这个过程中，学生能够意识到文本的另一关键信息是"如何玩玩具"，信息提取便能更加全面。相对于单纯地教给策略，搭建学习支架可以实现文本间的转换与能力经验的转移，自然更为有效。又如，前面提到的学生读后交流比较零散的问题，如表2-15所示，教师就可以设计"共学单"，引导学生发现作者从不同角度描写竹节人的"有趣"，体会"扫描＋特写"的写法。在学生交流的过程中，教师还应引导他们关注第20～23自然段如何从侧面体现玩竹节人给孩子带来的无限乐趣，为任务三中有关老师的故事做好铺垫。

表2-15 共学单

		单打		搏斗	
竹节人有趣	玩法多	鞋线一拉紧，就成了"壮士"	当鞋线"一松一紧"，竹节人就"手舞之，身摆之动弹起来"	两个竹节人在一起，就搏斗	当线被卡住，斗士呆头呆脑
	模样有趣	壮士模样，威风凛凛	斗士傻样	孙悟空神气	窦尔敦的神气
	花样翻新	手上"系上冰棒儿"成了"齐天小圣"	手上装了钩针，成了窦尔敦的虎头双钩，号称"金钩大王"	剪一把偃月刀配上蛇矛，更威风，更吓人！	装上橡皮擦雕就的脑袋，脑袋连盔甲被它自己手里的大刀磕飞，散了盔甲，成了"战士"
	武器变化多端	偃月刀	金钩	大刀	蛇矛
	玩出声音玩出招式	黑虎偷心	泰山压顶	双龙抢珠	"冬锵，冬锵冬冬锵，冬冬锵"
	玩的时间多	课间玩（津津有味）	上课偷玩（被罚站心中怨恨）	课下玩（悻悻然准备归去，玩乎所以）	

其三是将"目的"与"复述"有机结合。任务三是让学生讲一个有关老师的故事,看似是复述联系,实则仍旧是"有目的地阅读"的再运用,是对前面所学内容的检验。因此,教师应思考如何将二者有机结合,让这一任务真正服务于"有目的地阅读"。讲述这个故事既可以按照起因、经过、结果的顺序,也可以创设具体的情境或对象,这样,学生可以根据阅读目的聚焦阅读重点,并关注文章内容之间的联系,是对阅读策略使用的一种深化。为了给后续课文的学习做好铺垫,也为了培养学生自主学习的能力,教师不妨让学生整理、归纳本节课所学的策略与方法,如表2-16所示。

表2-16 策略与方法

阅读任务	阅读方法	阅读展示的方法
写玩具制作指南,教别人玩这种玩具。（ ）段	主要讲制作的步骤和玩法:先要有步骤叙述、说明,再考虑可采用（ ）方法/策略阅读	文字表达（ ） 示意图（ ） 表格（ ） 演示（ ）
体会传统玩具给人们带来的乐趣。（ ）段	主要有描写、抒情:可采用（ ）方法/策略阅读	默读（ ） 朗读（ ） 图表（ ）
讲一个有关老师的故事。（ ）段	讲老师的故事,主要关注老师没收玩具、玩玩具的内容,并围绕这些内容,重点梳理故事的起因、经过、结果。可采用（ ）方法/策略阅读	讲故事（ ） 书面表达（ ）

由此,学生就能发现有目的阅读的一般规律:一是浏览全文,初步了解课文内容;二是筛选并锁定相关内容;三是精读细研,不同的阅读目的可以运用不同的阅读方法、交流展示形式;四是灵活运用归纳、想象、联想能力。同时,教师还可以提醒学生,在进行有目的地阅读时,不妨用上"圈、点、批、画"等形式,有助于信息提取。

以功能性阅读的视角观照"有目的地阅读"这一策略的教学,可以让我们在充分考虑单元的功能定位的基础上,更准确地把握这一阅读策略的基本框架与目标指向,从单纯的策略学习走向阅读能力的提升,让学生从主动的阅读者进阶到高效的阅读者,这也正是统编教科书编排阅读策略单元的旨归。

注释:

[1]祝新华.促进学习的语文评估:基本理念与策略[M].北京:人民教育出版社.2014:205

[2]祝新华.促进学习的语文评估:基本理念与策略[M].北京:人民教育出版社.2014(8):194-195.

[3]林崇德.学习与发展[M]北京:北京师范大学出版社,2003:12,18.

[4]李亚琼.小学生语文概括能力培养的教学策略[J].现代基础教育研究,2019(6):197.

[5]黄宏凤.重拾被遗忘的境地——浅谈小学语文第二学段概括能力培养的策略[J].新课程学习(上),2012(5).

[6]祝新华.促进学习的阅读评估[M].北京:人民教育出版社,2015(1):44.

[7]谢锡金,林伟业.提升儿童阅读能力到世界前列[M].北京:北京师范大学出版社,2013:47.31

[8]教育部.义务教育语文课程标准(2011版)[M].北京:北京师范大学出版社,2011:7-8.

[9]叶圣陶.语文教育论集[M].北京:教育科学出版社,2015:152.

[10]夏丏尊,叶圣陶.七十二堂写作课[M].北京:开明出版社,2017:11-12.

[11]夏丏尊,叶圣陶.文章讲话[M].北京:中华书局,2007:5.

[12]曾祥芹,韩雪屏.阅读技法系统[M].河南:大象出版社,1992:29.

[13]黄国才.语文课——用心做语文的事[M].福建:福建教育出版社,2015(10):110.

[14]祝新华.促进学习的语文评估:基本理念与策略[M].北京:人民教育出版社.2014(8):195-195.

[15]祝新华.促进学习的阅读评估[M].北京:人民教育出版社.2015(1):7.

第三章 "体格教学"的设计举隅

小学语文教科书存在着大量包含叙事要素和典型故事的叙事文本，如记叙文、童话故事、神话故事、小说、人物传记等。本章将叙事分析应用于教科书中的叙事文本，从结构主义叙事学的视角审视教科书文本，从而揭示教科书中的叙事文本"说什么"和"怎么说"，探寻其故事的叙述风格、语言结构、组织形式和价值观念。

第一节 古诗词教学设计举隅

一、古诗教学的目标定位与教学策略

（一）各学段古诗教学的不同要求

朱光潜说："要养成纯正的文学趣味，我们最好从读诗入手。"[1]然而，纵观小学古诗词教学现状，教师更多关注的却是自己怎么教，造成隔靴搔痒；课时数不够，逐字逐句讲解成效低，费时多，事倍功半，找不到学习古诗的方法，学生的学习方式就简化为一个字"背"，背诗句，背作者，背解释，背名句，背主题思想……古诗词教学成了没有诗意的课堂。这样的课堂难以承载课标的重任。

统编小学语文教材一共选编了112首古诗词。从数量上看，古诗词

方面,"日积月累"编排了40首,课文中编排了72首(其中1首是课后题材料)。从体裁上看,小学阶段,古诗以短小精炼的五绝、七绝为主体,随着年段的上升逐渐出现词、律诗、乐府诗等。从体例上看,考虑到古诗文的特殊性,编排课文时主要是关注与单元人文主题的配合,而不是完全紧密结合单元语文要素,教学中如果遇到一些不能和语文要素完全契合的,就不必强行去寻找联系。[2]古诗词编排较之以往最大的特色是在统整理念的观照下,从一年级下册开始围绕一个教学主题把两篇或三篇有关联性的古诗词整合组篇呈现,从贴近儿童生活、富有童趣的题材逐渐向描摹自然、抒写大好河山、彰显传统文化等主题过渡。单元人文主题、语文要素以及课后习题的编排都明确指出古诗词教学不仅要重视语言积累、语感培养,更要重视学生鉴赏古诗词方法的指导和思维力的培养。杨祎在报告中指出:"要想真正教好古诗文,对老师们来说,增加古诗文的阅读量,提高有关古代文学作品的语感是至关重要的。只有充分的阅读和反复的体会,才能更好地把握这类作品的内核,在教学时才能做到游刃有余。"[3]所以对于古诗教学,教师不仅眼中要有"树木",心中还要有"森林"。

1.各学段古诗教学在"课标"中的定位

第一学段课标明确指出:"诵读儿歌、儿童诗和浅近的古诗,展开想象,获得初步的情感体验。"第二学段课标明确指出:"诵读优秀诗文,注意在诵读过程中体验情感,展开想象,领悟诗文大意。"第三学段课标明确指出"阅读诗歌,大体把握诗意,想象诗歌描述的情境,体会作品的情感。受到优秀作品的感染和激励,向往和追求美好的理想。还要诵读优秀诗文,注意通过语调、韵律、节奏等体味作品的内容和情感。"

从课标可知:第一学段古诗教学重在"诵读+展开想象+初步情感体验";第二学段古诗教学重在"诵读+情感体验+展开想象+领悟诗文大意";第三学段古诗教学重在"阅读+把握诗意+想象情境+体会情感+文化浸染"。

从课后题可知，从第二、三学段开始强调有感情地朗读，第一学段则强调朗读。虽然二年级有想象画面的要求，但从选取诗歌的简单程度可知，其目的侧重于朗读，强调在读中想，在读中感。想象和初步的情感体验仅仅是朗读自然而然的效果。同时第二和第三学段的有感情地朗读课文，其服务对象也不同，第二学段强调在读中体验感情，第三学段强调阅读。在读中体验感情，仍然是一种感受层次，而阅读则是全方面的评鉴，可以理解为"阅读理解"。事实上，第二学段真正的目的是让学生借助读和想象，从而掌握诗词的内容，是考查检索与理解能力。第三学段的目的则是考查学生的运用与评鉴能力，以及对中国传统文化诗词的掌握。

因此第一学段古诗词教学在课标中定位于"读"，第二学段定位于"读"＋"理解内容"，第三学段定位于"读"＋"理解内容"＋"鉴赏"。需要注意的是这个定位并没有排斥情感，因为情感的深浅在定位的不断提高中不断深化。要把古诗词教学作为大阅读教学中一个小整体来看待，如此才不会脱离教材的构建体系。

课程标准规定的教学目标，是编写教材的依据，是实施教学、进行评价的依据，也是语文教学的国家标准，非常重要。认真研读语文课程标准，吃准教学目标，古诗词教学才能目标明、方向正、少走弯路，做到有效、高效。

2.处理好古诗与语文要素之间的关系

把握了各学段的古诗教学目标后，还要进一步研读统编教科书。通过梳理各册教材中带有古诗的单元，从单元导语、语文要素、课后思考练习等内容入手进行考究。因为，在统编教科书中古诗文是相对独立的一个文体，古诗通常放在一个单元的第一篇课文，它与语文要素是否有联系呢？笔者梳理了统编教课书不同学段的古诗，大概整理成两种情况，如表3-1所示。

表3-1　统编小学语文一至六年级教材古诗所在单元人文主题及语文要素一览表

年级	册次	单元	古诗	人文主题	语文要素
一年级	上册	第四单元	《江南》	自然四季	正确、流利地朗读课文
	下册	第四单元	《静夜思》	家人	读好长句子;积累词语和古诗;根据信息做简单推断并联系生活实际进行表达
		第六单元	《池上》《小池》	夏天	联系生活实际了解词语的意思;仿说仿写句子;读好问句和感叹句
二年级	上册	第四单元	《登鹳雀楼》《望庐山瀑布》	家乡	联系上下文了解词语意思
		第七单元	《夜宿山寺》《敕勒歌》	想象	展开想象,获得初步的情感体验
	下册	第一单元	《村居》《咏柳》	春天	朗读课文,注意语气和重音
		第六单元	《绝句》《晓出净慈寺送林子方》	自然	提取主要信息,了解课文内容。
三年级	上册	第二单元	《山行》《赠刘景文》《夜书所见》	金秋时节	运用多种方法理解难懂的词语
		第六单元	《望天门山》《饮湖上初晴后雨》《望洞庭》	祖国河山	借助关键词语理解一段话的意思
	下册	第一单元	《绝句》《惠崇春江晚景》《三衢道中》	动物植物	试着一边读一边想象画面,体会优美生动的语句
		第三单元	《元日》《清明》《九月九日忆山东兄弟》	综合性学习:传统文化	了解课文是怎么围绕一个意思把一段话写清楚的

续表

年级	册次	单元	古诗	人文主题	语文要素
四年级	上册	第三单元	《暮江吟》《题西林壁》《雪梅》	留心观察	体会文章准确生动的表达,感受作者连续细致的观察
		第七单元	《出塞》《凉州词》《夏日绝句》	家国情怀	关注主要人物和事件,学习把握文章的主要内容
	下册	第一单元	《宿新市徐公店》《四时田园杂兴(其二十五)》《清平乐村居》	田园生活	抓住关键词句,初步体会课文表达的思想感情
		第七单元	《芙蓉楼送辛渐》《塞下曲》《墨梅》	人物品质	从人物的语言、动作等描写中,感受人物的品质
五年级	上册	第四单元	《示儿》《题临安邸》《己亥杂诗》	家国之殇	结合查找的资料,体会课文表达的思想感情
		第七单元	《山居秋暝》《枫桥夜泊》《长相思》	四季之美	初步体会课文中静态描写和动态描写
	下册	第一单元	《四时田园杂兴(其三十一)》《稚子弄冰》《村晚》	童年往事	体会课文表达的思想感情
		第四单元	《从军行》《秋夜将晓出篱门迎凉有感》《闻官军收河南河北》	家国情怀	通过语言、动作、神态的描写,体会人物的内心
六年级	上册	第一单元	《宿建德江》《六月二十日望湖楼醉书》《西江月·夜行黄沙道中》	触摸自然	阅读时能从所读的内容想开去
		第六单元	《浪淘沙》《江南春》《书湖阴先生壁》	保护环境	抓住关键句,把握文章的主要观点
	下册	第一单元	《寒食》《迢迢牵牛星》《十五夜望月》	民风民俗	分清内容的主次,体会作者是如何详写主要部分的
		第四单元	《马诗》《石灰吟》《竹石》	志向与心愿	关注神态、言行的描写,体会人物品质,查阅相关资料,加深对课文的理解

（1）与本单元的语文要素关联较小的

统编教科书到了三年级，有很明显的双线组元的结构，有人文主题，有语文要素。语文要素主要是针对学生们所学的现代文来说的，当然古诗词是一个另类，选择的诗有的和人文主题能够扣连在一起，有的和单元的语文要素没有什么关系。没有关联的无须强行关联。如六年级下册第一单元三首古诗《寒食》《迢迢牵牛星》《十五夜望月》与单元语文要素"分清内容的主次，体会作者是如何详写主要部分的"完全没有关联。为此，不能关联的要放弃。

（2）与本单元语文要素有关联的，又与单元人文主题匹配的

与语文要素有关联的，又可以分为关联比较紧的和关联松散的（关联一点），有关联的可以采用暗线方式或者渗透方式教学。有的古诗词当中会和语文要素有一点联系，如三年级上册第四课"古诗三首"，这一课就有联系，单元语文要素是"运用多种方法理解难懂的词语"。如果古诗词当中有难懂的词语，也可以尝试着用多种方法来解决。五年级上册第七单元的语文要素是初步体会课文中的静态描写和动态描写。第一首诗王维的《山居秋暝》课后思考题：

读一读，想象诗句描绘的景象，体会其中的静态描写和动态描写。
明月松间照，清泉石上流。
竹喧归浣女，莲动下渔舟。

所以，很明显这一课古诗与单元语文要素是有关联的。但是如何关联，很多老师容易走入误区。请看某一个年轻教师的教学片段：

师：苏轼曾经说过这样的一句话，王维的作品是"诗中有画，画中有诗"，在这样一首诗当中，你能够读出怎样的画面呢？让我们走进这首诗的前三联，看看你能够读出什么？你能在诗中看到什么？听到什么？感受到什么？在小组里讨论一下。

……

生："竹喧归浣女"，我感受到了竹林被大风吹动，发出哗啦哗啦的声音，那些洗衣服的女子也发出嘻嘻哈哈的声音。

师：本来是安静的竹林，现在突然有了声音了。

师："莲动下渔舟"谁有想象？

生：我想象到渔船收获很多，满载而归。

师：你看到渔舟，前面的内容呢，还看见什么？

生：我看到莲花因为渔舟开过来之后，水面出现波纹让莲花缓缓摇动，像一位亭亭玉立的女子。

师：说得真好，你能读读这句诗句吗？

生：莲动下渔舟。

师：莲叶莲花本来是怎样的呢？

生：静静的。

师：渔舟回来了，它怎样了呢？

生：动起来了。

（老师在黑板上贴"动"字）

师：孩子们，带着你们刚刚想象到的画面再读一读。

生：竹喧归浣女，莲动下渔舟。

师：这一幅一幅的美画，有没有印在你的脑海当中呢？有的话，闭着眼睛试着背一背？背的时候也要加入自己的想象。

学生背诵。

师：睁开眼睛。在一幅一幅的图画中，不但有静态描写，还有动态描写，有哪些动态的描写呢？拿出你的笔，在文中圈画出来？

师：你圈了什么？

生：我圈了"新雨、明月、清泉、竹、浣女、莲、渔舟。"

师：你找到的都是静态的描写，谁找到了动态的描写？

生：照、流、喧、流、动

（老师在黑板上贴"照""流""喧"字）

师：孩子们看黑板，你发现了什么？

生:我发现他们都一一对应。

生:我发现动态描写都衬托在一个静态描写上。

师:什么叫衬托?

生:用动态描写反衬出静态。

师:我们来看,明月松间照,松本来是(静的),谁来了? 明月照得它斑斑驳驳的,是不是很有画面感,它动起来了。

石头本来是(静的),谁让它动起来了(清泉,流)

竹林呢?本来也是(静的),后来浣女回来了,竹林也就变得(喧闹来了)。

莲叶莲花本来也是(静的),后来(渔船回来了),莲叶莲花也动起来了。

这样的写作手法就叫做"以动衬静"。

此段教学中,当学生的学习和他们本来的预设有出入时,应及时捕捉,相机引导,而不是跳开这个环节,非得按预设来走。动态和静态描写是语文的知识点和能力点。为什么一定要说到静和动?在理解这首古诗时,感受绕不开诗词特点,静和动是服务于对这首诗的理解和感受的。所以当学生说到"我发现动态描写都衬托在一个静态描写上"时,老师不必要描述诗中哪些是静态哪些是动态描写,而是直接让学生讲述怎么衬托的,因为孩子必定是要理解动态描写和静态描写,才能说出衬托这个点。

3.基于课后习题的古诗教学目标的精准定位

古诗词教学一定要符合该年龄段的阅读要求。每个学段立足点不一样,落脚点不一样。因此我们要理清楚每一个学段的古诗阅读要求是什么?每个学段教学侧重点不一样,如表3-2所示。

表3-2　统编版小学语文一至六年级教材古诗课后题一览

年级	册次	单元	古诗	课后题
一年级	上册	第四单元	《江南》	朗读课文。背诵课文
	下册	第四单元	《静夜思》	朗读课文。背诵课文
		第六单元	《古诗二首》：《池上》《小池》	1.朗读课文。背诵课文。 2.读一读,记一记。 泉水　清泉　荷花　荷叶 流水　水流　踪迹　足迹
二年级	上册	第四单元	《古诗二首》：《登鹳雀楼》《望庐山瀑布》	1.朗读课文。背诵课文。 2.读诗句,想画面,再用自己的话说一说。 ◆ 白日依山尽,黄河入海流。 ◆ 飞流直下三千尺,疑是银河落九天。 3.读一读,记一记。 　　　　　　　　　　dié 穷尽　山穷水尽　层叠　层林叠翠 烟云　烟消云散　山川　名山大川
		第七单元	《古诗二首》：《夜宿山寺》《敕勒歌》	1.朗读课文。背诵课文。 2.读诗句,想画面,再用自己的话说一说。 ◆ 危楼高百尺,手可摘星辰。 ◆ 天苍苍,野茫茫,风吹草低见牛羊
	下册	第一单元	《古诗二首》：《村居》《咏柳》	1.朗读课文,想象画面,说说诗句中春天的美景。背诵课文。 2.读一读,填一填。 ◆ ____莺飞____,拂堤杨柳醉____。 ◆ 不知细叶谁裁出,_____。 3.读一读,记一记。 河堤　堤岸　杨柳　柳条 　　　　　　　　　　bàn 吹拂　春风拂面　化妆　梳妆打扮
		第六单元	《古诗二首》：《绝句》《晓出净慈寺送林子方》	1.朗读课文。背诵课文。 2.读下面的诗句,说说你看到了什么样的画面。 ◆ 接天莲叶无穷碧,映日荷花别样红。 　　　　　　　　　　lù ◆ 两个黄鹂鸣翠柳,一行白鹭上青天

续表

年级	册次	单元	古诗	课后题
三年级	上册	第二单元	《古诗三首》：《山行》《赠刘景文》《夜书所见》	1.有感情地朗读课文。背诵课文。默写《山行》。 2.这三首诗写的是哪个季节的景色？你是从哪些地方发现的？ 3.结合注释,用自己的话说说下面诗句的意思。 ◆ 停车坐爱枫林晚,霜叶红于二月花。 ◆ 一年好景君须记,最是橙黄橘绿时
三年级	上册	第六单元	《古诗三首》：《望天门山》《饮湖上初晴后雨》《望洞庭》	1.有感情地朗读课文,想象诗中描绘的景色。背诵课文。默写《望天门山》。 2.用自己的话说说下面诗句的意思。 ◆ 两岸青山相对出,孤帆一片日边来。 ◆ 湖光秋月两相和,潭面无风镜未磨
三年级	下册	第一单元	《古诗三首》：《绝句》《惠崇春江晚景》《三衢道中》	1.有感情地朗读课文。背诵课文。默写《绝句》。 2.结合诗句的意思,想象画面,说说三首诗分别写了怎样的景象
三年级	下册	第三单元	《古诗三首》：《元日》《清明》《九月九日忆山东兄弟》	1.有感情地朗读课文。背诵课文。默写《清明》。 2.这三首诗分别写的是哪个传统节日？写出了什么样的节日情景？
四年级	上册	第三单元	《古诗三首》：《暮江吟》《题西林壁》《雪梅》	1.有感情地朗读课文。背诵课文。默写《题西林壁》。 2.想象"一道残阳铺水中,半江瑟瑟半江红"的景象,用自己的话说一说。 3.说说你对下列诗句的理解。 ◆ 不识庐山真面目,只缘身在此山中。 ◆ 梅须逊雪三分白,雪却输梅一段香
四年级	上册	第七单元	《古诗三首》：《出塞》《凉州词》《夏日绝句》	1.有感情地朗读课文。背诵课文。默写《出塞》《夏日绝句》。 2.结合注释,说说下列诗句的意思。你从中体会到了什么？ ◆ 但使龙城飞将在,不教胡马度阴山。 ◆ 醉卧沙场君莫笑,古来征战几人回。 ◆ 生当作人杰,死亦为鬼雄

续表

年级	册次	单元	古诗	课后题
四年级	下册	第一单元	《古诗三首》：《宿新市徐公店》《四时田园杂兴（其二十五）》《清平乐村居》	1.有感情地朗读课文。背诵课文。默写《宿新市徐公店》。 2.读下面的诗句，说说你眼前浮现出了怎样的情景。 ◆ 日长篱落无人过，惟有蜻蜓蛱蝶飞。 ◆ 儿童急走追黄蝶，飞入菜花无处寻。 ◆ 大儿锄豆溪东，中儿正织鸡笼。最喜小儿亡赖，溪头卧剥莲蓬
		第七单元	《古诗三首》：《芙蓉楼送辛渐》《塞下曲》《墨梅》	1.有感情地朗读课文。背诵课文。默写《芙蓉楼送辛渐》。 2.说说下面诗句的意思，再想想这些诗句表现了怎样的精神品格。 ◆ 洛阳亲友如相问，一片冰心在玉壶。 ◆ 欲将轻骑逐，大雪满弓刀。 ◆ 不要人夸好颜色，只留清气满乾坤
五年级	上册	第四单元	《古诗三首》：《示儿》《题临安邸》《己亥杂诗》	1.有感情地朗读课文。背诵课文。默写《示儿》。 2.读懂诗歌的题目有助于我们理解诗歌的内容。从前两首诗的题目中，你能了解哪些信息？ 3.结合注释，查找相关资料，说说下列诗句的意思，再想想它们表达了诗人怎样的情怀。 ◆ 王师北定中原日，家祭无忘告乃翁。 ◆ 暖风熏得游人醉，直把杭州作汴州。 ◆ 我劝天公重抖擞，不拘一格降人材
		第七单元	《古诗三首》：《山居秋暝》《枫桥夜泊》《长相思》	1.有感情地朗读课文。背诵课文。默写《枫桥夜泊》。 2.读一读，想象诗句描绘的景象，体会其中的静态描写和动态描写。 ◆ 明月松间照，清泉石上流。 ◆ 竹喧归浣女，莲动下渔舟。 ◆ 月落乌啼霜满天，江枫渔火对愁眠。 3.借助注释，理解《长相思》的意思，试着体会作者的思想感情，和同学交流

续表

年级	册次	单元	古诗	课后题
五年级	下册	第一单元	《古诗三首》：《四时田园杂兴（其三十一）》《稚子弄冰》《村晚》	1.有感情地朗读课文。背诵课文。默写《四时田园杂兴（其三十一）》。 2.读下面的诗句，说说你眼前浮现出怎样的情景，体会其中的乐趣。 ◆ 童孙未解供耕织，也傍桑阴学种瓜。 ◆ 稚子金盆脱晓冰，彩丝穿取当银铮。 ◆ 牧童归去横牛背，短笛无腔信口吹。 3.小练笔 根据诗歌内容，展开想象，选择其中一首改写成短文
		第四单元	《古诗三首》：《从军行》《送元二使安西》《秋夜将晓出篱门迎凉有感》	1.有感情地朗读课文。背诵课文。默写《从军行》《秋夜将晓出篱门迎凉有感》。 2.借助注释，说说下面诗句的意思，你体会到了诗人怎样的感情？ ◆ 黄沙百战穿金甲，不破楼兰终不还。 ◆ 劝君更尽一杯酒，西出阳关无故人。 ◆ 遗民泪尽胡尘里，南望王师又一年
六年级	上册	第一单元	《古诗三首》：《宿建德江》《六月二十七日望湖楼醉书》《西江月·夜行黄沙道中》	1.有感情地朗读课文。背诵课文。默写《西江月·夜行黄沙道中》。 2.《宿建德江》《西江月·夜行黄沙道中》都写了月夜的景色，表达的情感却不一样，结合诗句说一说。 3.《六月二十七日望湖楼醉书》每一句诗都是一幅画，说说你"看"到了怎样的画面
		第六单元	《古诗三首》：《浪淘沙》（其一）《江南春》《书湖阴先生壁》	1.有感情地朗读课文。背诵课文。 2.读读《浪淘沙》（其一），说说你从哪里体会到了黄河的磅礴气势。 3.想想《江南春》抓住哪些景物写出了江南春天的特点。 4.读读下面的诗句，说说你发现了什么。 一水护田将绿绕 两山排闼送青来 我想起了其他古诗里这样的诗句

续表

年级	册次	单元	古诗	课后题
六年级	下册	第一单元	《古诗三首》：《寒食》《迢迢牵牛星》《十五夜望月》	1.有感情地朗读课文。背诵课文。 2.结合牛郎织女的故事，说说《迢迢牵牛星》表达的情感。 3.《十五夜望月》中"不知秋思落谁家"委婉地表达了思念之情。在你读过的古诗词中，还有哪些类似的诗句？和同学交流。 4.选做 这三首古诗分别与哪些传统节日有关？还有一些古诗也写到了传统节日和习俗，查找资料了解一下
		第四单元	《古诗三首》：《马诗》《石灰吟》《竹石》	1.有感情地朗读课文。背诵课文。默写《竹石》。 2.借助注释，说说下面诗句的意思。 ◆ 何当金络脑，快走踏清秋。 ◆ 粉骨碎身浑不怕，要留清白在人间。 ◆ 千磨万击还坚韧，任尔东西南北风。 3.这三首诗分别表达了诗人怎样的志向？表达的方法有什么共同特点？

通过梳理，笔者把课后思考题，按学段加以分类，整理成表3-3所示。

表3-3

各学段侧重点		熟读成诵	理解诗意	想象画面	体会意境	感悟诗情
低段	一年级	朗读				
	二年级	读一读、填一填、读一读、记一记（默写）	二下识字、写字、朗读、背诵，然后读下面的诗句，说说你看到了怎样的画面？			
中段	三年级	有感情地朗读古诗背诵古诗	结合注释对古诗进行释义	想象画面		
	四年级					
高段	五年级				查找资料、运用资料解决问题、体会意境	体会古诗词中蕴含的思想感情，以及对语言文字的品味和鉴赏
	六年级					

根据各学段课标要求以及课后思考题的要求不同,初步梳理出不同学段的古诗的教学策略。

(二)各学段古诗教学的实施策略

经过再梳理不同学段的古诗文的课后习题,笔者发现,每个学段训练目标其实离不开"读、讲、背、写、想象和思维能力的培养以及古诗文的运用"。这吻合了省普教室黄国才老师提出的"教科书编者在努力改变过去语文教学在一定程度上出现了'去知识''去技能''去训练'的不良现象,在语文课堂上表现为目标虚化、内容泛化、教学活动非语文化和教师作用弱化"的现象。其实质是'根植心田'——教学生读、讲、背、写(抄写、默写、书写、写作)、想象、思辨,还有实践。"[4]

1.低年级古诗教学策略

低学段古诗教学要以诗词为载体,让学生识字、写字、朗读、背诵,简单了解意思即可。以下分三个层次来建构低年级古诗教学策略。

(1)读诵法——熟读成诵,积累语言。低年级朗读和诵读重点在哪里?怎么读?笔者认为低年级教学一定要从最基础之处抓起。因为低学段不会牵涉到诗情,如一年级上册日积月累的《咏鹅》这一首诗歌的学习,首先是朗读到诵读,读得朗朗上口即可,但在诵读过程中,自然流露出对骆宾王笔下的"鹅"的喜爱之情。所以低学段的古诗教学重点落在熟读成诵上。纵观二年级两个册次课后思考题都是朗读课文和背诵课文。这是低年级重要的教学策略之一。

(2)读想法——想象画面,感知语言。直至二年级上册第四单元的古诗《登鹳雀楼》和《望庐山瀑布》,在"朗读课文,背诵课文和读一读,记一记"的基础上多加了一个要求:"读诗句,想画面,再用自己的话说一说。"二年级下册的《晓出净慈寺送林子方》和《绝句》这两课的课后练习题:先是识字、写字、朗读、背诵,接下来就是读下面的诗句,说说你看到了怎样的画面?怎么想象,认真分析教材课后思考题,笔者发现二年级上册第4、7单元的古诗课后思考题都有一个共同的要求:

"读诗句,想画面,再用自己的话说一说。"到二年级下册,从第1单元"想象画面,说说诗句中春天的美景。背诵课文。"到第7单元"读下面的诗句,说说你看到了什么样的画面。"这就是简单的对诗文的意思有了一点了解。所以(低年级教古诗词,不是重在教)理解诗意,感悟诗情,体会诗境,都不是低年级古诗教学的重头戏,这些属于高年级的教学目标。而在低年级,我们是以古诗为载体去识字、学词、朗读、背诵、说话,对诗意通过看图、老师介绍、情境的创设,能够有一个大致的了解就可以了。目标上,低年级重点培养学生对古诗词的感受力,感知古诗词的韵律美,尽量浅显些。

（3）填记法——填填写写,积累语言。积累包含识字、写字、抄写词语和诗句、背诵等,一年级下册的古诗二首《池上》和《小池》,课后思考题是这样呈现的:"1.朗读课文。背诵课文。2.读一读,记一记。"要求会认的字12个,要求会写的字7个,还要朗读课文和背诵课文。一年级（下）是在一年级（上）基础上多增加了一个新的要求:"读一读,记一记。"这是什么意思呢?我们要把这节课当中学到的生字和过去学过的字组合起来,结成一个新的词语,让孩子们更多地积累词语。由一年级（下）积累词语、诵读古诗到二年级（上）第4单元的古诗《登鹳雀楼》和《望庐山瀑布》中的"朗读课文,背诵课文和读一读,记一记"再到二年级（下）,增添了"读一读、填一填"的要求,这就是默写的最初的阶段,也是背诵的落实,教材上让学生填的一定是孩子们学过的字。如《晓出净慈寺送林子方》和《绝句》这两课的课后练习题:先是识字、写字、朗读、背诵,接下来就是读下面的诗句,说说你看到了怎样的画面?这就是简单的对诗文的意思有了一点了解。

2.中年级古诗教学策略

中学段古诗词教学其实也离不开"读、解、讲、写",在巩固"朗读"的基础上强调"有感情地朗读",在巩固诗词积累的同时,强调对课文内容的掌握。具体策略如下:

（1）朗读诗韵,理解诗意,体会情感。中年级与低年级不同在哪里？朗读课文，那是对低年级来说的，到了中年级就要求有感情地朗读课文。中年级古诗词教学的一个重点首先落在了有感情地朗读，即注重在朗读的过程中去感受诗歌的情感。如何有感情地朗读，则需要教师进行指导。由于学生对于古诗词朗读技法的掌握还不足，此时教师应该强调朗读示范，以饱满的感情朗读，加之符合诗歌情感的创设情境，让学生在听中被感染，在跟读中不断纠正，从而做到读得情感到位，如表3-4所示。中年级古诗教学的另一个重点落在理解诗意上，即重点感知古诗词遣词炼句的特点，学生要能借助注释、联系上下文，再提取自我的积累，大概描绘一下画面。对于古诗文注释的编排，低年段的古诗文课文是没有注释的，教材从三年级开始提供注释，而"日积月累"板块则是一至六年级均没有注释，这一安排也是与不同年段、不同板块的教学目标相关联的，如写景诗《山行》《赠刘景文》《夜书所见》三首诗，在二年级基础上由原来的填一填到默写《山行》整首诗，并多了一条结合注释，用自己的话说说下面诗句的意思。统编教科书到了三年级才开始在课文里边出现注释，因此到了三年级我们才尝试着让学生结合注释去说自己的理解。

（2）想象画面，描述情景，把握内容。从三年级的"想象诗中描绘的景色。结合诗句的意思，想象画面，说说三首诗分别写了怎样的景象。"到四年级的课后思考题体现的"想象'一道残阳铺水中，半江瑟瑟半江红'的景象，用自己的话说一说。""读下面的诗句，说说你眼前浮现出了怎样的情景。""说说下面诗句的意思，再想想这些诗句表现了怎样的精神品格。"中年级没有要求体会意境，而是延伸到想象诗句体会精神品格。分析课后题，可知教材强调"有感情地朗读"的同时，也同样关注把握诗歌的内容，具体可以体现在关注诗歌的"意思""景象""情境""体会""情景"。因此，教师应该侧重诗歌的想象与理解，帮助学生掌握诗歌的内容。另外，中年级每一课古诗都是两首，初步渗透了分类组元的特点。

表3-4　低中学段不同侧重点

各学段侧重点	朗读	默写	解诗意	分类积累诗文	体会意境
低年级	朗读	填一填			
中年级	有感情地朗读课文	默写	结合注释说出诗文的意思	发现诗文的异同	

3.高年级古诗教学的策略

高学段古诗词教学是小学古诗词教学的巩固、总结和升华。一方面,在古诗词能力培养方面要求提高,如在"读"的方面,上升到"阅读"层次,强调读得有深度。另一方面,古诗词教学安排方面强调整体性,突出主题化诗词阅读。如六年级下册第四单元《古诗三首》第三个课后题:"三首诗分别表达了诗人怎样的志向?表达的方法有什么共同特点?"已经很明确地立足"志向与心愿",关注同一主题诗歌的异同分析。除此之外,高学段的古诗词教学更为强调文化浸染,关注诗词文化的传承。高学段具体教学策略如下:

(1)精准"读法"指导,整体掌握诗歌。高年段强调"阅读诗歌",同时也注重"通过语调、韵律、节奏等体味作品的内容和情感。"因此,"读法"指导分为两个层面,一是强调解析古诗词的阅读法,二是强调感受的朗读法。阅读法,教师可以结合课后题有针对性地进行训练。如五年级上册第七单元《古诗三首》课后题"读一读,想象诗句描绘的景象,说说哪些景物是静态的,哪些是动态的。"教师可以引导学生找出诗歌中描写的景物,然后再区分动态和静态,从而培养学生理解诗歌景物描写的方法。朗读法,强调的是朗读技巧,教师可以从语调、韵律、节奏等方面系统指导学生朗读。

(2)系统主题教学,整体鉴赏诗歌。统编教科书的古诗词是统一于同一个人文主题的,在主题的连接上不存在障碍,教师可以进行宏观比较和微观比较。统一主题下,每首古诗是存在不同的,可以进行微观比较。在表达方式方面,教师可以寻找不同,找宏观不同。如五年级下册第一单元"童年"主题的三首组诗《四时田园杂兴》（其三十一）《稚子弄冰》《村晚》，比较他们的相同和不同之处，三首古诗都写了儿童的生活，第一首写了童孙学种瓜，第二首写了稚子弄冰，第三首写了牧童横牛背、信口吹短笛。不同的是儿童活动的环境各异，第一首是农忙时的村庄，第二首是寒冬时的村庄，第三首是夕阳西下的池塘边。

（3）多层拓展教学，整体浸染诗歌。一是知人论世，了解诗歌背景。引导学生去查找诗歌的创作背景，诗人的创作特点，从而帮助学生进一步理解诗歌，进一步掌握诗歌典故。如《示儿》《题临安邸》《己亥杂诗》，学生掌握了诗歌的创作背景，会进一步理解什么是爱国诗歌。二是主题延伸，了解诗歌文化。同一诗人，同一背景，可能会因为多种原因创作不同的诗歌，这就涉及诗歌的主题阅读。如《送元二使安西》，作为送别诗，可以拓展"海内存知己，天涯若比邻""桃花潭水深千尺，不及汪伦送我情"等送别诗，也可以从作者出发，去学习王维的其他田园诗。

高学段和中学段最大的不同是什么呢？具体还体现在以下三个方面：

（1）根据需要查找资料，运用资料解决问题的方法。也就是说到了高年级学古诗，不光要结合注释来解释诗句的意思，还要有收集信息和处理信息的能力。写作背景不一定都放在一节课的开头交流，应根据教学的需要灵活安排。

（2）体会诗中蕴含的诗人的思想感情。高年级不光要明白诗句的意思，还要看它们是怎样表达诗人的感情的。如五年级上册第4单元的古诗三首，"爱国情怀"是它的人文主题，它的语文要素是"结合查找的资料，体会课文表达的思想感情"。再看看课后题："1.有感情地朗读。课文背诵。默写《示儿》。2.读懂诗歌的题目有助于我们理解诗歌的内容，从三首诗的题目中，你能了解到哪些信息？ 3.结合注释和相关资料，说说下列诗句的意思，再想想它们表达了诗人怎样的情感。"通过对比，你会再次发现高年级和中年级最大的不同之处是：高年级不光是要结合注释来说诗句的意思，还要结合相关资料来说诗句的意思。

也就是说,到了高年级学古诗,要有收集信息和处理信息的能力;不光要明白诗句的意思,同时还要看它们是怎样表达诗人的感情的。高年级体会诗的意境,(单元导读提到读通诗文、明诗意)是学生已有能力,而想象画面、体会意境、感悟诗情是高年级古诗学习的提升点。为此,高年级古诗教学,教师要帮助学生把已有的能力串联起来,要让他们对古诗的学习结构化。已有能力需要关联什么呢?就是要唤起学生进入古诗学习的已有认知,如学习古诗都有哪些方法,你打算用什么方法学习这首古诗。让学生自己试读古诗,读通古诗、明诗意,不懂的需要老师来讲;而诗歌所蕴含的文化,可通过查找诗人的背景资料了解,如山水田园诗中涉及的审美意趣等。这需要服务于高年级学生真正理解一首古诗。如《山居秋暝》"空山新雨后"中的"空山"在诗人笔下不仅仅是景物,"空"还是他的"心空",从而感受到更深远的情怀,在这过程中仍然需要学生边读边想象画面。

笔者以五年级上册第七单元《山居秋暝》为例说明,如果把古诗教学用一杆标尺来衡量,那么高年级的一节古诗教学就经历了以下七个流程(图3-1):

图3-1

(3)对语言文字的品味和鉴赏。要处理好发展语言和发展思维的关系。如六年级上册第六单元的古诗三首中的《书湖阴先生壁》一诗的课后思考题:

读读下面的诗句,说说你发现了什么:

"一水护田将绿绕,两山排闼送青来。"

这其实是在让学生关注诗词的表达,通常诗词在遣词用句上会特别的考究,这实际上是什么呢?就是培养学生对诗词的一种欣赏能力,一种审美能力。这是小学高年级区别于中学的最大特点,就是要考虑孩子的认知水平,要有的放矢施教。

当然三个学段有其共同点:

(1)注重字词的理解。但是高段的古诗文教学不能仅仅停留在字词表面,还要重视其文化功能和审美功能。如抓住意象来理解古诗文的文化内涵和文化意蕴。

(2)注重名句的积累和运用。最重要的是要让学生能用得出来,而不仅仅停留在记诵上。特别是引导学生去发现教材当中有很多课文也在引用古诗词,用了这样的古诗词有什么好处。当他意识到这样的好处之后,在自己的生活和习作当中,可能就会有意识的去引用。如五年级下册第一单元的第3课《月是故乡明》:"像苏东坡说的'月出于东山之上,徘徊于斗牛之间',完全是我无法想象的。""虽不能像洞庭湖'八月湖水平'那样有气派";同一单元第4课《梅花魂》,这篇课文引用的诗句"每当读到'独在异乡为异客,每逢佳节倍思亲''春草明年绿,王孙归不归''自在飞花轻似梦,无边丝雨细如愁'之类的句子";六年级上册第2课《丁香结》,在这篇课文里边,它也引用了古人的诗句,"古人诗云:'芭蕉不展丁香结','丁香空结雨中愁'。"让学生知道它所引用的诗句和这篇文章的整个情调、格调是非常吻合的,这样的文字有一种和谐之美。

(3)关注学生的真实学习。如何把问答式教学转化为学习活动。

其实各年段虽有侧重,但仍未放弃对诗歌的整体教学。三个年段都强调读,都强调积累,都强调对诗歌的理解。这种整体教学可以理解为螺旋上升的渗透,也可以理解为诗词教学从来没有明确的界限,教得深,教得浅乃取决于教师的能力。因此每个年段的教学策略均是参考,本质上均可以相互贯通,即方向上的贯通。

二、古诗词教学课例

【教材内容】

统编教科书六年级下册古诗词诵读《送元二使安西》

【教学目标】

◆ 正确、有感情地朗读、背诵本诗。

◆ 理解古诗内容,体会王维与元二依依不舍之情。

◆ 学习作者抓住意象、借景抒情的表达方法。

【教学重难点】

◆ 品味王维诗歌"诗中有画,画中有诗"的特点。

◆ 从一首送别诗初步感知一系列送别诗里典型意象的营造及其表达作用。

◆ 在诗、书、画、乐的融合里体味送别文化,传承传统的古诗词文化,从而培养学生的语文核心素养之审美鉴赏能力。

(一)读诗题,知背景

1.交谈送别文化,齐读课题。

2.读课题,介绍诗题。

3.找出诗题和诗中的地名,出示地图,感受路途遥远。

4.交流背景资料,了解元二要到安西去的原因,从而引导学生理解这不仅是朋友之间的送别,更是一场保家卫国的壮行。

5.渗透借助注释、借助背景资料的学习方法来理解诗题。

6.再读课题,找到读诗的基调。

【设计意图:送别是唐诗中特有的一种文化,要读懂古诗,读懂这种文化就要先了解古诗创作的背景,在教学中教师引导学生读出古诗的停顿,通过借助注释、背景资料的方法进一步理解诗题,出示地图引导学生感受出使路途遥远,初步体会古诗的情感基调。】

（二）读诗句,解诗意

1.自由读诗句,不仅要读准、读通、读顺,还要读出古诗的节奏美。

2.检查字音,扫清生词。

3.读懂王维诗作特色:"诗中有画,画中有诗"。

4.借助注释、想象画面说诗意。

【设计意图:本首古诗字词比较浅显易懂,在了解六年级孩子学情的情况下,通过课前预习检查单不难发现孩子字词基本都会了。基于此,教师列出学生"已知什么""未知什么"。在设计中大胆取舍,学生会的略讲,学生不会的重点讲,引导孩子不仅读通读顺还要读出古诗的节奏美,并且在想象画面中读懂诗句的意思,突出本诗"诗中有画"的特色。】

（三）品诗情,悟意象

1.王维的诗"诗中有画,画中有诗",仅仅只是简单的描绘画面吗?

2.你感受到了王维的什么情感?

3.你觉得哪些字词是送别的代言者,最能表达王维心中的离愁?

预设:意象一 雨

这是怎样的一场雨?

预设:意象二 柳

1.可是前来送别的王维单单选择了朝雨中的"柳",为什么呢?这柳和离别有什么关系?

2.交流原因之一,古人折柳送别的习俗。

3.交流原因之二,通过观察柳的形态和送别者的心态存在相似之处,联系戴叔伦、《诗经》、孟郊、刘禹锡等关于用柳的各种形态来表达离别情的送别诗句加深理解。

4.出示柳枝象征心绪。（还原情境,此时送别元二了,作者心中有怎样的心绪,他会想些什么?）

预设:意象三 酒

1.柳字就是第一幅图的诗眼,那么第二幅图——把酒话别,哪一个字又最能体现作者的离愁别恨呢?

2.这酒里又有怎样的深意?教师带领学生还原王维送别元二的历史情景。师生交流元二这一去,还会遭遇什么,从而体会诗中"无故人"饱含的情感。

3.出示元二出使一路的图片与王维的第一幅画进行对比。

4.出示学习任务单,四人一组合作学习,由扶到放。

5.小组汇报,酒杯还装着什么? 在引读中进一步体会诗中"劝""更尽""故人"的含义,感受王维与元二的离别之情。

6.交流诗中的故事,王维六年后就去世了,出示地图,引导学生理解"西出阳关无故人"另一种的解释,体会古诗语言的精妙。

7.后人把诗谱成乐曲,称为《阳关三叠》,又名《渭城曲》《阳关曲》,出示《阳关三叠》读法。

8.回眸千年评说,出示历朝历代名家巨儒李商隐、苏轼、白朴、查慎行诗的评说。

9.介绍"意象"的概念。

【设计意图:诗的一二句,寥寥14字,借景抒情,道出了王维诗歌"诗中有画,画中有诗"的特点。诗中"柳"和"酒"是送别意象中最典型的景物,引导学生体会折柳相送的送别文化时老师话峰一转,春景烂漫,诗人为何唯独钟情于柳呢? 本设计跳出了在"折柳故事"上作文章的窠臼,只是惜墨如金般地点一下柳的送别象征,教学中把着力点放在原因之二,通过观察柳的形态和送别者的心态存在相似之处,联系戴叔伦、《诗经》、孟郊、刘禹锡等关于用柳的各种形态来表达离别情的送别诗句——这些诗缺乏教师的引领与梳理,学生的学力是不能及的,在学生需要助力处帮上一把,把教学推上一个新的境地;最后又通过小组合作探究酒里深藏的深意,由扶到放,在引读中理解"劝""更尽""故人"的深刻含义,联系地图解读"西出阳关"的深层含义,挖掘古诗背后的故事,在音乐渲染中引导孩子走进历史,走近作者的心,渗透"抓意象悟诗情"的方法,让学生对送别诗中的意象有了进一步的理解。】

（四）拓诗词，品意象

现代诗也有送别诗的经典——《送别》，轻声读一读，把你找到的意象圈画出来。

【设计意图：古诗教学应体现出古诗的深度和广度，让学生在别离诗中穿梭徜徉、熏陶沐浴，体会感悟，使这一教学氛围在诗的高雅文化之中。教学中渗透"抓意象悟诗情"的方法，教一首，给一个方法，突破一个难点，训练一种能力。】

（五）作业

继续运用"抓意象悟诗情"的学习方法，对比上一首古诗《芙蓉楼送辛渐》，找出两首诗的不同意象，写写你从中体会到的不同的送别情。

【设计意图：联系课后习题，继续引导学生运用"抓意象悟诗情"的方法，训练学生对比不同风格的两首古诗，从而训练古诗鉴赏的能力。】

第二节 文言文教学设计举隅

一、小古文教学策略

小学语文统编教材中大幅度增加了传统文化篇目，尤其是增加了文言文的比例，旨在让学生更早开启了解民族文化的基因密码。学习文言文，小学阶段是关键期，因为文言文是现代文的根脉。学习文言文不仅能夯实语言文字基础，培养语感，提高思维能力与审美能力，还能激发学生学习语文的兴趣，走进历史故事，渗透品德教育，弘扬民族精神，传承文化精神，建立文化自信。《语文课程标准》（2011版）指出："能借助工具书阅读浅易的文言文，认识中华文化的丰厚博大，汲取民族文化智慧，吸收人类优秀文化的营养，提高文化品味，培育热爱祖国语言文字的情感。"统编小学语文教材从三年级开始就让学生接触简短的文言文,这也向我们一线教师传递了一个信号,即加强文言文教学,传承中华优秀传统文化。现在让我们遵循教材编写意图,一起来解锁其蕴藏的三个密码:

(一)梳理编排体系,明确目标定位

文言文在统编教材中的编排有四大特点:一是"早",从原人教版第三学段五年级下册第一篇《杨氏之子》到统编版第二学段三年级上册第一篇《司马光》,统编文言文出现的时段大为提前,文言文教学已趋于中段语文教学;二是"多",原人教版只有4篇文言文,统编版则在原先4篇基础之上又增加了11篇,统编教科书在小学阶段共编排了11课(15篇/段)浅近文言文(具体册次安排如表3-5所示),可见文言文在新教材中的重要地位;三是"大",跨度变大,从先秦到民国,跨越千年;四是"广",题材更广,涉及神话、寓言、传记、语录等。这样的内容编排对丰富学生的母语学习内容,传承优秀传统文化,渗透审美教育,都大有裨益。

表3-5 统编教材中文言文篇目

册次	篇目
三年级上册	《司马光》
三年级下册	《守株待兔》
四年级上册	《精卫填海》《王戎不取道旁李》
四年级下册	《囊萤夜读》《铁杵成针》
五年级上册	《中国少年说》《古人谈读书》
五年级下册	《自相矛盾》《杨氏之子》
六年级上册	《伯牙鼓琴》《书戴嵩画牛》
六年级下册	《学弈》《两小儿辩日》

纵观14篇(则)文言文,除了五年级上册的《古人谈读书》,都是故事性的文本,这是由统编版教材对文言文学习的主要目标定位决定

的,即激发学生阅读文言文的兴趣。中年级的五篇文言文分别是历史故事——《司马光》《囊萤夜读》、寓言故事——《守株待兔》、神话故事——《精卫填海》和人物传说《铁杵成针》,其故事内容基本都是学生耳熟能详的。熟悉的故事,用不一样的语言形式呈现出来,学生会产生好奇,阅读文言文的兴趣也就比较自然地被激发了。同时,熟悉的故事内容也利于学生发现文言文与现代白话文最显性的区别——文言文语言更简洁。随着年级的升高,故事越来越长,文本中的长句也越来越多。这是符合学习规律的安排,因为随着学生阅读文言文的经验越来越丰富,能力不断增强,阅读的文言文更长、句式更复杂是很自然的学习需求。

(二)厘清层次内涵,培育语文素养

1.语言构建和运用的密码

文言文是一体四面的,即文言、文章、文学、文化,文言文中蕴藏着无穷无尽的文言(语言)密码,也就是文言文特有的语言现象、规律。文言文特有的语言现象是言简意赅、句式多样、音韵和谐、节奏明快、朗朗上口。文言文语言是学生学习建构语言的范本,文言文是经典语言的宝库,许多成语佳句都出自文言文。如"敏而好学,不耻下问""默而识(zhì,记住)之,学而不厌,诲人不倦",这些出自论语中的四字成语读起来整齐有力,节奏连贯,易读易诵。如"善哉乎鼓琴,巍巍乎若太山""善哉乎鼓琴,汤汤乎若流水",其句式整洁,文言实词、虚词、叠词交错有致,读起来嘤嘤有韵,宛如高山流水不绝于耳,让人如痴如醉。学生通过背诵积累经典文言语句,将其内化成自己口头语言和书面语言中的妙语佳句,最终达到"文采非天成,文言来赐之"的美好境界。

2.思维发展与提升的密码

文言文中常隐藏着多种的思维方式,在文言文学习中,要重视学生思维能力的训练。

表3-6 统编教材文言文思维方式一览表

册次	篇目	思维方式
三年级上册	《司马光》	逆向思维
三年级下册	《守株待兔》	类比思维
四年级上册	《精卫填海》《王戎不取道旁李》	推理思维
四年级下册	《囊萤夜读》《铁杵成针》	类比思维
五年级上册	《中国少年说》《古人谈读书》	类比思维
五年级下册	《自相矛盾》《杨氏之子》	类比思维、辩证思维
六年级上册	《伯牙鼓琴》《书戴嵩画牛》	抽象思维、类比思维
六年级下册	《学弈》《两小儿辩日》	专注思维、类比思维

统编教材所选的14篇文言文,大都通过人物的言行举止与典型故事折射出思维的方式,在教学中引导学生抓住关键语句,在品味文字与学习故事中与人物的思维进行碰撞,从而促进学生思维发展与提升。《司马光》中,司马光急中生智,敢为人先,砸缸救人,这就是逆向思维;《王戎不取道旁李》中,王戎不盲从,透过现象看本质,由"树在道边而多子"得出"此必苦李"的结论,这就是类比思维;《杨氏之子》中杨氏子由孔君平的逗引"此是君家果",机智地应答"未闻孔雀是夫子家禽",这是辩证思维和类比思维。又如《两小儿辩日》中,两个小孩的观点分别是什么? 他们是怎样说明自己的观点的,初次体会"用具体事例说明观点",也是类比思维能力的培养。文言文中蕴藏着诸多思维培养点,教师只要善于发现,精准把握,就能有效促进学生思维方式的改善。

3.文化传承与理解的密码

文言文中蕴含着多种传统文化,如汉字文化、读书文化、交友文化、辩论文化、审美文化、做人文化等,文言文学习的落脚点就是文化的传承与理解。文化的传承就是要从娃娃抓起,学习文言文就是要在理解中传承文化,在传承中建立文化自信和精神自信。

《论语》是中华民族传统文化中一颗璀璨的明珠,如五年级上册

《古人谈读书》第一则:"知之为知之,不知为不知,是知也。敏而好学,不耻下问。默而知之,学而不厌,诲人不倦。"这一则是论语中广为流传的经典名句,是孔子关于学习态度和学习方法的三句话,仔细探究,就会觉得其中隐藏的多种传统文化,如汉字文化"之""也"这些文言虚词以及通假字"知"同"智",展现的就是古汉语博大精深的文化一角;如读书文化,读书要勤学好问,学而不厌,读书态度要谦虚诚恳;如做人文化,做人要实事求是,"知之为知之,不知为不知",这才是做人的大智慧。课堂上,教师静下心来,带着学生慢慢地读,细细地品,美美地吟诵,在一遍遍的诵读中,学生不仅领会了孔子及其弟子的读书方法与态度,而且触摸了《论语》中的文化精髓,在敬仰圣人孔子和弟子博学多识与睿智的同时,潜移默化地传承了优秀的传统文化。再如大理学家朱熹在《朱子谈读书》中要求做到"心到、眼到、口到"。朱熹不但自己读书,还劝天下人读书,乃至他所著的《四书》有如源头活水在他的心到、眼到、口到中流淌了一辈子,成为后人必读书目。而"读书三到"和"读书六要"字字句句朴实无华,而又蕴含深刻智慧和规律,是朱子一生探求、遵循儒家义理、刻苦治学精进的切身体验,五十载传承中华传统文化,经过数百年无数仁人志士、先儒先贤实践体验证明的,具有历久弥新的借鉴价值。

(三)遵循文体思路,运用教学策略

文言文教什么?文言文怎么教?在《义务教育语文课程标准》中,虽未对小学阶段学习文言文提出明确具体的要求,但各学段都有诵读诗文的总体要求,诵读积累是小学学习文言文的主要方法和任务,文言文的教学中,文跟言要并重。实现把握"文",宏观把握"文"最好的方法为:第一诵读,第二观其大略,第三,不求甚解。微观学习"言",包括虚词、虚词的积累、古汉语的语法、朗读的技巧、文言的语感。

人教社杨祎老师指出:"在统编教材中,文言文编排遵循一定的序列和逻辑,相关的教学策略也值得一线教师深入思考。"[2]教学文言文,教师要先钻研教材领会编者意图,通读小学所有选文的前后联系,充分考虑学生的学习起点,才能让学生在不断积累中逐步形成文言文阅读的知识链、思维链、素养链。笔者梳理出"统编教材文言文课后问题一览表"(表3-7),从中可大致窥见文言文阅读的一般路径。

表3-7 统编教材文言文课后问题一览表

册次	篇名	课后练习
三年级上册	《司马光》	1.跟着老师朗读课文,注意词句间的停顿。背诵课文。 2.借助注释,用自己的话讲一讲这个故事。 3.这篇课文和其他课文在语言上有什么不同?和同学交流
三年级下册	《守株待兔》	1.把课文读通顺,注意读好"因释其耒而守株"。背诵课文。 2.借助注释读懂课文,说说那个农夫为什么会被宋国人笑话。 3.读读"阅读链接",和同学交流:故事中的坐车人错在哪里?(阅读链接:《南辕北辙》)
四年级上册	《精卫填海》	1.正确、流利地朗读课文。背诵课文。 2.结合注释,用自己的话讲讲精卫填海的故事。 3.精卫给你留下了怎样的印象?和同学交流
四年级上册	《王戎不取道旁李》	1.正确、流利地朗读课文。背诵课文。 2.借助注释,用自己的话讲讲这个故事。 3.联系自己的读书体会,说说课文中的哪些内容对你有启发
四年级下册	《囊萤夜读》《铁杵成针》	1.正确、流利地朗读课文。背诵《囊萤夜读》。 2.借助注释,理解课文中每句话的意思。 3.照样子,根据课文内容填一填
五年级上册	《古人谈读书》	1.正确、流利地朗读课文。背诵课文。 2.借助注释,用自己的话说说课文的大意。 3.联系自己的读书体会,说说课文中的哪些内容对你有启发

续表

册次	篇名	课后练习
五年级下册	《杨氏之子》	1.正确、流利地朗读课文,读好下面的句子。背诵课文。 2.借助注释了解课文的意思,说说从哪里可以看出杨氏之子的机智
五年级下册	《自相矛盾》	1.正确、流利地朗读课文。背诵课文。 2.联系上下文,猜测加点字的意思。 3.想一想:"其人弗能应也"的原因是什么。 4.用自己的话讲讲这个故事
六年级上册	《伯牙鼓琴》《书戴嵩画牛》	1.正确、流利地朗读课文。背诵《伯牙鼓琴》。 2."伯牙破琴绝弦,终身不复鼓琴,以为世无足复为鼓琴者。"说说这句话的意思,再结合"资料袋"和同学交流感受。 3.用自己的话讲讲《书戴嵩画牛》的故事
六年级下册	《学弈》《两小儿辩日》	1.正确、流利地朗读课文。背诵课文。 2.联系上下文,说说加点字的意思。 3.对照注释,想想每句话的意思,再连起来说说故事的内容。 4.在《两小儿辩日》中,两个小孩的观点分别是什么?他们是怎样说明自己的观点的

1.读通文字,入格理解

通览每册教材中文言文课后的思考题,有两点基本上是一以贯之且逐步提高学习要求的。第一,是"正确、流利地朗读课文"和"背诵课文"。在具体要求上,"正确、流利地朗读课文"有一个从"跟着读"到"自主读"的发展过程。三年级是"跟着老师读,读正确,读流利,读出合适的断句和节奏";四年级下学期有一个引导如何自主读正确读流利的学习活动,让学生先结合注释理解句子意思,再根据对意思的理解来断句;五年级开始,就要求学生能自主做到读正确读流利了。"背诵课文",是丰富积累,也是强化和内化阅读文言文的语感。14篇(则)文言文,除了《囊萤夜读》《铁杵成针》《书戴嵩画牛》外,都明确提出了背诵的要求。"书读百遍,其义自见",文言文的第一大妙招就是多读,把文字读通、读顺、读正确是文言文阅读的基本要求,读"文"是"体格"教学之文言文教学策略之一。在读通、读顺的基础上，教师可以引导学生用多样的朗读方式读文，如竖排式读文，去标点读文；在读的过程中，还可以配以优美的音乐，营造沉浸式学习氛围。

第二，是"借助注释理解意思"。这一点也是梯度变化，随着年级的增加，要求越来越具体。在三年级和四年级上册中，只要求结合注释用自己的话讲一讲故事；四年级下册才提出"借助注释，理解课文中每句话的意思"，并且在注释之外还引导学生根据课文内容理解具体字词的意思。课标明确规定："诵读古代诗词，阅读浅易文言文，能借助注释和工具书理解基本内容。"在三年级到六年级的文言文课文中，课后基本上都提到"结合注释"或"借助注释"。指导学生利用注释是重要的学习方法，但有的字词没有注释，教师就要为学生撑起理解文意的支架。如《王戎不取道旁李》文中出现的"多子折枝"，引导学生联系上文，就不会错误地理解为许多孩子把树枝折断了。为此，引领学生梳理总结理解文意的方法不仅可以借助注释，还可以通过扩词理解、联系上下文、猜测意思等理解词义，从而读懂全文感知故事。教师教会学生学习文言文的方法：据文断音，据文断句；通过文意，理解词语的读音和意思；通过文意，读好句读，读出节奏。

课后思考题中的另外一个目标，是引导学生从不同角度对课文内容进行深入理解。不同类型的文言文要有差异化的教学方式，引导学生发现不同的学习方法。有的课后问题是从文体角度提出的，如寓言故事指向了对故事所揭示的道理的理解，如《守株待兔》《自相矛盾》等寓言故事；有的问题聚焦对"议论文"的观点和依据的辨析、理解，要引导学生关注和发现人物言行背后的思维过程，从而揭示寓意、说明道理并获得启发，如《两小儿辩日》《书戴嵩画牛》《学弈》夹叙夹议的故事；至于《古人谈读书》之类的语录体，则要引导学生把握观点，以及作者阐述观点的方法。教材中的文言文更多以故事类为主，如《精卫填海》《王戎不取道旁李》《囊萤夜读》《铁杵成针》以及《杨氏之子》等，那么，就要关注人物和事件，能够用现代语言说一说，乃至写一写这个故事，并且引导学生深入感悟人物形象。像这一类的文言文,借助注释,理解文意,意为要"入文",而"入文"重在引导学生读题目或引文注解,把握所写主线——什么人,什么事;圈出主要人、事、物,先分清孰为主,孰为宾,再用知人论世的推断方法,思考什么事与什么理、什么人与什么品的对应。如《王戎不取道旁李》故事的主人公"王戎",主要事件就是"不取道旁李",引导学生关注题目,读懂内容,体会王戎善思、善察的品格。行文过程中的承转省略清晰了,通晓大意知晓了,人物品质就不难了。这是"体格"教学之文言文教学策略的"入格理解"。

2.讲好故事,定格建构

文言文是中国传统文化最基础最重要的载体,其用中国文字记录着中国故事,凝聚着中国智慧,铸造着中国灵魂。文字—故事—智慧—灵魂,互为表里,相辅相成。新课标高中文言教学宜从"入精义""学致用"着力:入音以读出中国腔调,"入文"以通晓中国文字,入事以讲好中国故事,入神以育好中国灵魂。笔者汲取高中新课标的精髓,对比研读,发现小学阶段的文言文,中年级在课后第二道练习题、高年级在课后第三、第四道练习题中,共有六次表述为"用自己的话讲讲这个故事",其实编者意图即告诉学生这些浅易的"文言文"就是一个个"小故事"。要讲好中国故事,重在"讲"。"讲"是在"入"(通晓故事)之后的"出"(以自己的理解,融进创意的再现),既是"入"的促进巩固,也是"出"的培育催生。讲好故事,促进对文言文故事内容的理解,并能让学生主动建构语言,这是文言文教学之策略二。方法一,短小精悍的文言文用自己的话讲述;方法二,创设情境分角色讲述,分角色原文诵读应成为"讲"的常态,分角色方言讲述也可尝试。这两种"讲",激活了学生,鲜活了故事,活跃了课堂,学生乐其学,受其励,奋其智,砺其能,收益多多!

3.琢磨文章破格思维

整理整套教材的文言文课后问题第三题,发现基本上指向"由表及里的读懂内容",上升到"弄清楚缘由""启示"和"观点"。文本的丰富性体现在由比较熟悉的、简短的叙事性文本,逐渐过渡到带有议论性、思辨性的文本,这就需要教师在指导学生阅读时,要关注"文章",再次走进文言文,带领着学生思辨"文章",走进"文心",汲取古人写文章的智慧。统编教材中小学文言文中隐藏着六种思维方式(表3-6)。在文言文学习中,教师要重视学生思维能力的训练。通过文言文的课堂教学实践,引领学生在科学思维与理性精神培育上下足功夫。科学与理性是基于科学思考辨析,思辨之术是领悟中国故事、培育中国灵魂的必经之途和必抓之手。

4.传承文化,升格审美

我国历来有"文以载道"的传统,阅读经典文言文,除了可以提升语言能力,还可以感受、理解古人的精神世界,更是传承中华传统文化的需要。而文化的传承方式可以创造性地利用教材,首先引导学生举一反三,融会贯通。如教材中的《王戎不取道旁李》《杨氏之子》,都来自《世说新语》,这本书主要记载了一些名士的言行与轶事。一个个雅致有趣的故事,三言两语的叙述,简洁明快的行文,勾勒出一个个栩栩如生、特点鲜明的人物形象。如四岁就懂礼让的孔融,七步成诗的曹植,聪明机智的司马光,"甚聪慧"的杨氏之子等,这一个个故事可谓家喻户晓。而同一主题的故事契合学生的阅读内需,也能够拓宽学生阅读的广度。这时可以进行从一篇小古文到《世说新语》的整本书阅读,通过简单的文字思接千载,品读鲜活人物,回味经典文言,从而实现传统文化类阅读的最大化。再如,结合《盘古开天地》《女娲补天》的文言文,学习《精卫填海》,还可以拓展《共工怒触不周山》等,以"中华神话"为主题,了解神话人物的简明谱系和神话故事的瑰丽想象。这样课内得法,课外用法,实现了文化的自觉传承。

此外,发掘传统文化中的思想智慧,及时迁移于学生的思辨读写实践,可以作为文言教学的新追求,如《伯牙鼓琴》课后要求结合"资料袋"中千百年来对"知音"的称颂和同学交流感受等。那么长此下去,学生思想智慧与思辨读写,将习惯成自然,熟中生巧,积量变到质变。传统文化成人成才的教育梦想,终将成真!

概而言之,文言是中国传统文化主要的记载和传承形式,对小学生而言,却是一种全新的语言形式。为此,教师要充分领会统编教科书中文言文的编排系统和编写意图,做到实实在在地指导学生"读通文字,入格理解——讲好故事,定格建构——琢磨文章,破格思维——传承文化,升格审美"。接续文言命脉,传承文化基因,讲好中国故事,引导学生在实践中积累,在积累中发展,使之受到文化熏染,提高文化素养。

第三节　神话教学设计举隅

一、神话故事复述教学策略

复述是对信息的简单记忆与重复,是概括的提升与发展。祝新华把阅读认知能力的六个阶段分为"复述、解释、重整、伸展、评鉴与创意"。其中复述包括抄录词句,指出显性事实,开展辨认事实、回忆篇章信息等认知活动。但在阅读教学中我们发现学生在复述课文时不能抓住文章的关键词、关键语句,把它们变成自己的话对课文进行复述,而是对课文内容进行背诵,或者把复述变成了概括课文大意。

神话教学如何彰显其文体特征,把神话教成神话呢?神话因故事而传播,也因故事而精彩,因而,朗读、想象、品味、复述是教好神话的四要素。另外,复述、讲故事则是小学生在语言表达上必须习得的一项本领。统编教科书建构语文训练体系,以两条明线训练学生把握文章的主要内容:一是复述故事,侧重口语的发展;二是安排相应的训练要素。所以,以复述故事的方式展开神话类课文教学是很有意义的。下面从神话的文体出发,着重阐述如何根据神话故事特点与年段训练重点,实行分级指导与评价,促进学生复述神话故事能力的提高。

(一)基于年级的特点,分级复述神话故事

复述是把文章的内容用自己的语言说出来,它不同于背诵原文,也不是介绍课文大意。复述主要有两种形式:详细复述、简要复述。

关于复述,二年级安排借助图片等讲故事,三年级安排详细复述,四年级安排简要复述,五年级安排创造性复述。

(1)二年级可以借助图片,关键词语、句子,表格,示意图讲故事,提供给学生讲神话故事的抓手和方法,为中年级开始的详细复述神话故事打好基础。例如教学统编教科书二年级神话故事《大禹治水》,可以进行这样的尝试,即按照下面的关键提示,讲讲"大禹治水"的故事:洪水使人们生活痛苦;鲧用筑坝挡水的办法,没有治好洪水;禹治水,三过家门而不入;禹用开通河道的办法,带领人们治好了洪水。以篇类推,二年级复述方法就是先学会梳理文章的线索,接着寻找关键词,或者依照课后思考题提供的关键词,先分解内容说一说,再合并内容连起来说一说,体现以学为中心的过程,引导学生通过复述把握神话的主要内容。

(2)三年级指导学生详细复述神话故事。三年级上册尽可能运用二年级学到的讲故事的方法,三年级下册提出复述故事的具体要求,可以借助表格、示意图等,梳理故事的主要内容,这样就能按顺序复述,重要情节也不会遗漏。神话故事想象力丰富,故事性强,主角性格形象鲜明。如四年级的《女娲补天》,想象力丰富、内容朴素却真实生动;故事性强,具有浪漫主义色彩;主角性格形象鲜明。教学时细化为这三个板块:一是按事情发展的顺序简洁地概括故事的主要内容;二是寻找神奇之处,感受人物形象;三是发挥丰富的想象,把女娲从四处捡来五彩石的过程说清楚,说生动,感悟女娲精神。对于板块三,可以搭建问题支架,想象女娲从各地捡来五色石的过程,

指导学生复述。

这样的复述有助于还原神话文本"口耳相传"的过程,让学生一遍一遍地听故事、讲故事,以感受神话故事的特点,发展形象思维能力。

(3)四年级安排简要复述。复述课文内容是第二学段的学习目标,可以为培养学生的概括能力奠定基础,有效地培养学生的阅读认知能力。简要复述课文,要注意以下几点:复述前多读几遍课文,熟悉课文内容。重点复述主要情节,次要情节可以适当省略,注意语言简洁。按照事情发展顺序进行复述,要注意课文中一些提示顺序的词句。这样利于学生学会在长文中寻找最重要的内容简要表述,提升抽象思维能力。如四年级神话故事《普罗米修斯》一文,"盗火"的情节写得很简略,教学时可以按照起因、经过、结果的顺序,引导学生发挥想象,把普罗米修斯"盗"火的情节说得更具体,再和同学演一演。而本课的另一个重要情景就是普罗米修斯"受难"的片段。根据第二学段的复述要求,可以把重点落在学习简要复述和详细复述的再运用,先让学生以普罗米修斯的名义向宙斯请求赐火,然后交流、梳理、归纳转述方法,接着在重点段进行层层移情想象的引导铺垫,让学生浸润在神话的丰富想象中,最后让学生化身为一只小白鸽,飞到赫拉克勒斯面前,把普罗米修斯受难的事告诉他。让同桌分角色练习转述。当然,四年级的想象复述也可以提供学习支架,即通过问题引导学生在合理的地方展开想象。只要找对了适合想象复述的插入点,再依据文本情境选择想象的角度引导学生复述,学生的想象等能力将会得以提升。从文体特点、学段目标、编者意图等方面进行整体把握,确立《普罗米修斯》的故事的教学核心价值:抓关键词句,感悟人物鲜明形象,深化神话主题;学习情景化描写;移情想象,体会神话故事的神奇的文体特点。

(4)五年级安排创造性复述神话故事。创造性复述要在尊重原文、理解故事内容的基础上,合理地加入自己的想法和见解。这是发展学生思维、培养想象力的重要言语训练方式。创造性复述的难点是:在故事的什么地方展开创造,才能更吸引听众。培养学生的听者意识,就听者感兴趣的内容进行创造。要引导学生找到"创造"的生发点,如,在叙述简略的地方进行"添油加醋",为故事增加合理的情节,丰富故事细节。也可以采用"大胆情节补白""合理猜想续编""轻松视角转变""巧妙进行变序"等策略。如《牛郎织女》一课,可结合课后第二题采用"大胆情节补白"的方法,先和学生共同讨论:课文中哪些情节适合展开想象,把内容讲具体、生动?在此基础上,帮助学生梳理,如:哥哥嫂子想独占父亲留下的房产——他们俩会有哪些具体的表现呢?牛郎常常把看见的、听见的事告诉老牛,有时候跟他商量一些事——他们会说些什么?商量哪些事?仙女们商量瞒着王母娘娘去人间看看——他们是怎么说,怎么做的?……在这些地方展开想象,就迎合了听众的好奇心理。民间故事《猎人海力布》可以采用"合理猜想续编"的方法,学生可围绕"海力布变成石头后还会发生什么事"这一拓展点,进行言语创造性思维训练。譬如学生可以沿着正向思维,应验小青蛇的话"如果说了,你马上就会变成石头,永远不能复活了",进而猜想海力布永远成为石头,会发生什么故事;也可以逆向思维,突发异想,进而猜想海力布不再是石头,变回人形,又会发生什么故事。引导学生在故事的精彩与转折处,共同编故事、讲故事、评故事,将猜测与印证相结合,这样符合听众打破砂锅问到底的心理。

(二)基于教材的特点,建构神话故事的复述评价机制

《义务教育语文课程标准(2011年版)》指出:应发挥语文课程评价的多种功能,尤其应注意发挥其诊断、反馈和激励的功能,有效地促进学生的发展。[5]有效的评价对于学生神话复述能力的形成至关重要。笔者在实践中,根据课标的学段要求、神话故事的文体特点,拟定了神话故事复述评价表,如表3-8所示。

此表把复述神话故事的培养目标分解为可操作的六个层级,这就

使复述神话故事有了具体的评价量化标准。教学过程中,运用此表有助于合理评价学生复述神话故事的水平,促进学生复述能力的提升。当然,此表也可根据其他文体特点,稍作调整,运用于其他文体的复述教学评价。

表3-8 神话故事的复述目标

故事的组织	细节	传递	语言结构	词汇运用
故事的开头、中段和结尾很有创意/不平凡,能出色地运用过渡词语来表示事件的次序	丰富运用细节或详情	轻松容易、流畅	能运用复杂的结构和词类,在已学基础上表达熟练	词汇运用准确,有创意、多样,显露知识的宽度
故事的开头、中段和结尾发展良好,能较好地运用过渡词语来表示事件的次序	运用很多细节或详情	没有不自然的停顿,听起来像自然的演说家	能运用一致和准确的结构,或有一些小错误,但不阻碍沟通	词汇运用多样准确
故事有适当的开头、中段和结尾,但不清晰,排序简单,少有过渡词语	运用一些细节或详情	尚算流畅,有一些不自然的、轻微的停顿或偶尔的语调错误	大体上能运用正确结构,有少许错误	词汇运用恰当
故事有开头、中段和结尾,但不清晰,排序简单,少有过渡词语	包含很少细节或详情	偶尔结结巴巴的,断断续续地有一些不自然的、间歇性的停顿,或不适当的语调	不能一致地运用正确结构	词汇运用简单,有一些不恰当的运用
故事粗略,较难理解	留给听众很多疑问	结结巴巴的,断断续续地有很多不自然的停顿,语调呆板	结构错误很多	词汇运用有限或不正确
故事不能理解	没有展开重要事件的证据	很结巴,断断续续地有过多不自然的停顿	不见得理解结构	词汇贫乏,或与主题不对,运用第一语言的词汇。以第一语言生造词汇

总之，复述就是记忆文章内容，抓住关键词句，把握层次结构，把课文的内容、语言、情感进行内化、重组和表达的过程。通过长期训练，不仅使得孩子的语言表达能力更上一个台阶，孩子的思维整合能力也能得到提高和发展。

二、神话故事教学设计课例

【教材内容】

统编教科书四年级上册第四单元第14课《普罗米修斯》

【教材解读】

《普罗米修斯》是四年级上册第四单元"神话故事"的第三篇课文。课文改写自古希腊神话，讲述了人类因为没有火，生活非常悲惨，天神普罗米修斯为了帮助人类，勇敢地"盗"取火种，遭受了宙斯残酷的惩罚，但他不屈不挠，后来得到大力士的救护，终于获得自由的故事。课文主要通过普罗米修斯的行动、与火神的对话以及被锁在高加索山上后的表现来塑造普罗米修斯的人物形象。故事构思巧妙，充满神奇的想象。

【设计理念】

本次教学尝试借助深度学习课堂"语文问题主线教学"之"串联阅读课型"进行设计。整节课从单元主题提取要素主线，以核心问题"你能通过品读具体情节，感受神话故事中鲜明的人物形象吗？"为本节课学习主线，设计三个子问题，逐步驱动学生主动品读神话故事具体情节，借助朗读、表演、转述等形式走进神话故事，感受神话鲜明的人物形象，形成对神话这种文学体裁的初步认识，同时通过对语言的理解、想象的启发、感情朗读的指导等方法，感受神话故事中鲜明的人物形象。本节课力求把更多的时间留给学生去探究，去实践，实实在在提升学生的语言运用能力。课程以问题提出为学习的开始，以问题的解决为学习的终结，课堂教学变知识学习为问题解决学习，培养学生的思维方式和品格,促使学生从低阶思维向高阶思维转化,以此提高学生的语文深度学习能力。

第二课时

【教学目标】

◆ 通过品读神话故事具体情节,借助朗读、表演、转述等言语实践走进神话故事,感受其鲜明的人物形象,体会神奇的想象和表达。

◆ 以文学文,串联神话故事《哪吒闹海》,迁移运用本课已学的阅读策略,感受神话故事鲜明的人物形象。

◆ 主题导向问题进阶,搭建支架驱动探究式学习,发展语文深度学习能力。

【教学重点】

通过品读神话故事具体情节,借助朗读、表演、转述等言语实践走进神话故事,感受其鲜明的人物形象,体会神奇的想象和表达。

【教学难点】

以文学文,串联神话故事《哪吒闹海》,迁移运用本课已学的阅读策略,感受神话故事鲜明的人物形象。

【学习过程】

主题导向:通过情节品读细节,感受神话故事中鲜明的人物形象。

一、链接已知复习情节,重温神话奇幻情节

【问题串一:你能根据人物关系图,再讲一讲普罗米修斯盗火种的故事情节吗?】

1.熟读全文,回顾内容

2.交流神话故事里的奇幻情节

【设计意图:本环节是粗读习法环节,引导学生利用人物关系图,梳理课文脉络,再次把握故事情节,为第二个学习环节聚焦具体情节的品读以及感受人物形象作铺垫。】

二、借助学习支架驱动,品读情节感悟形象

【问题串二:品读触动自己的情节,你能抓住细节描写感受普罗米修斯的人物形象吗?】

(一)品析人物神奇的行为,发现形象之美

1.交流盗火种行为,感受为民造福的决心与勇气。

2.言语运用练习:聚焦动作,发挥想象,扩说画面。

(二)品析人物神奇的语言,发现形象之美

1.品读人物语言,感受语言背后人物意志坚定的形象。

2.言语运用练习:情境创设角色代入,感受人物形象。

3.小组练习、展示。

(三)品析人物的内心,发现形象之美

1.品读受惩罚画面,交流阅读感悟。

2.发现时间密码,走进人物内心,感受人物形象。

3.言语练习:配乐朗读走进文本、走进人物。

(四)初涉侧面描写,发现形象之美

1.品读解救情节,交流阅读收获。

2.言语运用练习:情境创设,角色代入,感受人物形象。

【设计意图:本环节引导学生通过神话故事四个具体情节品读细节,借助朗读、表演、转述等语言实践运用,走进神话故事,感受其鲜明的人物形象,体会神奇的想象和表达。整个环节借助搭建学习支架,驱动学生以学习共同体进行探究式学习,发展语文深度学习能力。】

三、以文学文串联神话,迁移策略探究学习

【问题串三:继续阅读《哪吒闹海》,你能通过情节品读细节,感受鲜明的人物形象吗?】

(一)迁移阅读策略,借助情节,品读细节感受形象。

(二)小组交流,全班交流。

(三)角色代入,感受形象。

【设计意图:这是串联习法环节,串联不同版本、不同民族的同类

"英雄"神话故事。学生迁移运用上篇文章的阅读方法,聚焦具体的一个情节进行品读,抓住人物的语言、动作、心理等描写,大胆发挥想象,感受人物鲜明的形象。旨在引导学生在开放阅读中贯通思维,实现拓展阅读与文本的有效结合,更好地引导学生发现神话故事文本的特点以及规律,有效提高学生的深度阅读能力,促进思维能力的发展。】

语文"主题教学"学习单

四年级上册第四单元第14课课题《普罗米修斯》

主题导向	主题导向:你能通过情节品读细节,感受神话故事中鲜明的人物形象吗? 主题来源:单元导语　课后问题		
探究活动	1.你能根据人物关系图,再讲一讲普罗米修斯盗火种的故事情节吗? (自主轻声读课文,同桌交流,全班交流。) 人类 众神领袖宙斯——普罗米修斯——火神赫淮斯托斯 大力神赫拉克勒斯 ⬇ 2.品读触动自己的情节,你能抓住细节描写感受普罗米修斯的人物形象吗?(A.自主默读思考、圈画批注;B.小组交流;C.全班交流。批注方法:用"___"画出关键句子,用"△"标出关键字词,把感受写在圈画的词句旁空白处。)		

神奇的故事情节	神奇的人物形象	
	触动你的细节描写 (圈画关键词、句)	(　　　)的普罗米修斯
盗火(1、2段)		
劝告(3、4、5段)		
惩罚(6、7、8段)		
解救(9段)		

⬇

3.继续阅读《哪吒闹海》,你能通过情节品读细节,感受鲜明的人物形象吗?(自主品读,批注;同桌交流,互相补充;全班交流)

神奇的故事情节	神奇的人物形象	
	触动你的细节描写 (圈画关键词、句)	(　　　)的哪吒
决心整治东海龙王父子		
降服夜叉		
降服三太子		
恢复太平日子		

续表

主题导向	主题导向:你能通过情节品读细节,感受神话故事中鲜明的人物形象吗? 主题来源:单元导语 课后问题		
问题解决	习得语文要素:通过情节品读细节描写,感受神话故事鲜明的人物形象。 解决问题:你能从《神农尝百草》这个神话故事中,通过情节品读细节,感受鲜明的人物形象吗?		

	神奇的人物形象		
神奇的故事情节	触动你的细节描写(圈画关键词、句)	( )的炎帝

课堂无边界:《中国古代神话故事》。

课型:串联性阅读

板书:

14.普罗米修斯

英雄　　神话

神奇的情节　　生动的细节——神奇的人物形象

行为、语言、内心　　博爱伟大

第四节　童话教学设计举隅

一、童话教学策略

　　童话的语言特点通常是反复、对比、想象,让读者从中感受人物形象。语言的建构与运用、思维发展与提升是指向核心素养的关键,因此,教师在教学时应紧扣这些特点,引导学生建构童话的阅读策略。美国宾夕法尼亚州的《阅读评价手册》特别强调运用阅读策略的重要性:"阅读是一个读者与文本相互作用,建构意义的动态过程。建构意义的实质是读者激活原有的知识,运用阅读策略适应阅读条件的能力。"如何在促进学生有效掌握知识、学会学习等方面发挥积极的作用,有利于学生从整体上建构和把握知识,也有利于学生进行自主探究,从而突破重难点。于是,可尝试采取"助言意转换""助方法迁移""助能力形成""助思维发展"的教学思路推进童话阅读教学。

(一)助言意转换,读出"反复"

统编教材中许多童话都有相似的特点,故事情节简单且有所反复。如《蜘蛛开店》《青蛙卖泥塘》《总也倒不了的老屋》等。可见,若要让学生读懂童话故事的内容,引导他们理解童话情节中的"反复"是读懂童话的最基本阅读策略。然而,教师往往直接教给学生课文的内容,而没有传授如何提炼、概括童话故事主要内容的方法。童话的思想是靠"童话形象"和"童话故事情节"表达出来的,离开情节的"形象"是静态的,缺乏生命力的,读者不可能触摸到故事的脉搏和心跳;而缺乏形象的"情节"是没有灵魂、杂乱无序的。如果童话教学能紧扣"形象"和"情节"这两个特点进行教学,让"形象"在情节的展开中逐渐丰满,让"情节"推动凸显"形象",两者相辅相成,相得益彰,那么效果自然会更好。

《一片树叶》是原北师大版小学语文二年级下册的一篇精读课文。低年级的童话阅读教学应以"趣"为主,因此,教师在教学时可以建构这样的阅读模型:一是让学生听故事、知结构;二是引导学生在读懂故事的基础上,理清起因、经过、结果;三是为学生提供概括故事大意的样式,以讲故事的方式引导学生学习归纳概括的语言模式,渗透概括能力的培养。其中,第三点的教学尤为关键,关乎学生阅读能力的有效提高。由于童话的故事比较简单,以"情节梯"为模型进行学习,适合这一阶段的学生较为直观、形象的思维。于是,我先让学生理清课文文脉,初步了解每个部分的内容,然后请学生默读课文第2~8自然段,找出第1~5个小动物喜爱小椿树时是怎样做的,并把关键词填在"情节梯"上,如图3-2所示。

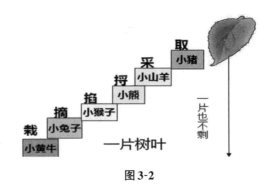

图 3-2

学生据此会发现,同样是路过小椿树,同样是从椿树上取下叶子,同样是出于对小椿树的"爱",却有不同的表达方式,而这种"同中有异"正是学生初步感知"反复"的表达效果的关键处。此外,"情节梯"还能进一步帮助学生练说故事的主要内容。因为"情节梯"其实就是故事情节发展的提纲,图中简明扼要的词语能够帮助学生轻而易举地将故事内容复述出来,培养他们的抽象逻辑思维能力。在这个过程中,学生不仅能读懂语言背后的含义,概括能力和表达能力还能得到有效培养。所以,"情节梯"的运用简化了教学程序,把阅读的主动权还给了学生,真正体现了《义务教育语文课程标准(2011年版)》提出的"不应以教师的分析来代替学生的阅读实践"的理念。

(二)助方法迁移,读出"递进"

方法是迁移学习的关键。"情节梯"的模式有助于让学生逐步掌握"一个很长的故事可以用简单的情节梯或结构图把故事情节梳理出来"的阅读"金钥匙"。在进入中年级的学习后,学生对文章的内容和结构有了进一步的认识。此时,我们可以引导学生自学课外的和《一片树叶》体例相似的童话。这样的安排有两个目的,其一是渗透形成课内带课外,一篇带多篇的群文阅读;其二是引导学生比较阅读发现,同是"反复"的故事,但有的情节是"递增",有的是"递减",还可能会是"对比"。如图3-3所示《彩虹色的花》积雪融化后,彩虹色的花露出来了,无论谁路过她身边,当他们遇到麻烦的时候,彩虹色的花都会伸出援手,最后她的花瓣都没了。大雪再次光临,彩虹色的花彻底不见了,但是大家都感激她。这样的设计旨在引导学生不但能发现故事情节的反复,还能读出最后花瓣一片也不剩的结果。故事的"情节梯"是递减的。通过对比统整,真正达到"助方法迁移"的目的,如图3-3所示。

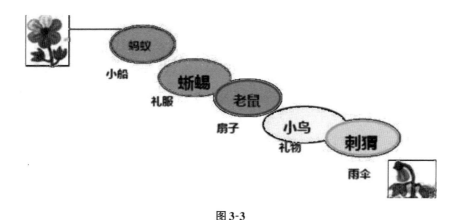

图3-3

而对于《小老鼠和大老虎》一文,在引导学生完成"情节梯"的填写后,如图3-4所示,学生自然就会发现,这次的"情节梯"和《一片树叶》有所不同,并不是简单的"反复"。中年级的阅读教学应实现"联系上下文,理解词句的意思"的目标,因此,教师可以带领学生就此深入研读,并设问:"哪些反复结构的情节叙述顺序可调换,哪些不能调换?"请四人小组讨论,并派代表发言。这样的设计旨在引导学生在小组讨论中理解"反复"的情节中蕴含的内在逻辑关系。

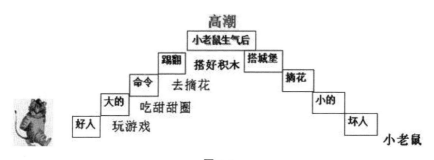

图3-4

组1：我认为不能调换，因为同样是"玩游戏"这个情节，前半部分是大老虎叫小老鼠当坏人，而后半部分却是大老虎心甘情愿当坏人。

组2：从"玩游戏——搭积木"这四个情节发现，大老虎对小老鼠是越来越得寸进尺，一开始占小老鼠的便宜到最后一次竟然把小老鼠搭好的积木踢翻掉。所以我认为不能调换情节。

组3：我认为同样是"玩游戏、吃甜甜圈、摘花、搭积木"这四个反复的情节，大老虎前后的态度是不一样的，由坏转好，所以我认为不能调换。

即使是简单的文章，利用"情节梯"的方法迁移，寻找"不变"中的"变"，探究"变"对推进情节的作用，也能让学生从中获得阅读能力的培养。这并非降低阅读难度或是拔高阅读要求，而是根据学生的学习所需以及学习兴趣点设计的环节，是从"教教材"到"用教材教"的转变。这样的"情节梯"学习单指导性很强，学生很容易操作，课堂上每位学生都能积极主动地参与学习。正如吴忠豪教授在《对语文课程改革的思考》一文中所言："语文课程的主要教学方式应该是学生为主的'语文学习活动'。课堂教学必须保证每一个学生参与相关的实践活动。"如此，构建以学生的学习为中心，围绕语言特点探索"促进学习"的童话教学策略，让学生真正体验学习的过程，恰恰是对于核心素养涵盖的"学习素养"中的"理解能力、表达能力、思维能力"等关键能力的培养。

（三）助思维发展，读出"高潮"

当然，读童话故事除了读懂情节的反复外，还要知道故事情节是有高潮的，有的只有一个高潮，有的有好几个高潮；有的高潮在中间，有的高潮在三分之一处，有的高潮在三分之二处……因为只有读懂故事中的高潮，学生才能感受故事的跌宕起伏。如在《小老鼠和大老虎》的学习中，学生不仅感知到情节反复中又有递进的特点，也在"情节梯"的完成中发现了"高潮"——小老鼠作为一个弱者，他先是一次次地忍受大老虎的欺负。但是，当大老虎一脚踢飞了他引以自豪的大城堡时，他反抗了！他与大老虎断然"拜拜"，这一天小老鼠生气了，大老虎不再欺负小老鼠,这个故事的高潮就在中间。因此由高潮处便可以引导学生完成学习单(二)角色地图中角色的转变。奇迹出现了:大老虎一反常态,居然可怜巴巴地来百般讨好他这个昔日的"受气包"。小老鼠一点一点地原谅了大老虎,当大老虎勇敢地跳下山崖,为小老鼠采来一朵小花时,小老鼠心中的"冰块"也彻底融化了……教师可引导学生完成"角色地图"的填写,如表3-9所示。

表3-9 "角色地图"

小老鼠的想法(微不足道)	相互之间关系	大老虎的想法(强悍威武)
贴了创口贴	大老虎欺负小老鼠 ←	命令摘花 踢翻积木
生气、伤心、难过、愤怒	小老鼠想离开大老虎 → (高潮)	孤独
积木城堡上站了老虎兵	大老虎讨好小老鼠 → 挽回友情	贴了创口贴 为对方着想
原谅	平等关系(好朋友)	谦让

故事之所以能更加吸引人,不单依靠故事情节的建构,更有赖于高潮的设计。有的故事只有一个高潮,有的则有好几个高潮;有的高潮在故事中间部分,有的高潮却在其他部分……这是需要教师引导学生进一步学习的内容。在完成"角色地图"的过程中,学生不但发现了故事情节的变化,增强了整理信息的信心,提高了观察分析的能力,而且体会到,若要把故事写得生动,"一波三折"更能吸引读者。阅读思维的广度拓宽,自然也就加深了对文本的理解。

有效的教学策略正是由"教师中心"转向"学生中心",促进学生主动学习的意识与能力,在比较阅读中,学生由浅入深、由表及里进行学习探究,进而形成独立思考、实践和学习的能力。任何方法的习得都需要经历"知—懂—会—掌握"等阶段,学习过程离不开举一反三,迁移巩固。因此,阅读策略的学习也需要在学生自主感悟的基础上适当拓展,加强迁移,促进掌握。由学生先行尝试、自主感悟,加以提炼策略,再经练习掌握,这样的做法比教师直接教给方法、学生学习运用直至熟练掌握的教学效果要好。

只有在教学中选用有效的教学策略,并有意识地结合具体学习情境有机渗透,进一步探索学生语文能力发展的内在规律,探寻适合学生发展需要的课堂教学策略,才能让学生走进童话,享受到学习童话的乐趣,真正地感受童话的独特魅力。

二、童话教学设计课例

【教学内容】

统编教科书二年级下册第七单元第20课《蜘蛛开店》

【教材解读】

《蜘蛛开店》是统编小学语文二年级下册第七单元第20课,本组童话都是现代儿童文学的经典,童话通过丰富想象、幻想和夸张来塑造艺术形象,反应生活,增进儿童思想性格的成长。一般童话故事的内容和表现形式浅显生动,对自然物的描写常用拟人化手法,能适应儿童的接受能力。

《蜘蛛开店》讲述了蜘蛛因为寂寞、无聊而想到开店的法子,第一次卖口罩遇上了河马,第二次卖围巾遇上了长颈鹿,第三次卖袜子遇上了蜈蚣。本来编织是它的特长,它开编织店能发挥长处,但是它却因为思维方式简单,处事方式简单,因此自讨苦吃、事与愿违。教学时应引导孩子做事情要懂得变通,这是这篇文章的人文价值所在。这篇童话故事富有童趣,与孩子的生活紧密相连,结构上采用情节反复的手法展开,语言表达比较风趣活泼,符合儿童的审美能力和阅读兴趣。

二年级的孩子以形象思维为主,言语模仿能力极强。根据这篇童话故事的特点,要让学生在重复而又变化的情节中理清故事发展的脉络,学习借助示意图讲故事,落实本课的语文要素。教学时,可将词语分类按课文脉络串一串,巧妙搭建框架,让孩子复述故事或用自己的话来讲故事,把童话的语言化成自己的语言。故事情节反复手法的运用,为语言生长提供了契机,以讲故事为主线,运用填空式语段来模仿、迁移语言,让学生在感受童话魅力的同时丰富词汇,锻炼表达能力,培养想象、创新能力。

【教学目标】

◆ 认识"店、寂、寞"等16个生字,会写"商"等生字。

◆ 学习用文字示意图(思维导图)练习讲故事。

◆ 感受童话故事的趣味,乐于分享阅读感悟。

【教学重点】

学习用文字示意图(思维导图)练习讲故事。

教学流程:

(一)作者导入,引出课题

1.介绍作者,引出主人公——蜘蛛。

2.结合生活实际及联系上下文理解体会"寂寞"。

3.引出课题。

【设计意图:结合生活实际及联系上下文理解词语是二年级阅读能力培养的一个重要语文要素。教师相机引导,学法梳理水到渠成。】

(二)整体感知,随文识字

1.问题导入:这是一家什么店?运用字理识记"编"字。

【设计意图:质疑是创新能力的开始,由课题切入,"这是一家什么店"把握文本内容的同时引入汉字的字理教学,字理教学能使抽象的符号转化为生动的形象,通过对照让孩子顺利读写的同时,领悟汉字丰富的文化内涵。】

2.检查预习:蜘蛛的编织店卖了哪些东西?迎来了哪些顾客?

(三)聚焦情节,理清文脉

1.学习"卖口罩"的故事。

(一)"罩"字教学。

（二）梳理故事的情节。

【设计意图:小学低段语文学习的任务不仅仅是为了识字,在识字的同时还要重视阅读思维能力的培养。让学生参与到特定的语言环境中随文识字,有助于记住字形、理解字义。】

2.师生合作读文,梳理出第一个情节的故事流程图。

3.借助故事流程图讲"卖口罩"的故事。

4.借助第一个情节的流程图,巧用"关键词排序"的方法,采用白板交互式方式,让学生自己梳理第二三个情节的故事脉络。

【设计意图:其一,运用白板交互技术让学生自己动手排序,形成生成性课堂,体现以学生为主体的生本课堂。白板交互式的使用让学生的思维看得见,说得出,真正落实语用的训练。其二,借助第一个情节的流程图,巧用"关键词排序"的方法,快速梳理第二三个情节的故事脉络,达到举一反三之效。】

（四）聚焦全文,发现结构特点

1.引导探究,发现文本的秘妙。

蜘蛛三次开店的故事有什么共同点?小组合作找出三个故事里相应的句子。

2.这是一只怎样的蜘蛛?

【设计意图:引导学生发现课文结构反复的特点,发现故事语言中隐藏的规律,为后面的讲述故事做好准备。通过三个故事情节的学习达到积累内化语言的同时又读懂人物形象,体会中心主旨。】

（五）借助示意图,学讲故事

你喜欢哪一个故事?借助小锦囊讲一讲:

蜘蛛的编织店开业啦!

卖什么呢?就卖_____吧,因为_____。

顾客来了,是_____。

他_____。

蜘蛛_____,（怎么做?）

_____。(怎么想?)

【设计意图:《蜘蛛开店》段落结构相似,重点在讲述,借助流程图(思维导图)讲故事是本课的一个重要语文要素。在指导朗读课文的基础上让孩子们讲故事,为学生敢于表达、发挥想象提供平台,锻炼他们的语言表达能力,发现语言表达的秘密。】

(六)总结课文,学写生字

1.编读儿歌,巩固生字

2.学写生字"商",提示书写要点。

3.教师示范,学生练写,巧用希沃软件助手评议。

【设计意图:在通过多次阅读文本,与汉字多次见面后,把汉字有选择地集中起来,根据课文内容编成生动活泼、朗朗上口的生字儿歌,既加深了印象又调动了孩子的兴致。利用"希沃助手"的投屏技术,把学生的作品通过手机拍摄快速投影到屏幕上,及时对学生的书写进行反馈,节省了课堂时间。】

(七)布置作业

蜘蛛小老板还会卖什么?他的编织店又会迎来什么样的客人?发挥想象续编故事。

【设计意图:发挥想象创编故事,培养孩子的故事复述能力及创新思维能力,是落实语文核心素养培养的重要途径。】

(八)板书设计

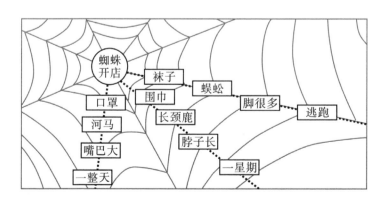

【设计意图：板书设计纲举目张，既锻炼学生概括、读懂文本的能力，又是学生讲好故事的有力凭借。】

第五节　小说教学设计举隅

一、小说教学策略

小说作为四大文学体裁之一，它的教学价值是多方面的。小学阶段的第一个小说单元，到底应该教什么？作为基础教育中的基础学段，小说阅读应确定怎样的教学内容呢？课标把小说纳入叙事性作品，第三学段规定了这样的课程内容："阅读叙事性作品，了解事件梗概，能简单描述自己印象最深的场景、人物、细节，说出自己的喜爱、憎恶、崇敬、向往、同情等感受。"可见，梳理小说的情节、评价人物形象等，是小学阶段小说阅读的重要内容。小学语文"体格教学"倡导把同一文体的几个文本作为一个整体展开教学，在"体格教学"视域下，结合统编教科书编排特点，把教材原生单元课文、习作、园地组成一个整体进行语文要素解读。

（一）教什么：把握小说教学的解读方式

为什么要教解读方式呢？解读方式是小说阅读的基础和关键；教解读方式是学生发展的需要；教解读方式符合义务教育阶段打基础的要求。

解读小说除了教小说的情节和评价人物等，还要关注编者意图、关注学情、关注文体特征，这应该是小说文本教学内容的重要组成部分。统编语文教科书六年级上册第四单元是小说单元，本单元以"美好品质"为人文主题，以"读小说，关注情节、环境，感受人物形象"为阅读要素,共安排了《桥》《穷人》《在柏林》三篇经典小说。它们有很多内容值得学习——故事情节、人物形象、小说主题等,但是如果小说教学仅仅落到这些内容上是不够的。小说教学要通过一个个例子的剖析,让学生学会怎么进入小说所呈现的世界里面去,所以教给学生解读方式应该成为小说教学的主要内容。

教学时应将单元前面的导语和后面的语文园地,精读课文和略读课文,与阅读教学密切相关的习作、课外阅读联系起来进行要素解构,就能明晰本单元小说的教学价值,从而准确"确定教学目标"。如《穷人》和《在柏林》两篇小说,课后问题都要求学生概括故事的"情节",其中精读课文《桥》《穷人》都要求学生关注环境描写对表现人物的作用,而精读课文《桥》和略读课文《在柏林》则要求学生理解和评价小说出人意料的结局,这就是基于小说文体特点与课标要求的内容设计。学生就在这样一次次的讲述、梳理、感受、评价中建构自己的小说阅读范式,并凭借范式展开小说阅读,实现小说阅读与小说阅读范式建构的双向良性的互动与沟通。

小说的叙述性语言主要包含两个方面内容:一是语气,二是语感。所谓语气,是指作者在写作过程中运用的口吻和口气。口吻和口气包括人称代词:我、你、他、她和它。语气对于小说创作者而言非常重要,它关系到小说人物的身份和与人物所处的环境、相谐和的气氛,以及整个小说的文学性气场。以此来讲解如何教学生学习解读方式。如始终以第一人称展开叙述的《穷人》一文,把桑娜的语言描写体现在内心纠结、欲言又止的语句,回复丈夫话时的"心不在焉",而文章的结尾,悬念消除,读者悬着的心终于放下来了。丈夫的理解使桑娜沉浸在激动、兴奋中,她"一动不动"的样子恰如其分地表露了她当时的心情,收到了似平静又不平静的效果,耐人寻味,显示出作者高超的艺术表现力。所以在桑娜最后一句话的朗读处要指导学生读出人物的如释重负和顽皮的语气。渔夫这一对夫妻虽穷却善良的崇高品质写得淋漓尽致,给人以很好的艺术享受。《在柏林》则要引导学生揣摩老兵说话的语气,可能包含有多种情感,如果要表达悲痛的意味,语气可以低沉,句与句之间的停顿可以稍长;若要表达无奈或看透了战争的意味,可以读得平实些,语速中等。

所谓语感是指小说中所呈现出来的语气和句式的连贯性和节奏性。如用《桥》的文字来品味语词,本课的特点之一是以短句描写环境,渲染情况紧急。五百多字的小说,竟分成了二十七个自然段,形成急促、紧张的节奏,让人在朗读时产生顿挫、紧迫之感。特点之二是文中描写雨、洪水和桥的句子,像一根线串联起整个故事。这些环境描写营造出死亡步步逼近的危机感,也为下文人物的牺牲埋下了伏笔。同时环境的描写也推动着情节的发展,暗示着人物的命运,为人物忠于职守、舍己为人的光辉形象作了背景铺垫。

除了以上几种教学方法外,小说教学更重要的是紧扣其特征和研究其文本体裁来确定教学内容。

大多数老师还是按照原先的思路,觉得教学内容就是小说三要素,最终目的还是分析小说主题。笔者觉得《在柏林》这篇微型小说读起来不费劲,只要学会抓住主要人物理清故事情节,把握小说的主题,学生是能自己看明白的,那么这篇小说的教学重点到底是什么?

教学时,我们一定要回归文本,从作者的角度出发去理解文本。教小说要教这篇小说的独特性,学生知道的东西不要教,《在柏林》这篇小说中最重要的独特性是"意料之外、情理之中",我们要教学生如何去理解这篇小说的这种艺术手法。因此,引导学生讨论小说结局是文本解读的关键:如果把小说的结尾拿掉,你觉得可以吗?进而引导学生联系故事的开始、中间和结尾部分,发现小说以此结尾,渲染了车厢内悲哀的气氛与人们极其沉重的心情,这样的结尾含蓄而发人深省。

(二)如何教:建构小说阅读教学模型

小说如何教,这是教的方法,它有别于"解读方式",解读方式是读者借以进入小说世界的手段、途径。它是连接读者与文本世界的中介与桥梁。读者借由它进入小说世界。教的方法属于教学论的范围。陈先云先生指出:"小说的教学我们要抓住哪几个方面呢?我们抓人物的形象、环境的描写、情节的发展。只要把这三个要素抓住了,小说的目标就清晰了。"[6]因此,本单元中围绕三要素所产生的小说的知识、阅读小说的策略方法等成为最关键的语文要素——单元语文核心要素。

1."体格教学"视域下的小说单元语文要素目标

小说的要素解构能帮助教师准确把握单元语文核心要素,明确各要素训练的顺序和关联。依据语文要素的"单元导语和交流平台中的核心要素""两篇精读课文的课后习题的顺序""阅读要素和习作要素内在的关联性"可以制定出单元语文要素目标:

(1)认识小说的三要素,在大体了解小说内容的基础上,用小标题概括小说的情节,并按照小说的结构类型绘制出不同的情节图。

(2)找出刻画人物神态、动作、语言、心理活动的语句,在情节的品读中感受人物形象,感悟描写人物形象的不同方法。

(3)能联系课文内容,体会人物复杂的内心世界,想象人物的心理活动;能尝试写出自己忐忑不安和犹豫时的心理活动。

(4)找出环境描写的语句,体会它们对刻画人物形象的烘托作用。

(5)展开想象,创编"人物、情节、环境"三要素齐全的生活故事。

(6)激发阅读小说的兴趣,能利用课内学习的阅读方法阅读《童年》《小英雄雨来》《爱的教育》。

以上目标是单元语文要素目标,不是该单元的所有目标。下面以微型小说《桥》为例,确定本单元单篇课文的教学内容:(1)从关注小说三要素到关注小说的叙述;(2)从关注小说的艺术效果到关注艺术效果的达成;(3)从关注故事情节到关注小说情节;(4)从关注作品中的人物关系到关注作品与读者的关系。

以短篇小说《穷人》为例,确定本篇课文的教学目标:(1)正确读写14个生字,正确认读"渔夫、汹涌澎湃……"等18个词语;(2)快速默读课文,按照事情发展顺序把握课文主要内容,初步感受人物的美好心灵,体会真情给我们带来的感动;(3)抓住人物对话和心理描写、环境描写,体会人物形象;(4)根据提供的语境,将作者留白的人物内心描写出来。

以微型小说《在柏林》为例,确定本单元略读课文的教学目标:(1)默读课文,关注情节和人物,了解小说表现战争主题的方法;(2)感受小说结局构思的巧妙,体会作者对残酷战争的控诉,探讨"意料之外、情理之中"达成之理。

2.不同类型的小说应该有不同的阅读范式

不同的小说有不同的特点,阅读范式也往往不同。这些具体的阅读范式是小说阅读范式的分支,属于小说阅读范式的亚类或者说是小类。

依据篇幅,小说可分为长篇小说、中篇小说、短篇小说、微型小说等。本单元的三篇文本分别是微型小说、短篇小说和微型小说。他们之间有什么区别?

短篇小说的特点是篇幅短小,情节简洁,人物集中。它往往选取和描绘富有典型意义的生活片段,着力刻画主要人物的性格特征,反映生活的某一个侧面,使读者"窥一斑而知全豹"。正如茅盾所说:"短篇小说主要是抓住一个富有典型意义的生活片段,来说明一个问题或表现比它本身广阔得多、也复杂得多的社会现象。"这也就决定了它的篇幅不可能长,它的故事不可能发生于常年累月,它的人物不可能太多,而人物也不可能一定要有性格的发展。如《穷人》是俄国著名作家列夫·托尔斯泰创作的短篇小说,小说记叙了一个狂风暴雨的夜晚,桑娜与渔夫主动收养了逝去邻居西蒙的两个孩子的故事。通过细致入微的描写,塑造了虽然生活窘困但仍旧保持淳朴善良与美好心灵的人物形象。这部作品之所以动人,是因为他在有限的篇幅内通过描写一个善举、一个信念,展现出了真实善良的人性之美。这篇小说编排在小说单元,一方面是为了让学生体会困境之中的人性之美,另一方面在于引导学生关注作者通过心理、对话、环境来塑造人物的写作手法。这与单元的人文主题和语文训练要素是十分契合的。文章对人物的心理描写非常细腻生动,桑娜怀着担忧去看望邻居,得知邻居已死后毫不犹豫地抱回了孩子,突出了作为母亲的善良本能,体现了母性的光辉。而当桑娜把孩子带回后,她内心开始了挣扎。她开始思考自己做的这件事意味着什么,在这里托尔斯泰表现出了极高的刻画人物内心世界的功力:桑娜的忐忑不安,反复思量都无比真实地再现了一个处在穷困境地的善良女性丰富的内心世界。在和丈夫的对话中,桑娜紧张的心理也表露无疑,"不敢抬起眼睛看他""脸色发白""沉默"……她不知道该如何向丈夫说起,不确定丈夫是否接受,不知道如果丈夫拒绝接受孩子要怎么办……当桑娜试探地说出西蒙已死,剩下两个幼小的孩子无人照顾时,渔夫丰富的内心世界也在人物的神态与语言中展现了出来,他先是"皱起眉""他的脸变得严肃、忧虑",嘴里念叨着"是个问题"时,读者是多么紧张、急切地想知道渔夫最终的态度。之后,在内心一番斗争之后,最终还是坚定了自己的信念,"我们,我们总能熬过去的,快去,别等他们醒来。"读者如释重负,原来这个看似粗犷的外表下也有一颗金子般的心。文章的环境描写同样暗藏玄机,尤其是对屋外狂风暴雨的天气与屋内"温暖而舒适"形成的强烈对比,也暗示着桑娜夫妇面对残酷窘困的生活仍旧保持着温暖柔和、善良真挚的内心。

小小说又称为微型小说、一分钟小说。小小说其实是属于短篇小说的,具备短篇小说的一般特点,它体现出"人物集中、情节单纯、以小见大"等特征;篇幅短小,千字左右是它的外部特征;选材精、结构巧、含意深,是它的本质特点。欧·亨利对微型小说特点的理解是:一、立意新奇;二、结构严密;三、结尾惊奇。概括成四个字:微、新、密和奇。小小说与短篇小说相比,篇幅更短,故事更简单,多取材于生活的一瞬间、一插曲、一场景、一镜头,反映人物在一件事或一个场景中的片段行动,勾勒出人物精神面貌。《桥》全文621个字,如果我们用阅读微型小说的方式去阅读,就能发现它在情节转折与结尾安排上的艺术魅力。为此本课的课后思考题第四题"小说最后才点明老支书和小伙子的关系,和同学讨论这样写有什么好处。"就是着力在探究结尾的好处。同一单元的《在柏林》全文仅359字,也是篇微型小说,同样拥有艺术化的结尾。认真解读教材,发现编者在课前导语同样提出了这么一个问题"小说的结局出人意料,你怎样理解'车厢里一片寂静,静得可怕?'"来探究小说的结尾。如果我们不用微型小说的阅读范式来阅读,只是机械地分析"情节、人物、环境、主题",反而会造成教学价值的流失,体会不到微型小说阅读的乐趣。

3.单元整组课文比照,在课后习题中明晰要素之"序"

明晰了本单元每一篇课文的独特性后,我们要对单元进一步统整,把本单元的两篇精读课文《桥》、《穷人》和略读课《在柏林》的课后习题统整在一起比较,你会发现三篇课文的要素之"序",如表3-10所示。

表3-10　课后习题比照表

桥	穷　人	在柏林
1.有感情地朗读课文,注意读好短句。 2.这篇小说写了一位怎样的老支书?找出写老支书神态、语言、动作的句子,结合相关情节说说你的理解。 3.画出描写雨、洪水和桥的句子读一读。再联系老支书在洪水中的表现,说说这些描写对表现人物的作用。 4.小说最后才点明老支书和小伙子的关系,和同学讨论这样写有什么好处。(探究结尾好处)	1.快速默读课文,说说课文主要讲了一件什么事? 2.从课文中找出描写人物对话和心理活动的句子,有感情地读一读。说说从这些描写中,可以看出桑娜和渔夫是个怎样的人。 3.渔家的小屋温暖而舒适,这样的环境描写对刻画桑娜这个人物有什么作用? 4.找出课文中其他描写环境的句子,体会它们的作用	1.默读课文,想想这篇小说是怎样表现战争灾难这一主题的。 2.小说的结局出人意料,你怎样理解"车厢里一片寂静,静得可怕"?

(1)异中比同,明确不同要素训练的先后顺序

小说的三要素是水乳交融的,但学生的阅读过程要符合文学接受的心理机制,从学生阅读理解的角度来说,对三要素的"关注"和"感

受"是有先后顺序的。把两篇精读课文和一篇略读课的课后习题、课前导语放在一起比照,可以发现学生阅读小说遵循的一般流程,如图3-5所示。

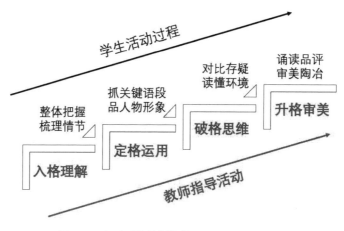

图3-5 语文"体格"教学之"小说"教学范式

《穷人》的第1题"说说课文讲了一件什么事",需要建立在理清故事情节的基础上;《桥》的第2题老支书的形象也要结合相关的情节来理解。《在柏林》作为略读课,就没有再提梳理情节这一训练点,但是略读课用方法,仍然需要检查学生对这篇微型小说的情节梳理情况。可见在小说教学中,梳理情节是对内容的整体感知,也是感受人物形象的基础和前提。两篇精读课文课后的第2、3题,都指向小说中人物形象的理解,但是理解的角度和方法有了变化。一是从人物的神态、语言、动作、心理活动以及故事的情节发展理解人物形象;一是从环境描写作用的角度来感受人物形象。而《在柏林》对于人物形象的刻画上,主要鼓励学生抓住主要人物的主次关系,练习有依据地表达自己的看法,感悟主人公的可怜,老妇人的神志不清,老兵头发灰白为什么还要上前线?这一切都是战争带来的恶果。老兵一家是千千万万个家庭的缩影。由此可见"梳理情节—品读人物—读懂环境"是本单元要素落地的先后顺序,也是小说教学的一般步骤。

（2）同中比异，明确同一要素训练的难易顺序

两篇精读课课后第2题的语文要素均指向感受人物形象，但两篇课文刻画人物形象的方法有所不同，《桥》通过神态、动作、语言的描写来刻画人物形象，《穷人》则通过对话和心理活动的描写来刻画人物形象。对学生而言，《桥》的人物描写方法在记叙文的学习中已经多次接触，而《穷人》一课中对桑娜的心理旁白、心理揣度、心理矛盾等多种角度的心理刻画，对学生来说比较陌生，桑娜和渔夫之间言简意丰的对话，学生理解起来也有一定难度。这两题既多角度铺展了人物描写的方法，又体现了人物描写方法从熟悉到陌生的渐进性。执教《在柏林》时，教师可以引导学生回顾，本单元前两篇小说塑造的都是生活中的平民百姓形象，再以"战争中普通人物会是什么样的形象"为话题引入，从而做到精读课到略读课同一目标落实的渐进性、层次性。

（三）小说之"类"融通的活动设计建议

1.搭建"类"支架，打通文本壁垒

基于建构主义理论提出的学习支架，能将复杂的学习任务分解为可以把握的操作步骤，从而引领学生穿越"最近发展区"。依据支架的表征与功能，可分为陈述性支架（概念、原理、事实等）、程序性支架（过程、步骤等）和策略性支架（方法、技巧、途径等）。[7]

本单元主要通过"图式、表格、段式"这三种策略性支架的搭建与运用，尝试改变一篇篇课文割裂学习的状态，打通课文之间阅读要素训练的壁垒。其中"图式"帮助学生梳理情节，"表格"帮助学生感受人物形象和体会环境描写的作用，这两种支架形象地将文本的内在结构清晰化、可视化；"段式"帮助学生在阅读过程中有依据想象人物心理活动，并将学生复杂的内在逻辑思维直观呈现。[8]

（1）依据要素图式，梳理情节结构

小说通过有层次的故事情节来展现人物形象，表现主旨。绘制情节图有助于学生把握主要内容，依据"开端、发展、高潮、结局"的基本

结构呈现小说的"骨架"。本单元的教学以《桥》为例,引导学生学习用小标题绘制情节图,如图3-6所示。

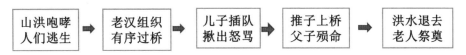

图3-6 《桥》线性情节图

　　《桥》一课情节的发展并非平铺直叙,读到人们疯狂逃生,我们的心情是紧张的;读到人们在老汉组织下有序过桥,一颗悬着的心放了下来;读到木桥前只剩父子两人,心情又变得担忧紧张;最后老太太前来祭奠,一切归于平静。小说跌宕的情节吸引着读者,让读者的心情随之起伏,依据读者心情的变化,可对《桥》的情节进行变身,如图3-7所示。

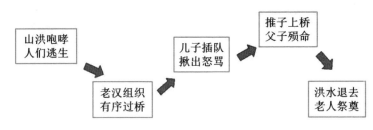

图3-7 《桥》一波三折情节图

　　这样的情节图直观地展示了《桥》情节结构跌宕起伏、一波三折的特点。此过程中学生形成了"概括小标题,依据结构类型呈现"的情节图绘制方法。借助"图式"支架,迁移绘制方法,可绘制出《穷人》《在柏林》的情节图,如图3-8、图3-9所示。

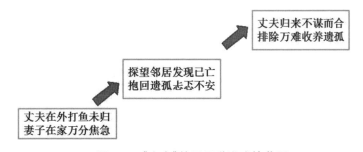

图3-8 《穷人》的层层递进式情节图

图3-9 《在柏林》对比式情节

三篇小说的情节图完成后,通过比较异同,可以归纳出小说情节表现的三种方式:一波三折式、递进式、对比式,从而丰富对情节结构类型的认知。

（2）利用要素表格,品读人物形象

人物是小说的核心和灵魂,人物形象在情节的发展中不断丰满。两篇精读课文主要是通过对人物外貌、语言、动作、神态、心理活动等多方面的刻画来塑造人物形象的。如何把散点的刻画人物的语句放在故事情节发展的整体背景中品读?简明清晰的表格能指引学生的思维从点状走向系统。依据《桥》的课后第2题设计阅读表如表3-11所示。

表3-11

关注的主要情节	老汉组织 有序过桥	儿子插队 揪出怒骂	推子上桥 父子牺牲
描写人物的关键词句			
读出的人物形象			

表格为学生感受人物形象提供了清晰的阅读思路,依据表格,学生就能在情节中找出刻画人物形象的具体语句,再通过分析、综合等高阶思维活动,建立前后联系,层层深入地读懂人物的性格特点、精神品质。学生在《桥》一课表格支架支持下形成"抓关键词句整体品读情节,感受人物形象"的方法后,《穷人》一课可尝试自主运用表格支架进行学习,从学到用,体现类文阅读中扶放有度,学法迁移的教学策略。

（3）借助表达段式，想象心理活动

《穷人》一课在人物描写上有多处的心理刻画，这些心理刻画表现了桑娜紧张、担心、害怕、矛盾、不知所措的复杂心理，这是本单元感受人物形象这一语文要素的难点和提升点。

教学时，一方面要引导学生运用活动2中的表格3-9支架，从桑娜反反复复的心理斗争中读出穷人难能可贵的善良，另一方面在组织学生交流的环节中应相机穿插想象心理活动的小练笔，把心理活动的品读和想象结合起来，这有助于学生深入理解人物形象。课后小练笔的要求是"沉默中，桑娜会想些什么呢？联系课文内容，写一写桑娜的心理活动。"想象桑娜心理活动的前提是依据文本线索，获取文本中的关键信息，并对文本信息进行分析综合、解码加工，只有这样，才能对桑娜沉默时心里的所思所想进行比较准确的判断和推测，这一过程是一个比较复杂的思维活动。

语言表达的段式会帮助学生直观地呈现复杂的内在逻辑思维，依据《穷人》一课小练笔的要求，可以设计下面的语言表达段式引导学生把阅读的思维过程和想象的结果清晰地表述出来。

联系上文 _____，联系下文_____，
我觉得此时桑娜_____（动作或神情），
她会_____地想：_____。

段式语言支架可以减少游离文本、天马行空的无意想象，帮助学生从文本中获取支撑想象的信息依据，在合理推断的基础上进行有理有据的表达，培养学生有意想象、再造想象的能力。有了这样的能力基础，教师创设"犯错后""演讲前"等生活情境，唤醒学生的生活积累写忐忑不安或犹豫时的心理活动就会水到渠成。

（4）完善要素表格，理解环境作用

在活动2中，依据小说的"情节、人物"设计了要素训练表，此活动是再次利用表格3-9，在表格3-9最后一行增加"环境变化"的内容，帮

助学生感受环境描写对刻画人物形象的烘托作用。

　　小说教学中常见的设计是在梳理情节之后,让学生找出描写环境变化的句子品读并谈感受。课堂观察发现,这样的流程设计并不能带领学生真正领会环境描写的作用。比如《桥》一课,如果仅读环境描写,学生的感受就会停留在灾情危急的层面上,而不能从环境中感受人物形象。而活动2中的表格3-9的设计,遵循了要素训练的难易之序,最后一行增添的环境变化内容,把“景、人、情节”紧密地联系在了一起,这样的设计,可以让学生深入文本,在全局中体会环境描写在渲染气氛、烘托心情、推动情节发展、展示人物性格等多方面的作用。

　　2.建构“类”结构,打通课内外壁垒

　　在一个教学单元里,每一“课”的教学并不构成“台阶”之别,而主要起着加强和丰富这一个教学单元建构起来的言语图式的作用。言语图式具有综合性,包含已经内化的知识结构、学习方法结构等言语理解与表达的建筑积块。整组小说的课内阅读通过搭建“类”支架突破单篇小说阅读的局限,让学生在“顺应—同化”中形成新的“类”结构(阅读小说的知识结构、方法结构),从而建立新的言语图式;课外阅读中运用课内新近建立的言语图式进行大量的自主阅读,在“同化—顺应”中巩固新建的言语图式。[9]

　　教学中可以通过阅读总结课带领学生梳理学习的知识与方法,促进学生形成阅读小说类文本的“类”结构。比如通过本单元的学习形成的主要知识结构为:人物、情节、环境是小说的三要素,人物是小说的核心,小说通过对人物外貌、语言、动作、心理等描写来刻画人物形象,环境描写对刻画人物形象起烘托作用。

　　这样的阅读总结课,有助于课内外阅读在知识体系与方法结构层面进行有效地衔接,它在概括提炼中架构起了学用“类”结构的桥梁,便于学生“举一反三”,在课外阅读中巩固并不断完善在单元学习中新建的言语图式。

　　本单元可以提炼的阅读方法结构如图3-10所示。

　　快乐读书吧以"笑与泪,经历与成长"为主题,为学生推荐了《童年》《小英雄雨来》《爱的教育》三部小说。其中重点推荐的《童年》通过精彩片段的导读,告诉学生人物众多的小说要理清人物关系,要通过生动的故事情节记住小说中性格各异的人物。这一学法指导体现了语文要素在课内阅读和课外中长篇小说阅读中的融通和生长。《小英雄雨来》作为中篇小说,提示学生关注故事情节,以更好地感受人物形象。《爱的教育》则引导学生通过理清人物关系更好地认识、了解每个人物。(《小英雄雨来》作为中篇小说的节选将在下一个小节,如何做好小说类的长文短教作详细阐述。)

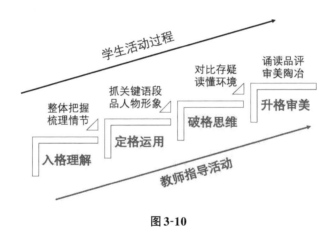

图 3-10

　　当然,课外阅读的中长篇小说人物众多、情节复杂,和课内的短篇小说、微型小说阅读的定位、目标是有区别的,所以在"类"结构迁移的过程中需要灵活运用和多向变通,才能真正提升课外阅读的效益。

二、中篇小说节选教学设计举隅

　　统编教科书一个显著特点是长课文、难课文的数量增加了。长(难)课文,于学生意味着篇幅长(内容深)、难度大、用时多。怎么在单位时间内,实现"长文短教"是亟待探究的问题。

基于课标,基于单元,准确定位,有效取舍,找准长课文的教学内容。以速读、概括、关联为主要教学策略,引导学生学习并学会"把握长文章的主要内容"的方法,真正达成"长文短教"目标。现以《小英雄雨来》一课教学为例,具体阐述"基于长文短教"的教学内容选择与实施的思路与做法。

(一)基于"长文短教"教学内容的选择

"长文短教"的关键在于如何理解这个"短"字,如何在丰富的教学内容中精选教学点。这就要求教师在解读一篇课文的时候,要胸怀全局,遵循"全册—单元—单篇"的思路,全面领会编者的整体编排意图,把握好整体与部分的关系。

1.基于课程视角

《义务教育语文课程标准(2011版)》在第二部分的"课程目标与内容"中明确指出,第二学段阅读教学的目标之一是"能初步把握文章的主要内容,体会文章表达的思想感情"。[10]从三年级开始,统编教科书就多次把理解、概括作为语文要素,分列于各册、各单元,建立了螺旋上升的能力体系,如表3-11所示。

为有效落实这一个目标,统编教科书在四年级上册安排了两次学习把握文章主要内容的语文要素。《小英雄雨来》处于四年下册第六单元,旨在落实"借助小标题,把握长文章的主要内容"的语文要素。要素长线体现为:四(上)"把握主要内容"→五(上)"阅读时注意根据要求梳理信息,把握内容要点"→六(上)"抓住关键句,把握文章的主要观点"→六(下)"了解作品梗概,把握名著的主要内容。"由上表可知,本单元学习把握主要内容的关键在于"长文章"。长文章有较复杂的人物关系,丰富曲折的故事情节,因而把握其主要内容的难度和要求较之前文本高。为此,本单元教学可以迁移运用先前册次和本册前面的单元所学的方法,并在此基础上要求又有所提升,体现语文要素安排的系统性和发展性。

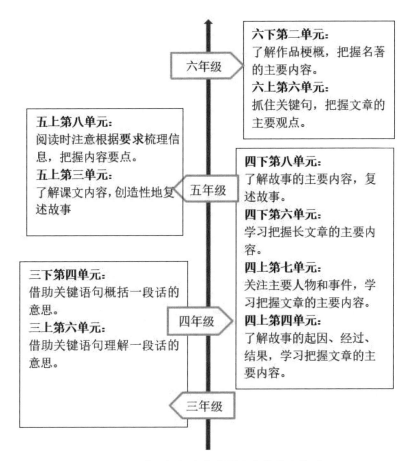

图3-11　学习把握文章主要内容的能力体系

2.立足单元整体

《小英雄雨来》是统编小学语文教科书四年级下册第六单元中第一篇精读课文,编入该单元的还有两篇略读课文《我们家的男子汉》《芦花鞋》。该单元的人文主题是"儿童成长",阅读要素是"学习把握长文章的主要内容"。备课时应"立足单元整组视角,教好长文章"。具体从三个方面进行分析,并定位教学目标。

(1)在要素系统中定位

首先我们将《小英雄雨来(节选)》放置回统编教科书"学习把握长文章的主要内容"的系统中去考量它的文本价值,如表3-12所示。

表3-12 统编教科书故事单元的"读写要素"序列

单 元	人文主题	阅读要素	习作要素
四年级上册第四单元	神话故事	了解故事的起因、经过、结果,学习把握故事的主要内容。感受故事中神话的神奇和鲜明的人物形象	展开想象,写一个童话故事
四年级上册第七单元	历史人物故事	关注主要人物和事件,学习把握文章的主要内容	学习写书信
四年级下册第六单元	成长的故事	学习把握长文章的主要内容	按一定顺序把事情的过程写清楚

表3-13 本单元三篇课文的课后思考题

	课题	课后问题/导读问题
语文要素	18.《小英雄雨来(节选)》	1.为什么说雨来是个小英雄?带着这个问题,尝试用较快的速度默读课文。 2.照样子给其他四个部分列出小标题,再说说课文的主要内容。 3.课文中多次写到还乡河的景色。找出来读一读,再说说写这些景色有什么作用
	19.《我们家的男子汉》	1.尝试用较快的速度默读课文。 2.结合课文中的小标题,说说为什么称这个孩子为"男子汉",作者对他有着怎样的情感。 3.还可以给每个部分换个小标题
	20.《芦花鞋》	1.默读课文,为每个部分列出小标题。 2.再和同学交流印象深刻的内容

对比这单元的三篇课文,确定本课的个性化教学目标:(1)用较快的速度默读课文,了解雨来被称为"小英雄"的原因。(2)能用列小标题的方式把握课文的主要内容。(3)体会还乡河景色描写的作用。目标1和目标2都与后面两篇略读课文的学习目标有关联,也是本单元最为重点的语文要素的落实。

(2)在学情调查后着力

文章长,阅读训练点相对多,如何做到长文短教?这时教师更应该基于教材和学情,寻找文本特点,紧扣教学目标,选好教学的切入点,大胆取舍教学内容。

从学情调查出发,学生反馈出来的分段信息已经很清楚——不需要教,但是对学生来说,学习概括小标题以及用小标题概括课文主要内容有一定困难,需要老师教。教师根据学情选择最有价值的教学内容,教会孩子概括的方法。

为防止六个小标题的概括平均用力,凭着"化长为短"的原则,聚焦其中一个小标题的学习概括,让学生迁移学法,举一反三,学习其他的小标题的概括,之后串联小标题概括整篇文章的主要内容,真正达到长文短教。

(3)在关键细节上取舍

文章长,概括主要内容和读懂人物形象对四年级的孩子确实难,但教学中却要让学生觉得易学易懂。以"知难自易"的原则,教师应联系四年级上册的批注单元,实施重点批注;关注小说的细节描写以及反复描写的特色,感悟英雄的形象。如:抓住第四部分雨来三次说的"没看见",思考雨来是在什么样的情况下说的。在此基础上,再次讨论雨来为什么能在鬼子面前表现得这样勇敢坚强?引导关注"上夜校"的部分,特别是"我们是中国人,我们爱自己的祖国"一句在文中出现了几次,为什么要反复出现?从而明白反复出现使主题更加鲜明,展示了雨来的性格形成和发展过程。这样理解"有志不在年高"这句话的意思就水到渠成了。

(二)基于"长文短教"的教学内容的实施

基于教材和学情实际,选好教学的切入点,做到速读、概括和关联三"点"齐发力,即可实现"长文短教"。

1.速读

(1)了解长文章序号,初识标序号的好处

课伊始由单元导语中人文主题"让我们追寻着那深深浅浅的脚印

回到抗日战争时期,去认识'小英雄雨来'"!导入这是管桦的长篇小说的节选文,文章很长,达3200多个字。接着,明确单元语文要素,进而引导学生关注文章的特殊结构,初识在长文章里标上序号,可以使文章层次愈加清楚。

(2)训练快速默读,整体感知课文内容

由质疑课题入手,"为什么说雨来是个小英雄?"带着这个问题尝试快速默读课文。这篇课文共有9页,有3200多字,默读测速。如表3-14所示。

表3-14

课文	字数	时间(300字/分)	完成人数
《小英雄雨来》	3274		

此环节的设计意图在于在课堂上落实提高默读的时间和质量。磨课中,我们发现有的班级的孩子根本不会默读,要么正襟危坐,要么用手指很快移动,其实眼睛没跟上……可见要落实第一个教学目标"带着问题尝试用较快的速度默读课文"依旧需要长线培养,课上让学,并在课堂默读后,以问题来落实默读的"质":课文中出现了哪些人物?主要人物是谁?为什么说雨来是小英雄?令你印象特别深的事情是什么?等等。

再推进问题(2)引导联系课题和内容说依据。操作注意点是:当学生说出每部分的故事都与雨来有关时,及时引导谈谈印象最深刻的是哪几部分?即顺着学情聚焦第三、四部分,学习列小标题。

此环节对于发挥长课文的独特价值,发展学生"浏览、寻找关键信息、快速阅读"等能力有着普通课文所没办法替代的作用,又为五年级上册的"策略单元""提高阅读速度"做好铺垫。

2.概括

《小英雄雨来》一文用序号直接标出了课文的六个部分,课后练习题提供了前两个部分的小标题,要求学生仿列小标题,并用自己的话说说主要内容。基于长文短教的思考,每个小标题的概括不能平均用力。为此应选准切入点,聚焦关键情节,教给方法尤为重要。

(1)逆推思考,创新列小标题

教材的现有资源即编者已经给出了课文第一部分的小标题:"游泳本领高"。带领学生探究"小标题"是怎么概括出来的。教学时,可以"反向"训练——逆推小标题得出的思维过程。如,游泳本领高→("谁"游泳本领高)雨来游泳本领高(思考:省略了"谁"?为什么可以省略?因为课文主要人物是"雨来",各个部分都与"雨来"有关,所以可以省略。)→(游泳本领"怎么"高或高"到什么程度"?)1.雨来和小伙伴们玩水;2.妈妈拿笤帚要打雨来;3.雨来撒腿就跑;4.铁头让雨来往河沿跑;5.雨来扎进河里不见了。思考:编者省略了哪些内容?为什么可以省略?接着进一步引导思考:小标题有什么特点?如何做到"删繁就简"?

最后形成概括小标题的思路:把握主要内容→删减提炼成词组或短语。这样"逆推",如此反复训练,就"转化"为能力了。

(2)聚焦关键,学习列小标题

第一个环节通过课后思考题已经给出了第一部分小标题的逆推过程,学生由此经历了学习概括小标题的思维过程。接下来可以顺学而教,如聚焦他们印象深刻的第三部分:运用四上学习的"主要人物+事件"的方式,把握主要内容(情节)——用简短的话把这两件事合成一句话——把主要人物省去,不能遗漏主要信息。学生很快从"雨来掩护李大叔;雨来逃跑时被鬼子抓住。"概括成"掩护李大叔被抓"。最后回顾学法,强调小标题的字数要一样(讲究形式美),但要以"意"为上。

学生的思维经历了从详细到简单的概括过程,通过比较,发现小标题的概括要领。

(3)借助原著,多维度列小标题

为了培养多维度概括能力,在教学中可以充分运用课外资源,即借助原著目录,引导发现写小标题的多种方法。

如原著目录中出现的"这儿是中国的土地""一定救回自己的同

志",这两个小标题是摘录课文中和主要人物有关的语言。学生有了方法引领,很快发现摘录文中主人公重要的语言也是概括小标题的好办法。掌握了多种列小标题的方法,很快就能提炼出每一部分的小标题——

有关注人物语言的:"往河沿跑""我们是中国人""对谁也不许说""什么也没看见""雨来是个好孩子""雨来没有死";

有抓住主要事件概括的:"擅游泳""上夜校""掩护李大叔";"智勇斗鬼子""怀念雨来""机智脱险";

还有选用课文的重点句作为小标题的:"望着妈妈笑""上夜校""把缸挪回原地""什么也没看见""有志不在年高""雨来没有死"。

学生的概括能力在老师有方法的"教"下得以提升,也为下一步根据小标题说说课文的主要内容打好了基础。根据小标题说说课文的主要内容时做到三个要求:一用自己的话说;二将小标题连起来说;三可以对小标题进行适当扩充(以说情节为参考)。

3.关联

(1)每个小故事之间的关联

分开挂连,把握文章的结构才能了解文章的主旨。课毕思考:第一部分"游泳本领高",第二部分"上夜校读书",这两个部分好像与文章的中心"小英雄"没有直接联系,是否可以去掉?学生很快发现第一部分和第五部分是有联系的,如果没有"游泳本领高",那么最后小鬼子想把雨来打死在河里,他就不能在水中脱险。第二部分上夜校与雨来的爱国精神关联,说明他接受过爱国教育。

(2)"还乡河"景色与小英雄之间的关联

基于学情又基于目标3,引导学生赏三处"还乡河"美景,练"细节"欣赏力成了本课的个性目标,也是基于学情的基础上培养学生多向思维能力的有效训练载体。具体操作如下:

教学时,让学生充分地边想象边思考,启动学生的逻辑思维,如:①开篇的还乡河美景有什么作用?②人们听到枪声,都以为雨来被鬼子打死了,为什么作者还把还乡河写得那么美呢？等等问题。引导学生展开讨论,各抒己见:第一,美丽的家乡培育美丽的人民(雨来就是其中之一);第二,开篇美丽的令人愉悦的景色,为小说打下愉悦的情感基调(意味着《小英雄雨来》是喜剧);第三,也蕴含作者对祖国对晋察冀边区的热爱,等等。而问题②,还有强烈的"暗示性",即暗示雨来"没有死！"雨来也"不会死！"此时,教学可以插入环境描写在小说中的作用,提醒学生阅读小说要"关注环境描写",做到点到为止。

课文的另一个细节也非常重要,就是雨来上夜校读的"课本"和雨来跟着老师念"我们是中国人,我们爱自己的祖国。"这一句话的含义深刻。教学时,要让学生找出来读并琢磨其含义,尤其是描写雨来遭鬼子毒打的那个细节:

……一滴一滴的血滴下来,溅在课本那几行字上:

"我们是中国人,

我们爱自己的祖国。"

作者为什么要多次写"课本",写"那几行字",还要让"血"滴在"那几行字上"？在学生讨论的基础上,适当讲解,如:第一,是知识(课本)教育了雨来;第二,雨来随时准备为"爱自己的祖国"而流血牺牲;第三,在十二岁的雨来遭受毒打时,"我们是中国人,我们爱自己的祖国。"这一句话为雨来智斗鬼子作了铺垫。这样一个机智、勇敢的小英雄形象就跃然纸上了。

长文章的学习,教师只有站在单元整体的视角,精选教学内容,明确长课文教什么;围绕教学目标,明确长课文怎么教;基于学情,做到面向全体学生,同时也要关注个体学生的整体发展,做到以学施教,如此,方能让学生在阅读实践中不断提高语文的实践能力。

三、小说教学设计课例举隅之——《红楼春趣》

【教学内容】

统编教科书五年级下册第二单元第8课《红楼春趣》

【教材解读】

1.之所以提"概括情节",是因为小说(节选),还因为"主要内容"已经由编者概括出来了,而且,"放风筝"的情节概括有一定的思维挑战性;

2.说出对宝玉的"印象",是读小说的"规定动作"(关注人物形象),也是"编者意图";

3.探讨"红楼春趣"中"春"和"趣"的含义,体验文学阅读审美意趣,是"把文学当作文学"(叶继奋《文学课堂审美论》浙江大学出版社)来教的必然,也是使小学高年级学生可能阅读《红楼梦》的必然要求。因此,这两条目标既符合"略读"课的特点,又符合文学作品阅读的规律。

【教学目标】

◆ 能比较熟练地概括"放风筝的故事"情节,说出对宝玉的"印象",探讨"放风筝"表达的"趣"。

◆ 能结合《红楼梦》的阅读经验(或有所了解的)以及对比课后"阅读链接"(林庚《风筝》),初步探讨《红楼春趣》"春"和"趣"的含义(谐音和伏笔/隐喻),从中体验文学阅读的审美乐趣,激发学生阅读《红楼梦》原著的兴趣。

【教学过程】

检查预习

1.了解《红楼梦》(五年级上册冰心《忆读书》);

2.朗读课文,做到正确、流利;

3.借助"课前导语"了解本课的主要内容、所涉及的人物和关系。

【设计意图:做好预习,被列入中共中央、国务院印发的《关于深化教育教学改革全面提高义务教育质量的意见》,足见其重要性。这里预习三件事:第一件事,是"温故";第二件事,是高年级学生课前必须的;第三件事,是预习所"习"的内容,包括课文、课前导语和课后练习/阅读链接。】

一、导入新课,检查字词

1.作者简介

2.走进背景

《红楼梦》是中国四大古典名著中之一,属于章回体小说,今天我们要学习的这篇课文选自《红楼梦》第七十回,前八十回是曹雪芹写的,后四十回一般认为由高鹗所续。

3.扫清字词障碍

古典名著的语言和现代白话文不太一样,生僻字词还真不少,怎么办呢?如果掌握一些方法,阅读起来就更顺畅了。还记得这单元前三课学过的方法吗?

(1)根据上下文猜测语句的意思。

(2)遇到难理解的词句,不必反复琢磨。

(3)借助资料了解历史背景,还可以结合看到的相关电影、电视剧。

用"猜读法"阅读古典名著可管用啦! 说到猜读,也是有方法的。在《景阳冈》一课中,在猜"哨棒shāo bàng"和"筛酒shāi jiǔ"时,你都用上了哪些方法呢?联系上下文,联系生活经验,借助插图等这些都是好办法。那,咱们来试一试:

窗屉(tì)子　忌讳　晦(huì)气　敞地

铰(jiǎo)断　剪子股　籰(yuè)子　飘飘飖飖(yáo)

"剪子股""籰子"这两个词语很难理解,我们不必反复琢磨,主要知道是放风筝的工具就行了,当然你也可以联系上下句(这里丫头们听见放风筝,巴不得一声儿,七手八脚,都忙着拿出:也有美人儿,也有沙雁儿的。丫头们搬高墩,捆剪子股儿,一面拨起籰子来。)就可以知道

大意是准备好放风筝的工具。

二、概括与理解

(一)默读课文,用一句话概括(借助"课前导语"检索):这篇课文讲述了一个什么故事?(板书:放风筝)

师:检查了生字词的学习,接下来请你用一句话概括这篇课文讲述了一个什么故事。

聪明的孩子一定知道这是一篇略读课文,我们可以借助"课前导语"检索到课文的主要内容。课件出示课前导语:

> 这篇课文讲述的是宝玉、黛玉等在大观园里放风筝的故事。

(二)故事中提及哪些人物及关系(学生说、补充)

1.理清人物之间关系

在大观园里放风筝的场景,让你长见识了吧!参与放风筝的人阵容非常庞大,宝玉、黛玉、宝钗、宝琴……一大家子人。大家课前是否事先查阅了《红楼梦》的人物图谱,咱们再来捋一捋,谁是公子?谁是小姐?谁是丫鬟?

师生互动:大家都知道文章的主人公是宝玉、黛玉,他们到底是怎么样一种关系呢?出示人物图谱,如图3-12、图3-13所示。

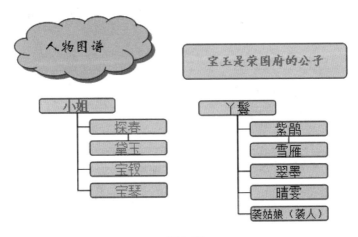

图3-12

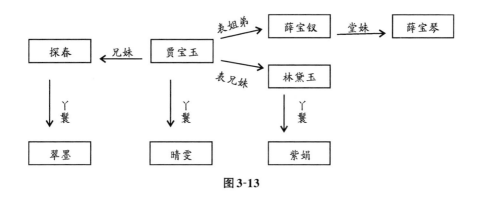

图3-13

2.抓住事件说内容

好文章不厌百回读,再读读课文,想想课文围绕放风筝讲了哪些事儿?

【设计意图:(1)"课文讲述了一个什么故事",是一个检索的问题,因为编者已经在"课前导语"中明白告诉了读者;(2)"提及"的人物,需要检索,但故事短、人物多,有一定难度;(3)"人物之间的关系"就要建立在学生是否阅读过《红楼梦》的基础上了,这需要师生、生生互助。这个环节为下一步概括情节打基础。】

(三)概括"放风筝"的故事情节,说说你对宝玉的"印象"

1.默想"放风筝"的经过。(第3～6自然段)

【设计意图:默想默会是非常重要的"回忆"策略,也是重要的"整体把握"策略,还是"想象画面"的训练策略。】

2.概括情节:课文围绕"宝玉、黛玉等放风筝",先后写了哪几个情节/场景?

请同学们重点默想"放风筝"的经过(第3～6自然段),思考课文围绕"宝玉、黛玉等放风筝",先后写了哪几个情节/场景?

第1～2自然段主要写众人因捡到嫣红放的风筝,便也想着去放风筝。(起因)

第3～4自然段主要讲众人七手八脚放风筝的场景。(经过)

第5～6自然段主要讲大家都把风筝放飞了。(结果)

板书:送还→放起来→放飞走

师:有同学认为第一个环节先讲宝玉黛玉让丫头们把别人家的风筝送回去;接着,在黛玉的提议下大家放起风筝来;最后写他们剪断风筝放飞走。

【设计意图说明:(1)这是小说节选(虽然像"记实性散文"),所以要"概括情节";(2)这里的"情节"其实是"放风筝"的三个阶段;(3)对于五年级的学生来说,这种较深的理解、较高的思维,必须训练,何况前面已经有《草船借箭》《景阳冈》《猴王出世》的阅读基础。以上为"略读"《红楼春趣》的基本任务,是一般性阅读。以下训练,则将使阅读带有"探索性",将其推向"深度阅读"。】

三、聚焦人物,感悟形象

师:我们读小说除了读懂故事情节,更要读懂人物形象。文中人物众多,既有公子、小姐,也有丫鬟、仆人,不同的人有不同的性格特点。主要人物是谁?细读文章,不难看出宝玉是文中的主要人物。宝玉给你留下的什么印象最深?

1.请同学们对着(情节)默想故事,交流对宝玉的印象。

训练步骤:讲解何谓"印象"→找到描写宝玉的相关语句→抓住语言、动作、神态的描写(批注)→交流对他的"印象"(比如,性子急、好玩、受宠爱、对丫鬟们蛮好等等,只要有一点依据即可)→默读默想描写宝玉的内容。

2.教师点拨:交流"宝玉印象",是重点,也是难点。训练步骤:讲解何谓"印象"→找到描写宝玉的内容→交流"印象"(比如,性子急、好玩、受宠爱、对丫鬟们蛮好等等,只要有一点依据即可)→默读默想描写宝玉的内容。

预设:课件出示语言、动作和神态

1.课件出示:宝玉笑道:"我认得这风筝,这是大老爷那院里嫣红姑娘放的。拿下来给他送过去罢。"

(宝玉天性善良,心肠很好,不将他人的东西据为己有。)

2.①宝玉又兴头起来,也打发个小丫头子家去,说:"把昨天赖大娘送的那个大鱼取来。"

②宝玉道:"我还没放一遭儿呢!"

③宝玉道:"再把大螃蟹拿来罢。"

宝玉身为家中公子,得知家里的大鱼风筝被丫头晴雯放了,大螃蟹风筝又给了三爷,但他也不气恼,他给你留下了什么印象?

师相机引导:在封建社会,公子与丫头在身份上是极不平等的,而宝玉的举动让我们感受到他平等待人、宽厚善良,没有一点公子哥的架子。(宝玉随和、不计较,宠爱丫鬟,不摆少爷架子。)

宝玉细看了一回,只见这美人做的十分精致,心中欢喜,便叫:"放起来!"(率真、活泼)

4.宝玉说丫头们不会放,自己放了半天,只起房高,就落下来,急的宝玉头上的汗都出来了,众人都笑他。他便恨的摔在地下,指着风筝说道:"要不是个美人儿,我一顿脚踩个稀烂!"

小结:通过对宝玉动作、语言、神态的描写,突出了宝玉天真、顽皮、率直的性格特点。你认为他有点冲动,有点爱面子,其实你的想法和老师一样,我也觉得对他的动作、语言、神态的描写率直。其实,读小说就是要贴着人物性格来写,大作家莫言有句话:

"要盯着人来写,贴着人的性格来写。"

【设计意图:(1)再次默想,增强熟悉度;(2)文学阅读,对主人公的"印象",很重要;读者"感觉到"的"印象",更值得"珍视",这是文学审美教育一途。】

四、直面原著,再识宝玉

过渡:未见其面,先识其人,这样一个率真活泼、不摆少爷架子的公子哥,他的长相又是一副怎样的面容呢?在这一课没有介绍,但是老师推荐你们阅读《红楼梦》第三回,课件出示:

面若中秋之月,色如春晓之花,鬓若刀裁,眉如墨画,面如桃瓣,目若秋波。虽怒时而若苦笑,即瞋视而有情。

再看他的装扮：

头上戴着束发嵌宝紫金冠，齐眉勒着二龙抢珠金抹额；穿一件金百蝶穿花大红箭袖，束着五彩丝攒花结长穗宫绦，外罩石青起花八团倭缎排穗褂；登着青缎粉底小朝靴……项上金螭璎珞，又有一根五色丝绦系着一块美玉。

头上周围一转的短发，都结成小辫，红丝结束，共攒至顶中胎发，总编一根大辫，黑亮如漆，从顶至梢，一串四颗大珠，用金八宝坠角，身上穿着银红撒花半旧大袄，仍旧带着项圈、宝玉、寄名锁、护身符等物，下面半露松花撒花绫裤腿，锦边弹墨袜，厚底大红鞋。

同学们自己读读这两段文字。《红楼梦》中曹雪芹先生对宝玉这个人物外貌的描写笔墨特别多，其实读人物不仅要读形象，更要读他的造型（外貌），我们就能把那天真、顽皮、率直的宝玉读得更加立体、鲜活，可以说曹雪芹对宝玉的外貌描写是形神兼备的，你看这么一读，我们面前的宝玉样貌、神情、衣着打扮似乎也都越来越清晰。试着说说：这是一个_____的宝玉。

五、探索与提升

（一）读题目《红楼春趣》，探究"春""趣"

1.欣赏了这个故事，如果让你为这个故事加个题目，你会用什么？（为什么叫《红楼春趣》？）也许你会问，题目不是写着？老师明知故问。其实这个题目是编者加进去的，为什么是"春趣"，到底有什么含义，你的脑海中肯定会闪出这样问题。

【设计意图：文学作品的阅读，往往不在于词句的表面意思（词典语义信息），而在于探讨文字背后包含的"丰富的心理活动的审美信息"（叶继奋）。这个环节的教学，试图进一步激发学生的主动性——自己加题目，然后对比，引导学生初步"触摸"《红楼梦》无限丰富的审美信息之"冰山一角"，而且由易到难、由浅入深分步实施，逐步促成深度阅读的发生，实现文学"'悦'读"。】

（二）探讨"春"的特殊含义。在这个情节中，"春"有哪些含义？

1.表示时间：春季（插图、课后"阅读链接"、二月春风放纸鸢）；

2.表示年龄：青春（少年——参与放风筝的，除李纨外，大都是青少年）；

3.表示心理：希望［（一）（对黛玉）带走病根；建议大家再读读原文，补充原著原文（二）（对宝钗）一起作伴；（三）（对探春）美好婚姻，等等。］

【设计意图：(1)探"春"的含义，前两项比较容易，第三项比较困难，需要补充原著原文，进行讨论和引导；(2)也只有对此领悟，方能体会作者用心之良苦，感受文学作品阅读的审美"愉悦感"，否则，无须煞费苦心读《红楼梦》。】

（三）探讨"趣"的特殊含义。在这个情节中，"趣"表现在哪些方面/怎样写出"趣"？

1.文中的趣处处可见，大家看，这里既有直接点趣的句子——众人仰面说道："有趣，有趣！"，与题目《红楼春趣》呼应，点明主题；有众人放风筝的11处"笑"；更有散落在情节各处，从字里行间里涌出的惊喜、热闹、逗趣、祈愿之趣。

2.学生勾连全文，感受春趣

（1）众人在春天享受放风筝这件事有趣。

（2）宝玉放风筝一波三折的情节有趣。

（3）放风筝的寓意有趣。

3.教师梳理

　直接语词："有趣"重复2次，"笑"重复11次，等等
　直接写：人多热闹，放风筝好玩
　放风筝有两层意思：放起来和放飞走（放晦气）

师：民间放风筝，一般人只知道是一种文化娱乐活动，但在古代，这里面还包含着一种江南古老的习俗——"放晦气"。

放晦气：（1）风劲过来时，黛玉接过风筝来放，感受放风筝的乐趣，

却不舍得放走风筝。李纨劝她说放风筝也是放晦气。于是紫鹃铰断风筝线,也放走了晦气。

间接写:
- 谐音:风筝名的谐音,如"大蝙蝠""一连七个大雁",等等　　(大福)(凄艳/凄雁/妻厌)
- 伏笔:"放晦气"是一种迷信,黛玉的"病根"是放不走的

练习:快速浏览"阅读链接"(林庚《风筝》),圈画出文中的风筝名,对比表格3-15,琢磨曹雪芹所起风筝名的用意(引导学生理解谐音与隐喻)。

表3-15　曹雪芹《红楼春趣》与林庚《风筝》人物/风筝名对比表

曹雪芹《红楼春趣》:人物与对应的风筝名		林庚《风筝》:风筝名	
人物	风筝名	人物	风筝名
嫣红姑娘	蝴蝶		龙睛鱼的尾巴
黛玉、宝玉	美人		玲珑的小人
探春	大凤凰		纸球、彩色的纸条
晴雯/三爷	大鱼/大螃蟹		灯笼
宝琴	大蝙蝠		老鹰、蜈蚣
宝钗	一连七个大雁		水桶样子的

【设计意图:"趣"的探讨,(1)"直接写"的,比较贴近五年级学生的阅读水平;(2)"间接写"的,对于五年级学生来说,难度大,但不能不作尝试和探究。如何设计教学活动来化难为易、化繁为简? 第一,讲解法。重点讲"谐音"和"伏笔"。谐音,是利用汉字同音或近音的条件,用同音或近音字来代替本字,产生辞趣的修辞格。如,甄士隐(真事隐)、贾雨村(假语存)、茶名"千红一窟"(千红一哭)、酒名"万艳同杯"(万艳同悲),等等;伏笔,是前文为后文情节埋伏的线索。如,《红楼梦》第五回的词曲隐藏了大量的情节线索,等等。第二,对比策略。重点与"阅读链接"的《风筝》一文的风筝进行对比,发现曹雪芹给风筝取名总是"有

意而为"(想要给人物的风筝"寓什么意"或"埋下伏笔"就叫什么名)，而林庚给风筝取名是如实记录(天上的风筝是什么就叫什么名)。】

六、拓展阅读，激发兴趣

1.推荐观看影视剧

人们说《红楼梦》是一本博大精深的百科全书，我们现在还只能读懂一些表面的东西，其实在这文字的背后，还包含了作者曹雪芹的独具匠心，文中每个人放的风筝不同，风筝的去向也不同，代表了个人命运的不同，有兴趣的同学可以去看看改编的电影电视，你会收获更多。

2.引出"快乐读书吧"，激发阅读兴趣

这些人物还有什么故事呢？感兴趣的同学可以继续读一读《红楼梦》，一定会有更多的发现。我们会在"快乐读书吧"的交流会上分享阅读的发现与体会。

3.梳理名著单元，总结阅读方法

(1)回顾阅读名著经历，总结阅读方法

关注情节　聚焦人物

结合资料　深入体会

(2)鼓励学生运用阅读方法，继续阅读古典名著

【设计意图：由一篇节选到读原著，是编排《红楼春趣》的真正目的——即便难以"真"读，囫囵吞枣亦可。本单元所选四篇课文，都是古典四大名著的节选，旨在激发学生阅读古典名著的兴趣、铺垫阅读古典名著的路子、初步学习阅读古典名著的方法。紧跟在后面的"快乐读书吧"——《读古典名著，品百味人生》——明确（"你读过这本书吗"）必读《西游记》，鼓励读《三国演义》《水浒传》《红楼梦》。】

【板书设计】

8.红楼春趣

宝玉
平等待人
大度、不计较
率真、性子急

关注情节
聚焦人物
结合资料
深入体会

四、小说教学设计课例举隅之一——《在柏林》

【教学内容】

统编教科书六年级上册第四单元第14课《在柏林》

【教学目标】

◆ 读小说,梳理情节,感受战争给人们造成的深重灾难和难以弥合的创伤。

◆ 关注环境、人物和情节,了解小说表现战争灾难的方法,感受小说构思的严密和奇巧。

【教学重点】

1.在质疑中读懂小说。

2.读小说,梳理情节,感受战争给人们造成的深重灾难。

【教学难点】

了解小说表现战争灾难主题的方法,感受小说构思的严密和奇巧。

【教学过程】

板块一:谈话导入,感知小说创作背景

1.谈话交流,初步感知战争

今天我们要聊的是一个比较大的话题,有关战争。课前,老师已经布置大家去搜集与"二战"相关的资料。首先请大家交流资料。

2.学生交流重要资料

3.学生观看短视频,交流观后感

这段视频发生在近100年前的"二战"时期,是一段关于德国首都柏林的历史记忆。

看了这段视频,此情此景,你们想用什么词语来描写或形容战争。

(枪林弹雨、炮火连天、尸横遍野、惨不忍睹、硝烟弥漫、战火纷飞……)

4.听到这些词语,再看看大屏幕上这组数据——

课件出示一组数据：1939年9月1日，德国、日本、意大利三个法西斯轴心国发动了第二次世界大战。第二次世界大战中，先后有61个国家和地区、20亿以上的人口被卷入这次战争；军民共伤亡7 000余万人；6年时间，全世界有1.3亿的人口伤亡，5万亿美元付诸东流；数以万计的城市变成了废墟。

5.定格画面

这就是二战后的柏林，《在柏林》这篇小小说就是在这样的背景下创作的。

6.板书、齐读课题：

作者：奥莱尔　译者：杨棣

【设计意图：未有曲调先有情，通过资料交流、观看视频及数据让学生感受战争的可怕，为本文的学习奠定基调。】

板块二：梳理小说文脉，关注人物，梳理场景（情节），走近小说感知战争

师：刚才我们通过视频感受了战争的可怕，通过数据感受了战争的可怕，现在，我们要通过文字（小说）来感受战争的可怕，让我们一起走进这篇微型小说《在柏林》。

1.想一想

这篇小说是怎样表现战争灾难这一主题的？

2.请思考

故事发生在什么地点？小说中出现了哪些人物？哪些是主要的人物？

3.交流

（1）故事发生在哪里？

　　（一列火车的一节车厢上）

（2）故事出现了哪些人物？

　　（板书：老兵　老妇人　两个小姑娘　老头）

（3）发生在车厢上的什么事呢？能不能用短语或词组来说一说？

（4）这些人物在小说中最典型的事件是什么？（人物最突出的表现）

环境（场景）　一节车厢

人物　　　　　老兵　老妇人　　　　　　小姑娘　　老头

情节（细节）　解释　重复数（一二三）　嗤笑傻笑　扫

3.请根据板书上的梳理概括小小说的情节。（生复述。）我们看着这个板书，不妨用"因为……所以……"连接起来，就知道这个故事主要的情节了。

4.小结：微型小说最核心的要素是场景及场景中的细节，所以表面上看起来虽然只有359个字的小小说，概括起来并不那么容易，但是我们一样有办法对付它。以后你在读微型小说的时候也可以这样：先把关键人物圈出来，再把关键人物的突出举动圈画出来，然后连接起来，就知道这个故事的主要内容了。

【设计意图：优化阅读教学，处理好文体要素和语文要素之间关系，做到适体、识体又得体，从而提升学生的语文核心素养。本环节从核心问题入手，引导学生通过小说的三要素快速理清文章的情节，方法具体，可操作性强，学生根据已有的经验来学习，真正做到阅读课文学方法，略读课文用方法。】

板块三：聚焦细节，讨论战争话题，发现小说矛盾之处

1.聚焦细节，感受战争的可怕

师：理清了文脉后，这些人物给你留下了怎样的印象？现在请你从这篇小说中的一个小细节，或一段文字来谈谈战争的可怕。自主批注，并在小组内讨论交流。（5分钟）

2.学生交流

A1.环境"车厢里尽是妇女和孩子，几乎看不到一个健壮的男子。"

A2.环境：一列火车缓慢地驶出柏林。（"缓慢"感受到沉重、悲伤和凄凉）

小结：小说仅用简单几笔，描绘出列车及车厢环境的不同寻常，而这反常背后指向的就是那一场残酷的战争。

B1.老妇人(言行)"显然她在独自沉思,旅客们听到她在数着"一、二、三"。

B2."一二三……"这个神志不清的老妇人,重复数着。

师:直接导致她神志不清的原因是什么?三个儿子阵亡。是战争摧残了老妇人的精神意志。老妇人重复数数让我们感受到战争的残酷。

B3.老妇人的声音盖过了车轮的咔嚓咔嚓声……证明三个儿子都死得很悲惨。

质疑:这可不是一般的火车,也不是我们现在看到的动车,这是二战时候的蒸汽火车,那个声音是震耳欲聋的。这里你会有疑问吗?

学生提问题:蒸汽火车轮子的声音是很大的,那为什么她的声音还能盖过车轮的咔嚓咔嚓声?

师:这可是高质量的问题啊,文章非常清楚地告诉我们,她是一个身体虚弱的老妇人,她有多强大的力量能发出盖过车轮的声音?

小结:关联文章结尾,你能读懂老妇人是因为失去了三个儿子,才会发出如此振聋发聩的声音,这是通过间接描写,进一步表现"战争的残酷"这一主题。

C.两个小姑娘看到这奇特的举动,指手画脚,不假思索地嗤笑起来。

师:"一二三"反复出现了两次,每一次反应都不一样。

第一次,小女孩嗤笑(看到老妇人自说自话嘲笑)老人;第二次,小女孩傻笑。

追问:从这两个词语运用,你能看出作者文字背后的想法是什么吗?

("嗤笑"表示无知、嘲讽,用"傻笑"批评小姑娘,作者通过"傻笑"说明不屑。)

拓展:"嗤"字有点意思,它是形声字,右边就读chī。右上部分指向人的脚趾,下面"虫"指的是蛇,蛇咬人的脚趾,本意是灾难,大祸临头了还在笑,那是——无知。"无知"是原意,所以嗤笑是无知的笑。

师:第一次搞不懂什么状况用"嗤笑",然后老兵瞪一眼,她们有一点害怕,可当老妇人再次数数时,她们又傻笑了,这背后是有故事的,你能读出什么?(冷漠和麻木。这里代表的是广大民众的无知、冷漠和麻木。)

小结:小姑娘无知、冷漠的笑揭开了战争伤害的疮疤。

D1老兵:在一节车厢里坐着一位头发灰白的战时后备役老兵,坐在他身旁的是个身体虚弱而多病的老妇人。

小结:同学们找到了很多简洁的语言,因为篇幅短,语言必须简洁有力。这些简洁的语言一下子让我们脑海里浮现了老头、老妇人,以及战时后备役老兵形象。所以我们读小说时往往要关注情节、环境,感受人物形象。

追问:一篇经典小说一定有那么一处或几处震撼人心的地方,这就是小说之眼。透过小说之眼你可以想象文字背后的故事,如你读到某处被震撼,会有一种想哭的感觉。

D2"现在轮到我上前线了。走之前,我总得把他们的母亲送进疯人院啊!"

师:一句简单的话,道出了老兵心中的无奈。

3.相机引导——比较句子

A.现在轮到我上前线,走之前我总得把她送进疯人院。

B.现在轮到我上前线,走之前我总得把他们的母亲送进疯人院啊!

小结:通过刚才的讨论和分享,除了感受小说的简洁语言,还应该关注小说中所塑造的两个老人形象,这两个老人形象事实上是对战争的控诉。

4.第一次读小说,除了感受战争可怕外,你还感受到了什么特点?读到哪个地方时有出乎意料之感?

5.总结

小小说看起来很小,小到只有一节车厢,若干个人,若干个细节,但是,从这小小的一节车厢里,从这一个家庭当中,反映了战争的残酷,反映了战争对人民造成的重大伤亡和灾难,这篇小小说并没有出现战火连天、枪林弹雨、残酷无情,它好像是藏着的,但是却反映出巨大的显性的力量,这是小小说的一个特点。

【设计意图:小说简短却极具震撼力,从细节的描写中,感悟文字的魅力,再次从小说的"三要素"入手,透过文字的"反常"来感受战争的残酷。】

板块四:对比结尾,体会留白的艺术效果

1.出示导读提示:小说的结局出人意料,你怎样理解"车厢里一片寂静,静得可怕"?

师:请同学们回到这篇小小说,大家讨论一下,如果把小说的结尾"车厢里一片寂静,静得可怕"这句话去掉,你觉得可以吗?根据文本说明理由。

2.引导学生联系故事的开始、中间、结尾部分,联系刚才老师说的小小说以小见大、以藏见显的写法解答。

3.小说开头写的是老兵讲话前,整个车厢充斥着"姑娘们"对老妇人的讥讽之笑;而在听了老兵对于自家深受战争沉重打击之后的倾诉之后,整个车厢变得"寂静了,静得可怕"。这是为了和前面那么多的说话声音形成强烈对比。

师:那么他们主动沉默,他们不说话,他们心里可能在想什么?选一个角色说说他们心理活动。

4.想象:如果你就是那两个小姑娘,你会怎么想?如果你是那个老兵,你又会怎么想?

战时后备役老兵沉默了,他心想:_____

两个小姑娘沉默了,她们想:_____

车厢里的乘客沉默了,他们心里想:_____

5.追问:如果奥莱尔写心理活动,肯定写得比我们更好,为什么不写?

(给读者留下了想象的空间。这就是小说的特点——"留白"。)

6.小结:同学们,车厢表面上是安静的,但是每一个人的思潮都是翻滚的,所以作者没有关注到翻滚的思潮,而用安静来反衬大家的内心。显然,人们此刻的"寂静"是被老兵的话语所震撼,引起了深深反思,思考战争的罪恶,深深感受到战争带来的可怕灾难。可以说,是战争的惨烈触及到人们内心的震惊和心痛。小说以此结尾,渲染了车厢内悲哀的气氛与人们极其沉重的心情,这样的结尾含蓄而发人深省。

【设计意图:小说以此结尾,渲染了车厢内悲哀的气氛与人们极其沉重的心情,这样的结尾含蓄而发人深省。这样的问题设计指向阅读的高阶思维,指向文体的特点,能激发学生关注文体的特点,感受小说结尾的魅力,同时构建了教—学—测一体的课堂。】

板块五:评鉴题目,感受反常

1.读了题目,你有问题想问吗?题目是《在柏林》,为什么开头写火车驶出柏林,结尾却写车厢的寂静?

2.释疑:德国是第一次世界大战的侵略国,所以若要表达小说主题,可以以"在巴黎""在伦敦"为题,通过描写巴黎、伦敦等地人民遭受的痛苦灾难来控诉战争。然而,作者却反弹琵琶,以《在柏林》为题,实在有深意。因为作为侵略国的国民尚且遭受到了如此大的创伤,付出如此惨痛的代价,那么可以推想那些被侵略国只可能更为惨烈和惨痛。《在柏林》作为小说的标题,更具有反思战争的张力。

3.总结:读到这里,你知道小说怎么体现战争灾难这一主题吗?

原来小说比观影更有震撼人心的力量,因为文字力量大,才成就了经典小说,这篇小说语言简洁有力,人物形象突出,富有张力,以小见大,这就是经典的魅力。

【板书设计】

14.在柏林

环境:一列火车 (一节车厢)

人物:老妇人 姑娘 老头 老兵

细节:重复数数 嗤笑傻笑 扫 解释

语言简洁有力 人物形象突出 富有张力

第六节　散文教学设计举隅

一、抒情散文教学策略

散文是与诗歌、小说、戏剧并称的一种文学体裁，素有"文学体裁之母"之称，在语文教材中占有重要地位。它形散而神不散，是语文教材里的一道靓丽的风景线——散文不是诗，却诗意盎然；不是小说，却生动曲折；不是议论文，却意蕴深刻；不是说明文，却清楚易懂。

散文虽具有其独特的文体特征，但它同时在很多方面具有诗的特性，尤其是抒情散文，更是洋溢着动人的诗情画意。苏联作家巴乌斯托夫指出："真正的散文是充满着诗意的，就像苹果饱含着果汁一样。"当我们在读抒情散文时，就像赏一幅画，又如聆听一曲轻音乐，抑或是交响乐，使读者心目俱夺，心动神移，获得艺术的享受。

抒情散文富于文采，意境深邃，形散神聚，我们要引导学生把握散文的特征，让学生感受散文的语言美、意境美、情思美，读出抒情散文的精彩。

（一）富于文采——入语境，准确品味散文的语言之美

散文之所以被誉为"美文"，首先美在语言。抒情散文"言"值极高。散文作家用其驾驭文字的娴熟功夫，创作了和谐的意象色彩、自然的语言节奏、隽永的情感韵味，让散文作品文采飞扬。秦牧说："文采，同样产生艺术魅力和文笔情趣。丰富的词汇，生动的口语，铿锵的音节，适当的偶句，色彩鲜明的描绘，精彩的叠句……这些东西的配合，都会增加文笔的情趣。"小学入选的散文都是经过作家精心锤炼、语言隽永的作品，《义务教育语文课程标准》指出："读，是培养学生综合性语文能力的客

观要求和最重要的途径""各个学段的阅读教学都要重视朗读和默读"。所以,先要引导学生有感情朗读,咀嚼品味关键语句,其次再关注特殊语言形式,如此有利于培养学生的细腻语感,感受散文语言魅力。

1.美文美读

《朱作仁谈朗读》一文指出:"讲读是死的,如同进行解剖,朗读是活的,如同给伤口以生命。讲解只能使人知道,而朗读更能使人感受。"因此,教学一些经典散文作品,光靠品析语言还不够,还要通过指导朗读,把无声的文字变为有声的语言,生动地再现作者的思想感情,使文章如出己之口,如出己之心。特别对那些抒情性极浓的散文,教师还可以借助音乐作为朗读背景,指导学生配乐朗诵,把音乐语言与文学语言沟通起来,充分调动学生的听觉、视觉等器官,使文中所描绘的景和物,所倾吐的情和意,叩击学生的心灵,引起共鸣,让学生在愉悦的学习中提升审美情操。

2.咬文嚼字

朱熹说:"读书之能,既先识得它外面一个皮壳好,又须识得它里面骨髓好。"抒情散文语言大多凝炼传神,新颖隽永,最值得学生揣摩。

如《爱如茉莉》中有这样一段抒情的段落:"初升的阳光从窗外悄悄地探了进来,轻轻柔柔地笼罩着他们。一切显得那么静谧美好,一切都浸润在生命的芬芳与光泽里。"教学这段话时引导学生抓住"探"字揣摩:阳光应该用"照"或者"射",这里作者为什么用"探"?学生通过"探""照""射"的比较,不仅能感受到作者运用拟人修辞的独具匠心,而且还能咀嚼出"探"字蕴涵的感情魅力———原来阳光也像做儿女的一样,不愿意打破这样温馨的画面,从而准确把握了"探"字的精髓,嚼出了"探"字丰富的意蕴和独特的表现力。

又如朱自清《荷塘月色》中的第一段"我悄悄地披了大衫,带上门出去"的"带"就值得玩味,一则与全文宁静气氛相一致,同时也道出自己的淡淡忧愁,"恰到好处地表达了文章呈现的这种主客观情境",蕴含"轻柔""随意"双重意味。爱子即将入睡,妻子正"迷迷糊糊地哼着眠歌",容不得发出任何响动。

抒情散文,语言言简意丰,要知其"深",知其"丰",就必须在理解字面意义的基础上,细心玩味。(咬文嚼字能够让学生沉潜于文本语言,涵泳一字一词一句的生命,充分感受抒情散文语言的准确性、形象性,咀嚼出语言美。)

(二)意境深邃——品意境,用心领略散文的意境之美

散文被誉为"美文",还美在意境。意境作为中国文艺创作与文艺批评中一个传统的美学范畴,是作者对客观世界诗意的勾勒,也是读者对文学作品诗意的解读,它源自作者与读者灵动的内心世界,是心与心进行交流时独特的精神载体。

散文意境是作者的主观思想感情和所描绘的客观物境、生活图景相交融而熔铸在作品中的能够把读者引入充分想象空间的艺术境界,要读懂散文,就要带领学生走进散文所营造的意境中。

叶圣陶先生曾指出:"作者胸有境,入境始与亲。"他认为,"领会著作者的意境,想象中的境界因而扩大了,并且想想这意境多美,这也是一种愉悦。假如死盯着文字,而不能从文字中看出一幅画来,就感受不到这种愉快了"。可见,教学散文除了要引导学生正确理解文章内容外,还担负着另一个重要任务,这就是审美教育,即引导学生欣赏散文的意境美。学生进入了散文的意境,不仅可以得到审美愉悦,而且有助于更深入地理解内容,体味文章的情感美,汲取创造的营养和力量,同时还可以培养他们的想象和联想能力,发展其思维能力。

感受抒情散文的意境美,就要循着通达意境的路途,领略具体意象,捕捉作者寄寓其中的绵长情思、深邃哲理。

1.还原意象

"寻言以明象,明象始入境。"融入意境可以借助联想或想像,将语言文字还原成一定的形象、印象、意象,理解、感受"此时"、"此景"中"此人"的"此情"。如在教学北师大五年级《唯一的听众》时,文章中对

老人的描写主要是外貌、语言以及动作神态描写。而其显著一点,即她总是"静静的",静静地坐着,静静地看着"我"……老人的平静的眼神饱含鼓励与期待,是作者获得自信与勇气所在,也是老人坚持不懈以这种特殊的方式鼓励作者的美好品格的最好见证。老人以诗一般的眼神传达给作者信心。还有老人诗一般的语言"是我打扰了你吗?小伙子?不过,我每天早晨都在这儿坐一会儿。""我想你一定拉得非常好,可惜我的耳朵聋了。如果不介意我在场,请继续吧。""也许我会用心去感受这音乐。我能做你的听众吗,每天早晨?""真不错。我的心已经感受到了。谢谢你,小伙子。"老人的话语句句真诚,善意的谎言保护着作者的自尊心、自信心,老人的语言是她人格魅力的体现,是她美好心灵、诗一般心灵的体现。对话文本,细读品味,整体感知,一个和蔼、慈祥、仁爱的老人形象跃然纸上。以其中神态描写为例:

一位极瘦极瘦的老妇人静静地坐在木椅上,平静地望着我。以后,每天清晨,我都到小树林去练琴,面对我唯一的听众,一位耳聋的老人。她一直平静地望着我。我也常常忘记她是聋子,只看见老人微笑着靠在木椅上,手指悄悄打着节奏。她慈祥的眼神平静地望着我,像深深的潭水……

师:作者描写这位老人,重点突出了什么?

生:老人的眼神。在三句话中都写到老人平静地望着我。

师:阅读三处描写所在的段落,看你能不能读懂老人平静的眼神。

生:开始,老妇人静静地坐在木椅上,平静地望着我。可能是第一次在树林里遇到我在练琴,所以不想打扰我,只是平静地望着我。

师:三次写到了老人平静地望着我,前两次有没有写到她慈祥的眼神?有没有写到她平静的眼神像深深的潭水?没有,因为"我"自信了。

师:平静的眼神,深深的潭水。你能读懂老人的心吗?

生1:我觉得老人的眼神是在鼓励我,让我更加自信。

生2:老人平静的眼神像深深的潭水,饱含了老人对我无私的关爱和真诚的帮助。

教师可引导学生思考：在作者得知老人身份后，再一次来到小树林，面对老人平静的眼神，他会怎么做呢？文末"不由得想起那位耳聋的老人，清晨唯一的听众"以及后面的省略号，都给人以广阔的遐想空间，可引导学生由此展开对话，从而领略老人人格魅力对"我"的成长产生的影响。通过还原意象，学生在接纳、认可、感悟、共鸣中实现了从文本形象到生活原型的转换。

2.移情换位

朱光潜曾说："移情就是在观察外界事物时，仿佛事物也有感觉、思想、情感、意志和活动。同时，人自己也受到对事物的这种错觉的影响，多少和事物发生同情和共鸣。"教学统编教科书四年级上册的《走月亮》一课，教师可以创设生活中的情境，使学生身临其境，仿佛走近作者所描绘的生活中，这种摹拟的生活会使学生走进作者的内心世界，激发出和作者相同的情感，再让学生带着这种情感和作者对话，用心读书。《走月亮》一文不仅给我们展现了月色下的美好意境，更多的是母女俩之间真真切切的情。于是老师可引导学生回想生活中自己和妈妈在一起时的情境，感受和妈妈在一起是多么的快乐、幸福，进而与作者产生共鸣。例如：让学生想象"假如你就是这个小姑娘，妈妈在溪边洗衣服，你会做什么游戏？"此时学生的心与作者的心"重合"在一起，便产生了移情效应。"我会趴在妈妈身上撒娇。""我会用野花编两个美丽的花环，一个戴到我头上，一个戴到妈妈头上。"……教师还可引导学生回忆和妈妈一起散步时的情感体验，学生会立刻回想起自己和妈妈一起散步时的温暖、幸福、安全、快乐。在这个过程中，学生心灵在体验，思想在碰撞，精神在对话，充分沉浸在文本、人、事、物、景所营造的情景氛围之中，观其所看，思其所想，忆其所念，也仿佛回到了和妈妈在一起时候的场景，感受到了妈妈浓浓的爱，学生此时内心是激动的，情感是高涨的，学生读得是那样动情，那样幸福。这种移情换位的体验是情感的，也是认知的；是感性的，也是理性的。

（三）形散神聚——悟心境，巧妙勾连散文情思之美

散文被誉为"美文"，还美在它的情思，散文的神与魂皆蕴涵其中。"形散神聚"的特征成了巧妙勾连散文思想的红线。教学中，要引导小学生找到散文的这根"思想的红线"，把看似散乱的一大堆材料贯穿勾连起来，有助于学生感受文章的情思美。这主要可以通过以"形"悟"神"的方法来组织教学。

1.抓文眼，把握课文主旨

"文眼"是散文中那些最富有表现力、最能帮助读者理解作品主旨或脉络层次的词句，是散文的焦点，文章围绕这个焦点，把零散的材料组织起来，使文章形成一个有机的整体，它像一个人心灵的窗户，由它可窥见全文的气韵和精神风貌。这文眼，可以是揭示中心的一个词语或词组，可以是深含哲理的一句或一段话，也可以是饱含激情或表达深刻感受的句子，还可以是一个特殊的标点符号。文眼何处寻？有的在开头，开篇点题；有的在结尾，卒章显志；也有出现在中间来揭示主旨的；有的甚至是课文的过渡句。教师在教学中，若能充分引导学生在通读全文的基础上，抓住这"点睛"之笔，就能透视文章的"心灵"，理解作者的写作意图。

（1）有些散文，一个关键词、句可以牵动全文，沟通文脉，抵达文本内核。如《海上的日出》，这是一篇寓情于景，情景交融、短小凝炼、精湛优美的抒情散文。"这不是伟大的奇观么"这牵一发而动全文的句子，先引导学生理解"这"和"奇观"各指什么。接着指出：海上日出究竟有什么"奇观"呢？用这个悬念把学生的思维集中在"奇观"上，带回到课文中。引导学生品词嚼句，再现"奇观"之形，是这篇课文的教学重点，也是教学中要抓住的一个特点。教学时应把握好几点：一是引导学生在"亮"字上着墨，分析太阳上升时形状及过程；二是引导学生在"光"字上着笔，分析"天水一色"的美景；三是引导学生在"亮"字上落笔，分析光亮满目的景色。课末，再围绕"海上日出是伟大的奇观"指导学生

感情朗读,要求背诵全文。首先范读,让学生从整体上了解"奇观";再让学生练读,努力使情融于声,使学生体会"奇观";最后教师或学生边诵边背全文边配放乐曲,使全体学生轻声跟读,在学生脑海中留下"海上日出是伟大的奇观"的烙印。

(2)有些词句在文本中出现多次,反复咏叹,使文章具有音乐的回环之美,且使感情强烈地表达出来。如《走月亮》中三次反复写到"我和阿妈走月亮",看似重复,实则妙笔之句,充分表达了"我"和阿妈走月亮时无比幸福和喜悦之情,抓住这句,细细咀嚼情致、意趣,虽是秋夜,却让人心中涌起融融的暖意。

2.重体验,感悟文中情思

散文的"形"是外在的,而"神"是内在的,既然是内在的,就必须在教学中启发学生揣摩、体会,以求准确把握。这一方面可以从文章的叙写中体验,"文章不是无情物",除了那浓墨重彩饱含感情的描写,即使是很客观的描写也会带着作者主观的感情。另一方面,可以从作者的体验中体验文章的情感,作者常在文中采用直观揭示、表达愿望的方式表达体验,这些文字就是文中的抒情部分,教学时可以引导学生找出这类语句进行体验。

散文形散神聚,只要我们能把握抒情散文的本质,引导小学生入语境、品意境、悟心境,循序渐进,就能实施高质量的小学散文教学,教出浓浓的语文味,散文的旖旎风光就会展现在他们的眼前,让学生徜徉于散文的美妙境界中。

二、叙事散文教学策略

"散文是一切文学样式的根""写散文是进入文学殿堂必经的门""读散文也是进入文学殿堂必经的门"所有这些说法,都足以说明散文在语文教学中确实有其基本的、不可替代的意义。

（一）什么是叙事散文

表3-16　诗歌、散文、小说的不同特征及关系

	诗歌	散文	小说
时空关系	不追求时间空间的变化	反映一定生活过程中的某些时空片段	展示一段相对完整的生活时空
表现方式	主观表现	主客观融合	客观再现
表现材料及重点	谋词	谋句	谋篇
特点	以点状之象抒情	以片段之事表意	以完整故事展现社会
核心概念	意象	意境	人物、情节

散文可以被认为是介于诗歌与小说之间的一种过渡文体，诗歌、散文、小说三者之间应该是渐变的关系，并没有截然的界限。季羡林先生曾说过："一般讲到散文的应用，不外抒情与叙事两端。抒情接近诗歌，而叙事则临近小说。"叙事散文不像小说那样记叙事件的完整过程，而是记录作者在过去某一段时间空间里见闻的过程，即"我"的经历；叙事散文虽然带有较为浓厚的抒情成分，字里行间充满饱满的感情，但是，叙事散文更侧重于从叙述人物和事件的片段、过程表现作者高度个人化的认识和感受，表现作者的思想感情。

因此，把握好叙事性散文的特点，才能带领学生真实地阅读叙事散文，在文本里潜心求索，才能更好地体味叙事散文的感情，领悟叙事散文的意境。那么，在小学语文课堂上，我们如何从叙事散文的特点出发，进行叙事散文导学呢？笔者认为，教好叙事散文要把握好三个关键词："叙事、真情、细节"。

（二）叙事散文教什么

1."片段"连缀

一般来讲，叙事散文通篇都在表达自己内心的情感，但是读者对这情感的体悟却是从文章的字里行间里感知到的。以林海音的叙事散

文《迟到》为例,课文向我们呈现了一位爱子无痕、管教严厉的父亲形象,同时,也表达了作者对父亲的深深敬意和绵绵无尽的怀念。我们能够通过对这篇文章的阅读走进作者的情感世界,进而产生共鸣,从而想到我们自己的父亲,在一种感动中升华对父爱的理解,使其成为天地间一股永恒的浩然眷恋。

但是,我们却没有从这质朴的文字里看到诸如"感激、怀念"等看似直白讨巧但相对稚嫩简单的形容词。作者的那些感人的挚情都蕴涵在不加修饰的叙述性语言里,而这正是叙事散文的要求,特别是"打"和"送"两个"片段"的连缀。为此,笔者在本课设计了两大教学板块:(1)聚焦父亲"打"和"送"的段落自主阅读批注;(2)围绕"这些段落中哪些语句让你有感触?为什么要这样写?"这一核心问题展开交流讨论,从而进行三次表达方式的探究,即探究怎么写父亲"打"与"送",为什么这么写?在概括文章主要内容方面主要抓好这三个要点:一、"抓住主要情节"。二、"抓住主要人物与事件",把字词句融入文本的理解交流中,把阅读策略渗透到探究活动的指导中。三、"为什么会打得这么狠呢?"

直接原因(即从表面上看):因为本次下雨天"我"不仅起晚了,还不想上学了,在妈和爸反复催促仍然无动于衷的情况下,爸实在气极了,打了我。

间接原因:运用联系上文的方法领悟出,上一年级时,我就"天天"迟到,再不打就很难改了。

从打的效果来看,眼前效果是"最后还是冒着大雨上学去了。"从长远效果看,后来我"每天早晨"再也不迟到了,发生了很大的变化。

隐性原因:怕将来养不成好的习惯,体现了父亲对我的关心——深深的父爱。

2."真情"抒发

叙事散文最重要的就是要讲真话、抒真情,源于生活的真实感受,是别人不可能替代的。事情的叙述不求完整,但求集中。作者要借助这些"外在的、真实的言说对象"来表现自己的思想、感悟。叙事散文往往因为其表达情感的含蓄和克制而显示出其与众不同的韵味。至少有一点是勿庸置疑的,就是在叙事散文中,那些隐藏于文字后面的情与思,越是厚重就越真挚,就越能打动读者,越能呈现事实的力量。

所以,一篇好散文的成功之处,就是能引起读者的共鸣。叙事散文虽有它自己独特的一些规定和范畴,但只要是发自内心的文字,谁不为之感动呢?通过对一个事件的描述,来抒发自己内心最真挚的情感,永远是叙事散文写作中最重要的要求和任务。林海音的《迟到》,就是因为作者用朴素的文字把父亲对儿女的爱表达得深刻细腻、真挚感人,从而在平凡的事件中,呈现出父亲的关怀和爱护。

3."细节"把握

叙事散文写作要"动人",就尤其要注重细节描写。因为细节既是形象思维的一个展现,又往往会成为文章中的一个亮点,对刻画人物形象和塑造人物性格起到举足轻重的作用。细节包含很多种,如人物的动作刻画,人物的神态刻画,个性化语言的刻画,当时环境的刻画,人物内在心理的描摹等等,不一而足。以动作刻画为例,在叙事散文中,对人物的动作描写有一个通用的要求,就是要通过人物的动作表现人物的心理。这里就涉及了细节的典型性的话题。其实人物的举手投足都是细节,但并不是这些举手投足的动作都能让我们印象深刻。真正打动人心的细节是具有典型性的,但又是常常被人们所忽略的。

如朱自清的《背影》中,当父亲"蹒跚地走到铁道边"时,"我"心中的酸楚是自不待言的。"蹒跚"一词,说明父亲年事已高,步履不稳,过铁路需人扶持。而今,为了"我"却在铁道间蹒跚前往。因而当看见父亲"用两手攀着……努力的样子"的背影时,"我的眼泪"便"很快地流下来了"。

再如林海音的《迟到》片段:

"爸没说什么,打开了手中的包袱,拿出来的是我的花夹袄。

他递给我,看着我穿上,又拿出两个铜板给我。"

他瘦瘦高高的,站到床前来,瞪着我:"怎么不起来? 快起! 快起!"我猛一转头看,是爸爸那瘦高的影子!

可见,感人心者,莫乎于细节。唯有"细节"才能"动人",才能打动人内心深处最柔软的地方。也唯有"细节"才不可复制,才是最真实动人的。说到底,具体生动的细节描写,既是自己难忘的,也一定会让读者难忘。细节描写,还可以避免无休止的直抒胸臆和叙述议论,让"细节"来表情达意。

总之,一篇结构完美的叙事散文,要写得"动人",就必须注意"片段"的连缀(叙事),抓好"细节",抒发"真情"。唯有如此,才能引起读者的共鸣,才能打动读者的内心世界。

因叙事散文反映的往往是一定生活过程中的某些时空片段,有客观的外在言说对象,高度个人化的主观性,因此叙事散文描述客观对象时常带有作者的主观感情——触景生情;而抒发主观感受时又多借助客观的景物——托物言志。

叙事散文在小语教材中占有相当多的篇目,而且每篇课文在它所在的年级和单元都占有相当重要的位置。教师一定要帮助学生建立已有经验与"这一篇"散文所传达的作者独特经验的链接,通过体味散文精准的语言表达,带领学生体认作者丰富、细腻、独特的人生感受,在教师的指导下增长自己的语文学习经验。

叙事散文教什么? 执其神,感其形,悟其言。"执其神"即把握散文的"神"。这"神"就是作者对生命、对生活以及周围世界最本真的独白,是作者即时情意的流泻和独特感受的抒发。"感其形"就是关注作者表述和依托的物象。这些物象浸润着作者的审美情趣,拥有着特殊的情致,我们可以通过朗读想象、唤醒经验、感受体味、举象移情等方式引导学生切己体察,直面散文中的种种"形"。"悟其言"即揣摩散文的语言。散文的语言尽管乍看起来信手拈来、肆意流泻,但细究之下,其质地纹理、节奏韵味均有独到之处,在教学中引导学生充分发现,深切感悟甚至学以致用,当是散文教学的应有之义。

（三）叙事散文怎么教

如何把握叙事散文的特征,引导学生直面叙事散文的核心价值,是每一位语文老师肩负的责任。因此,在叙事散文的教学中,我们应该遵循叙事散文的文体特征选择恰当的教学方法。

1.抓"神",体会散文"形散而神聚"特征

探究散文之"神",从形散神聚中彰显文意,感悟主旨。人们常以"形散而神不散"来概括散文的主要特征,虽只是采用了某种视角,并不一定全面,但还是有一定道理的。也就是说,散文的"散"虽然可以表现为取材宽泛,很有一种涉笔成趣的气度,但也不是"捡到篮里都是菜",而是作者精心选择了这些素材,共同为其所要表现的主旨服务。这种"形散神聚"的对立统一,无疑正是散文最吸引人的地方。所以教散文,首先要学会抓住散文的"神"。这个"神",便是散文的"文眼",如果能将文眼变成"课眼",变成"学眼",便可获得事半功倍的效果。如刘冰老师执教的《冬阳·童年·骆驼队》紧抓文眼"咀嚼",让学生找出带有"咀嚼"的短语句子:

咀嚼的样子

咀嚼的时候

学骆驼咀嚼的傻事

咀嚼从胃里倒出来的食物

慢慢地走,总会到的;慢慢地嚼,总会吃饱的。

师:这个词在课文中反复出现,有什么特殊含义?

生:为什么这个词在课文中反复出现了这么多次?"咀嚼"在文中的意思是"慢慢吃"。

师:这是本意,工具书很重要,它在现代汉语词典中意思是什么?比喻对事物反复体会、回味。

师:刘老师的问题来了,课文中骆驼咀嚼的是食物,那么作者林海音她在回味什么?

生:我认为她在回味童年。

师:对了,到课文中找找句子,跳读课文最后两个自然段。

师:哪些句子告诉你她在回味?

学生找句子:我是多么想念童年住在北京城南的那些景色和人物啊!——回忆童年那些事。学咀嚼、论驼铃、想剪绒、问去处,刘老师这招抓到情感点就如打通了穴位,将这个点与故事串联起来。抓住文章的行文思路对结构进行分析,对于帮助学生正确理解文意、培养逻辑思维能力、进行读写训练都有很大的帮助。

2.抓"神",理清线索,认识作者写作背景

笔者觉得,在文学创作中,最容易上手的是散文,最难写好的也是散文——散文的背后站着一个无可逃离的足够真诚的"我"。因此,读一篇散文,对作者与背景的理解与对文本的理解密切相关。在教学叙事散文时,要了解作者所写的事情内容,理清事情线索。叙事性散文的情节虽不完整,但很有条理。阅读时,我们不妨首先把握住作者的行文思路,看看作者叙述了一件什么事,以及是怎样叙述的。如《桂花雨》一课,怎样让学生体会到作者"思乡"之情呢?课堂上教师可以请学生把课文读一读,想象摇桂花的情景,并试着用一个字概括。这一场又一场的桂花雨给人留下一个什么样的印象呢?(美!香!乐!)教师以"情"入手,着重在学生自读课文后,以概括的方式表达对"桂花雨"的那份情感。使学生的生命脉搏与作者的生命情感律动相应和,从而融入文本。本课教学的落脚点在"香"字,诵读"每到这时,我就会想起童年时代的'摇花乐'和那阵阵的桂花雨。"进行情感积淀。然后,聚焦"桂花还是故乡的香"进行模仿性表达的言语训练,这样的教学环环相扣,是对"桂花香"的教学起点的回归,将学生引入思想与情感的高地,并在一个"香"字中得以延展。

叙事散文侧重于叙事写人,对人或事的叙述和描绘较为具体、突出,因而接近小说。又具有高度的个人化言语对象和言语方式,因此,弄清该作家的创作在整个散文谱系中的位置,判断这个作家散文的风格特点,关注作者在写这篇散文时的写作背景,是能够为学生理解、分享、体认作者日常生活中的人生经验搭台阶的。因此,《桂花雨》这一课还可以引导学生联系作者资料,了解琦君一生漂泊,极少踏足故乡的土地,所以文中表达的乡愁极为浓烈。

3.研读"形",品读语言,体味精准言语表达

研读散文的"形"。我往往会从"结构""语言"两个角度去研读。一篇文章中,每一个意思或字句就是一个兵。在调用之前,好的作者必定会进行一番检阅,然后排定岗位,摆好阵势。叶圣陶、朱自清、老舍等大家文章的结构布排,学生相对容易上手学。散文语言的着力点在句子——锤炼句子。因此,抓住文中特殊句式,引导学生体味精准的言语表达,体认作者的感受、情怀、认知,分享作者在日常生活中感悟的人生经验。对于叙事性散文中作者情感认知的理解方式,阅读方法乃至教学方法都不能笼统,而要引导学生、往细腻处走,引导学生细读。要体悟作者的感受,明晰文章阐明的启示,都离不开文本本身的阅读和教学。所以,细读文本,是帮助学生到达作者内心、明确作者"托物言何意"的彩虹桥。

总之,在教学中,老师要注意引导学生感知学习叙事散文的方法。叙事散文所记叙的事情,描写的对象并不是作者最想表达的内容。所以,叙事散文的事可以不完整,可以是一个片段,可以是几句白描,但是,通过记叙,通过描写所表现出来的作者的认识、感悟、情感是散文的魂,是要通过散文文本极富个性特点的语言表现出来,并要通过学生细腻体认的作者的人生经验。用这样的方法去阅读其他的叙事散文,帮助学生从学会"这一篇"到会学"这一类"。

余映潮老师认为"散文教学的课堂,应该有选择性地表现出如下审美教学的意境:有朗读训练、有情感体味、有语言品析、有手法赏析、有形象评析、有妙点揣摩、有片段精读、有句段美写、有语言学用、有知识积累、有集体训练。"所谓散文"形散神不散"中的"神"主要指文章的线索。注重"线索""细节"层次清晰的文学常识积累教学,如节奏美、跌宕美和徐缓美。体会"节奏美",要做到:其一、朗读。每每拿到一篇散文,我愿意一遍一遍地朗读,以"空"的状态去拥抱文字,获得"我"的感受与体验。这个阶段,需要克服浮躁,用眼睛、用声音在文字里爬行。声音与意义,本身是不可分的。有时意义在声音上见出,比习惯的联想上见出更微妙。其二、诵读。好的散文就应该让学生出声地读,从读中抓住声音节奏,从声音节奏里抓住作者的情趣。背诵是进行语言积累的重要方法,尤其是语言优美的经典段落,更应该要求学生当堂背诵。老舍先生的散文是很注重音韵美的,他注意每个词的意义,每一句的安排和音节,每一段的长短和衔接处……"统编教科书六年级(下)《北京的春节》课后思考题就有这样的品味语言的训练:

读下面的例句,注意加点的词语,体会老舍"京味儿"语言的特点。

(1)京味语言

孩子们喜欢吃这些零七八碎儿。第二件大事是买爆竹,特别是男孩子们。恐怕第三件事才是买各种玩意儿——风筝、空竹、口琴等。

(2)幽默

这些比赛不为争谁第一谁第二,而是在观众面前表演骏马与骑者的美好姿态和娴熟技能。

小孩子们买各种花炮燃放,即使不跑到街上去淘气,在家中照样能有声有光地玩耍。

体会"徐缓美",要学会品读关键词,如《桂花雨》中抓住"全年""浸",体会淳朴的乡情,感受故乡桂花之香。这样的文字,若清朗地、抑扬顿挫地读出来,别有意趣。每次朗读时,我们的眼前总会浮现出文中的画面。而学生在一遍一遍的朗读中,对除夕家人围聚在一起的那种热闹场面也忍不住会生出向往与期待。我相信,这样顺耳、顺口、顺眼的文字会在朗读中成为学生的语言积淀和情感积淀。

总之,教无定法,贵在得法,叙事散文重在"抓形神、品细节、悟情感。"只有我们把握准不同散文种类的特点,把握它们不同的艺术创作规律,去探究和改进阅读教学方法,才能引导学生对课文进行透彻的解析,从而取得更切实有效的教学效果。

三、写景散文教学策略

写景类散文在小学语文各版本教材中均有一定比例的安排。《黄山奇石》是统编教科书二年级上册的一篇文质兼美的写景类散文,作者用形象生动的语言文字,极具感染力地把祖国的黄山奇石描写得活灵活现。但对于学生而言,缺乏对文中描写的变化多端、形态各异的奇石的直接经验,学习起来可能会有一定距离感,对文章的"美"自然就不易理解。此时教师需要怎样的策略呢?

(一)紧扣题眼,细读文本品味语言

1.脉络结构突出奇趣

《黄山奇石》既有抽象概括的描写——那里景色秀丽神奇,又有具体形象的描写——仙桃石、猴子观海等四种奇石。全文共有6个自然段,第1自然段呈现了一幅整体画卷,先介绍黄山风景区的地理位置,再出示中心句"那里景色秀丽神奇,尤其是那些怪石,有趣极了。"以"奇""趣"统领全文,特别强调怪石的"有趣极了",容易激发学生的阅读兴趣。第2~4自然段对应3幅局部的放大图,具体介绍仙桃石、猴子观海、仙人指路。第5自然段没有配图却留给学生想象的空间。这几段在段落编排上也有特点。第3~5自然段的结构比较相似,各有一句"这就是有趣(著名)的奇石",具体而言,第3自然段"这就是有趣的'猴子观海'",句式简单直观,有趣可感;第4自然段"'仙人指路'就更有趣了!"表现出递进关系;第5自然段"这就是著名的'金鸡叫天都'"了,因为有趣而著名,体现了情感的层层推进;第6自然段放电影似的出现石头的名称,句末的"……"给学生留下了想象空间,最后一句

"那些叫不出名字的奇形怪状的岩石,正等着你去给它们起名字呢",以"趣"收尾,既总结全文,又能激发学生读后发挥想象的欲望。

同 时,第6自 然 段 中,作 者 采 用"就 说……,这 就 是 有 趣的……,……就更有趣了"这样的句式串联起不同意象。作者通过视角的不断转换,处理好整体和局部的关系,这种手法对于二年级的学生而言,只要在教师的适度引导下,还是比较容易理清的。值得注意的是,此处教师要引导学生理清的思路并不在学习构段构篇,而是要帮助学生了解文章的脉络,整体把握内容。

2.言语表达凸显奇趣

挖掘文本言语表达形式是语文教学内容之一。教师在确定教学内容时,先要引导学生发现文本语言的表达特色,从写什么转向怎么写。比如作者在介绍"仙桃石"时,先介绍名字,再介绍形状,而在介绍"猴子观海"时,先想象形状,再概括名字,还运用了拟人手法。但在写景类散文中,比喻、拟人等修辞手法的运用并非本课独有。我们继续挖掘,就能发现这篇文章中,动词的使用更能体现黄山奇石的"奇趣"。散文文字精当,看似不经意,实则匠心独运。这些动词既是拟人手法的表现,又涉及学生日常生活常用字的运用。比如,作者写"仙桃石"时,只凭借两个动词"飞"和"落",就让岩石的由来充满了神奇,其中的"好像",更是指出了这是作者独特的感受和想象;作者在描写"猴子观海"时,则用了一连串的动词"抱""蹲""望",把奇石写得栩栩如生;描写"仙人指路"时,作者先说巨石像一位仙人,再用连续动作"站""伸着",把"仙人指路"写得惟妙惟肖;而"金鸡叫天都"将奇石"变成"一只金光闪闪的雄鸡,用词上更有讲究,连续性的动词"伸着"脖子、不住"啼叫"等,符合雄鸡的特点。可见,几处语言表达上都涉及想象形状和描摹动作,但相似中又有不同。因此,教师在确定教学内容时,要引领学生去发现这些相似的句式不同的表达方式。言语形式的发现,言语形式的运用,是语文教学的核心内容,是阅读教学的本质,也是语文教师应致力于努力研读与探究的方向。

加强言语实践运用是语文教学内容之二。学语言、用语言是语文教学的核心目标。课堂上，教师要引领学生从"内容－形式－内容"中走个来回。走入文本，学语言，重在感受景美；涵泳文本，悟语言，重在内化景美；走出文本，用语言，重在应用语言之美。比如，挖掘、利用文本表达的空白，展开想象，学习表达是语文教学的有效策略。课文最后1个自然段写道：黄山的奇石还有很多，像"天狗望月""狮子抢球""仙女弹琴"……作者没有一一介绍这些奇石，而是一笔带过，这就是对语言材料的详略处理。教师可以引领学生抓住略写的部分，尝试运用所学的语言范式介绍其他奇石，进行言语实践运用训练。

（二）整体观照，把握教学核心目标

识字、朗读和积累语言三者组成一个统一的、有机的整体，是第一学段阅读教学的一个相互依存和相互贯通的环节，它们所组成的动态过程是学生在课堂上的学习体验经历。

《黄山奇石》这篇写景散文以描形摹态为主，辅之以记叙、抒情、议论等手段，以表现人文环境、自然景观为主要内容。景、物是主角，是一个独立的艺术整体，也是一个能独立承担作者情感的艺术载体。它具有独立艺术审美价值，还具有独立的思想、情感等内涵价值。本课的学习重在丰富语言，培养语感，发展思维，尤其要让学生喜欢阅读，能感受到阅读的乐趣，还要让学生展开想象，获得初步的情感体验，感受语言的优美。因此，识字与阅读相融合，朗读与理解相融合是第一学段阅读教学的核心目标。

1.识字与阅读相融合

识字认字是低年级积累语言的关键。教师在教学中要侧重让识字写字与阅读教学巧妙地融为一体，让学生在识字的过程中感受散文的独特魅力。以"奇"字的教学为例，二年级是学习查工具书的关键时期，教师可以先指导学生利用工具书理解"奇"的意思，进而让学生找出文中带有"奇"的两个词：秀丽神奇、奇形怪状，再探寻文中围绕"奇"写了哪些奇石。如此就可以既让学生抓住统领全文的关键字"奇",又做到让学生随着真实的语言情境和实际需要识字、学词,达成字不离词、词不离句、句不离段的目标。一个"奇"字激发学生对黄山奇石的兴趣,形成初步的对大自然的热爱之情。

2.朗读与理解相融合

"朗读是把写作语言还原,变为口语的有声语言,补上书面语言表达不出来的语气、语调、语势、语感,抑扬顿挫,轻重缓急,使语言增加了活力,有了跳跃着的生命。"语言学家徐世荣先生如是说。这里,至关重要的是"还原"二字,这就是朗诵的实质。"还原"是一种变化,要把无声的书面语——一个个的方块字,变成(也就是"还原"成)有声的口头语言,而且还要"补上"书面语所表达不出来的东西,要把文本的生命显示出来,"跳跃"起来,变成更能"表情达意"的另一种形式。可见,掌握住文本作者融注到作品中去的思想感情,是"还原"的前提,是朗诵活动的第一步,也是必不可少的一步。有感情地朗读对于低年级学生学习写景类散文尤为重要,它既可以培养学生的语感,又可以帮助他们积累语言。本课语言精炼而生动,教师应注重引导学生在读中积累,在读中感悟,在读中形成语感。但是,大多数教师擅长组织朗读活动,却忽视了朗读的实质内容。朗诵是一种"还原",同时又是一种"再创作"。对文本思想感情的理解和把握是前提和基础,运用适当的口语技巧把它表达出来则是关键和保证。没有学习、掌握朗读的技巧,固然无法再现文本的神韵;以为有一定技巧的"武装"了,便不再认真阅读文本,深刻领会文意,很空泛地说"有感情的朗读"。结果就会脱离了文本的精神,甚至适得其反。以上两种倾向都可能使教学陷入一定的误区,特别是后者更应当引起我们的注意。为了让朗读真正落到实处,让学生读出写景类散文的美,教师可以在考虑学生学习起点的基础上设计若干教学活动版块,呈现层层递进、逐步深入的学习过程。

(1)关注描述性语言

二年级学生刚接触写景类散文,在领悟事物的特点时,对于诸如

"那巨石真像一位仙人站在高高的山峰上,伸着手臂指向前方""每当太阳升起,有座山峰上几块巨石,就变成了一只金光闪闪的雄鸡。它伸着脖子,对着天都峰不住地啼叫"等充满想象力的比喻句,缺少自觉的关注。学生只会意识到美,却是缺乏想象力的美。因此,引导学生发现句式的表达规律,诵读重点语段,从而理解并运用"准确与形象"的描述性语言是指导朗读不可忽视的内容。

课文不仅内容描写从整体到部分都自成画面,在语言表达方面也蕴含着美感。作者既运用了比喻、拟人等修辞手法,又采用了许多非常传神的描摹奇石形态的动词,如"飞、落、抱、蹲、望、站、伸着"等,都是学生表达中常用的词语。教师可以通过引导学生发现描述的准确与比喻的形象,进而想象画面,并有感情地朗读,在读中体会语言中展现的景美和情趣美,在朗读中理解文章表达的精妙。

(2)关注语言表达规律

《黄山奇石》在语言表达上存在一定的规律。作者一会儿写"仙桃石",一会儿写"猴子观海",一会儿写"仙人指路",一会儿写"金鸡叫天都",看似不经意,实则是有迹可循。教师可以引导学生发现第1~6自然段的共同点:每一段都围绕"奇趣"来写,但句式相同中有变化:第1自然段总写"有趣",第2自然段感受黄山怪石的奇和多,为初步感受散文的"形散神聚"做铺垫,第3自然段用直观可感的方式写"有趣",第4自然段层层递进写"有趣",第5自然段点明黄山奇石是因为有趣才闻名,第6自然段""黄山奇石还有很多……那些叫不出名字的奇形怪状的岩石,正等着你去给它们起名字呢"正是采用了以"趣"结尾的方式。学生只有充分理解了文本中的"趣",才能在朗读中真正读出"趣"。只有读出了"趣",才能更好地理解黄山奇石的"奇趣"所在。

综上所述,教师执教这篇课文时,既要充分尊重学生的体验,又要引导他们在品读中理解黄山奇石的奇妙之处,从而突破在阅读中识字,在"准确、流利、有感情地朗读"中理解文本的教学重点,有效培养学生的语感,发展审美思维。

四、散文单元整体教学策略

统编教科书有三大基本系统:导航系统、内容系统、助学系统。"导航系统"即"单元导读"提出语文要素,"内容系统"即单元课文落实语文要素,"助学系统"包含"课后练习""语文园地""交流平台""批注"等,"交流平台"提炼语文要素,"语文园地"实践语文要素。为此,教师备课要做好五读:一读单元导读,明确任务;二读单元课文,明确区别;三读单篇课文,明确内容;四读课后练习,明确重点;五读助学系统,明确缺漏。

语文要素作为学生的学习目标,教师的教学目标,更是教师教的抓手,它指明语文教学的方向。那么,聚焦单元语文要素,确定精准目标是备好一个单元的关键,如果能打通单元内部联系,实施整合教学,引导学生联系学习,把握学习方法与规律,就能逐层落实语文要素,稳步提升语文能力。下面以统编小学语文五年级上册第一单元为例,谈谈如何"聚焦要素""注重整合"做好单元解读。

(一)目标整合,整体把握,呈梯度

从单元导读入手,做到瞻前顾后,厘清它在单元体系中的位置和价值,有利于单元目标整合,整体把握。五年级上册第一单元以"一花一鸟总关情"为人文主题,编排了《白鹭》《落花生》《桂花雨》《珍珠鸟》四篇课文。《白鹭》是一篇寓情于物的散文,《落花生》是一篇叙事散文,借物喻理;《桂花雨》《珍珠鸟》都是借物抒情的散文。这四篇散文所写的人、事、景、物并不难,难的是隐藏在这些人、事、景、物背后的思想情感,得下一番功夫体会。这一单元安排了两项语文要素的学习训练,一是阅读训练要素"初步了解课文借助具体事物抒发感情的方法";二是习作训练要素"写一种事物,表达自己的感情"。概括说,就是"初步了解课文借助具体事物抒发感情的方法,并写出自己对一种事物的感受"。何谓"初步了解课文借助具体事物抒发感情的方法"?"初步"属

于刚开始阶段,"了解"即知道得清楚。"初步"明确了教学定位,旨在通过本单元的学习,把"课文借助具体事物抒发感情的方法"这个要求和具体做法"初步知道得清楚""体会"到位。

第三学段课标阅读要求明确指出"在阅读中了解文章的表达顺序,体会作者的思想感情,初步领悟文章的基本表达方法。"落实本单元的语文要素"初步了解课文借助具体事物抒发感情的方法",通过让学生在阅读实践中,认知与理解作者抒发感情的方法,在习作实践中运用方法,习得方法。

为此,教学本单元时需要注意,学生刚刚升入五年级,处于由中年级到高年级的过渡期,在阅读和表达目标上不能拔高要求,还要注意做好训练点的衔接。关于"借助具体事物来抒发思想感情",教材中已经有了进阶编排:四年级下册第一单元的语文要素是"抓住关键词句,初步体会文章表达的思想感情。写喜爱的某个地方,表达出自己的感受"。从四年级下册"抓住关键词句"入手,到本单元的"借助具体事物初步体会文章表达的思想感情",以及五年级上册第四单元"结合查找的资料,体会课文表达的思想感情";五年级上册第六单元"体会作者描写的场景、细节中蕴含的感情",本册三个单元之间有机融合,同时又衔接五年级下册第一单元的"体会课文表达的思想感情","把一件事的重点部分写具体"。如此编排,引导学生逐步获得把握文章思想感情的阅读能力。所有的目标不是一步到位,而是前后有所关联、螺旋上升的。

(二)内容整合,螺旋递进,循规律

读懂了单元导读,再读单元课文、单篇课文、课后练习题,就能进一步聚焦语文要素,让教学有了"靶心"。国家教材总主编温儒敏曾说过,单元首篇是最重要的,这一篇必须实施"教读"。做到首篇得法,次篇运用。为此,我们要基于学情和教材的编排特点,我们有必要做内容的整合,建构体系。笔者从课后思考题出发,对单元语文要素做了梳理,如表3-17所示。

表3-17 课后思考题与能力目标

思考题与能力目标	课题			
	白鹭	落花生	桂花雨	珍珠鸟
思考题1与能力目标	朗读课文。说说你从哪些地方感受到"白鹭是一首精巧的诗"。（检索、概括）	分角色朗读课文。说说课文围绕落花生写了哪些内容。（概括）	朗读课文。说说桂花给"我"带来哪些美好的回忆。（概括）	默读课文，想想"我"是怎样逐渐得到珍珠鸟的信赖的。（理解）
思考题2与能力目标	课文第6～8自然段描绘了三幅优美的图画，请你为每幅图画起一个名字。（理解概括、感悟、表达）	从课文中的对话可以看出花生具有什么样的特点？父亲想借花生告诉"我们"什么道理？（理解感悟）	读下面的句子，体会其中蕴含的感情。（理解、感悟、想象）	课文中有很多地方写出了珍珠鸟的可爱，找出这样的语句，体会"我"和珍珠鸟之间的情意。（检索、理解、感悟）
思考题3与能力目标	背诵课文。抄写你喜欢的自然段。想象画面，感受白鹭在不同场景中的美。（积累语言）	小练笔：花生会让我们想到那些默默无闻做贡献的人。看到下面的事物，你会想到哪些人？选择其中一个，试着写一段话。（应用、创造）	联系下面的"阅读链接"，说说"这里的桂花再香，也比不上家乡院子里的桂花"这句话的含义。（拓展、应用）	
统整启示	第一、二道题是本单元语文要素的课时体现——了解作者借用美丽的诗来写白鹭外形优美;借用写美人的句子来写白鹭"水田钓鱼、枝头望哨、空中低飞"，抒发"白鹭是一首精巧的诗，是一首韵在骨子里的散文诗"的赞美之情	"借物喻人"方法的呈现;第三题是在第一课的基础上增加了一个能力的训练，即小练笔。小练笔是能仿照课文的写法，写由某一种事物想到的人。做到从语言积累到迁移运用的层面	这三道题连贯起来考察，除了延续前两篇精读课文的常规价值，即语文知识点或能力点的训练，还注重拓展阅读资源，体现对要素熟练运用的要求	这是语文要素在自学中操练、落实的支架，借助这个支架展开阅读，在阅读实践中掌握"初步了解课文借助具体事物抒发情感的方法"

　　单从语文要素的角度来看单元内具体内容的学习目标，就是由《白鹭》《落花生》两课从不同侧面感知要素，到《桂花雨》熟练运用要素，再到《珍珠鸟》自读自悟练习，在阅读中体会"初步了解课文借助具体事物抒发情感的方法"；交流平台，梳理形成整体认识；习作，试着运用这一方法表达，在运用中形成言语能力，同时也反哺阅读，进一步清晰阅读体验。

　　从表格中我们发现三篇精读课文的第一道思考题都是在落实"理解、概括"这一常规能力点，为此可以在第一课下足功夫，提炼方法；第二课开始让学生自己概括，尝试运用；第三课开始要能熟练运用。每篇精读课的第二道思考题都是基于散文这一独特的文本特点生发出来的个性化学习价值，散文中的情感往往被作者故意"藏起来"，所以阅读时要用心"体会"。那么"体会"这个训练点正是单元语文训练要素的核心价值，是单元语文要素的具体化。可考虑调整教学顺序，将《落花生》作为次篇精读课文，主要目标在于运用，借事（事中有"物"）说理，道理简易。第二道思考题要求在具体的语境下，读懂一家人的对话，讨论"落花生"的好处，这为单元口语交际讨论"制定班级公约"埋下了伏笔。这一课独特的表达方法：借事说理，详写显理，人物语言描写的特殊性，对比凸显"特点"。这些对于五年级的学生是可以读得懂的，即把特点和道理关联，让学生自己推导道理，明白要做有用的人。因此，可以把此课调整为略读课文。《珍珠鸟》作为略读课文，文本内容比较丰富，课前导语的第二个问题要求实践本单元的阅读训练要素：借关键语句体会"我"和珍珠鸟之间的情意。特别是理解"信赖，往往创造出美好的境界。"这句话的含义，体会作者怎样一步一步取得"信赖"，感受作者对珍珠鸟的关爱之情细微到极致。这部分内容的学习需要老师有方法的引导，因此在教学顺序上，可以把它前置作为第三篇精读课文。紧抓两条线索两个维度指导学生理解最后一句话的含义。第一条是明线，首先从空间维度关注小珍珠鸟的活动范围，让学生默读课文第7～12小节，圈画第11小节除外的小珍珠鸟活动范围的词语，会发现小珍珠鸟和"我"距离越来越近。随着地点变化,小珍珠鸟对"我"越来越信任;接着从时间维度引导学生读第11小节,从而发现小珍珠鸟对"我"的陪伴是从"白天"到"天色入暮",进一步说明小珍珠鸟对"我"的信赖之情;另一条暗线就是"我"的表现:用垂蔓蒙盖——很少扒开叶蔓瞧——决不掀开叶片看——不管它——只是微微一笑——默默享受——用手抚一抚——互相陪伴。这些细节无不体现了作者对珍珠鸟细腻又深切的关爱。

(三)教法整合,由知而能,重运用

单元内选文阅读、交流平台、习作形成了一个紧扣单元语文要素的"了解感知——梳理提炼——迁移运用"的三级学习阶梯;在选文阅读内部,又呈现出"要素感知——学习方法——阅读实践"三个阅读层级。因此对于散文的学习策略,主要是遵循教学的"移情"之道,设计"移情"的支架,让学生在具体的情境任务中,提升自己的感受力和理解力。要落实单元语文要素,"体会"到作者的个人感情,就要找到打开情感大门的金钥匙。

1.绘制"情思"图

阅读散文,不妨从篇章结构入手,抓住那一根"情思"线,将散落的人、事、景、物串联起来,绘一张"情思"图。比如《白鹭》,以"白鹭是一首精巧的诗"为主线展开,将白鹭的外形美和不同场景中的美串联在一起,特别是将不同场景中的美绘制成"水田钓鱼""枝头闲立""空中低飞"三幅图文并茂的水墨画。这样的"情思图"就是学生经历思想情感体会的过程,这样的学习支架就能帮助学生迅速建构认知结构,感受课文的意境美,体会作者对白鹭的赞美之情。《桂花雨》则以香气四溢的桂花为线索,将"赏花香""摇花乐""晒桂花""藏桂花""品桂花"几件事串联起来,回忆童年的故事,抒发思乡的情怀。

2.品读关键词句

散文的情思往往"藏"在那些特别的词句中。教师在引导学生初步体会借助具体事物抒发情感时,应关注那些特别的词句,通过"咬文嚼字""品词酌句"帮助他们实现对文本的深度理解。《桂花雨》一文中有两处特别描写桂花香的句子:"桂花盛开的时候,不说香飘十里,至少前后左右十几家邻居,没有不浸在桂花香里"和"全年,整个村子都浸在桂花香里"。粗读会发现两个"浸"字,都刻画了桂花的香沁人肺腑,但细读就会发现其中微妙的区别。前一个"浸"只是单纯地描写桂花盛开时浓郁的花香;而后一个"浸"不仅仅表现在香气里,还暗含着乡亲们和谐的生活。两次使用"浸"字又体现了在香味里浸润着作者对故乡的情感。作者用"浸"字将无形的香气写得可感可触,对桂花的喜爱和怀念之情蕴含在字里行间。所以抓住关键词句,调动多种感官感受作者的情思,是"体会情感"的一把金钥匙。

3.还原思想情感

散文中所写的人、事、景、物,和客观世界中看到的不一样,这是"情思"折射的结果。如果我们把作者笔下的事物还原成客观事物,加以比照,就可以清晰地看见隐藏着的情感色彩。如《珍珠鸟》一文中作者先后三次称呼珍珠鸟"小家伙",就像父亲称呼自己的小儿女,喜爱之情溢于言表。再如《桂花雨》一文中,"桂花香"写成了"桂花雨"。通过比较,学生很快就发现文中有许多描写桂花香的句子,如:我喊着:"啊!真像下雨,好香的雨啊!""我们满头满身都是桂花。"学生了解了桂花之香后,就能很快找出藏在字里行间的情感,"雨"是有"愁思"的,用"雨"更能表现作者思乡的情感。这就为本节课"初步了解借助具体事物抒发感情"的目标的达成作了绵密的铺垫。

总之,学生通过阅读单元的一组文章,于每一篇课文里循序渐进地从积累语言,运用语言(小练笔),再到拓展阅读,互文阅读,熟练运用。因此,老师在单元梳理中就可以做到教法整合,点上聚焦,横上关联,环环相扣,层层推进,集中落实单元语文要素,让学生做到高效学习,培育他们的语文核心素养。

五、散文教学设计课例之一——《火烧云》

【教材内容】

统编教科书三年级下册第24课《火烧云》

【作者简介】

萧红被誉为"30年代的文学洛神""民国四大才女之一",著有长篇小说《呼兰河传》。小说写于萧红生命末期,通过追忆家乡的各种人物和生活画面,表达出作者对于旧中国的扭曲人性的否定,对于国民麻木、愚昧、残忍的劣根性的批判;小说还以自由纯美的笔调讲述了作者的童年故事,书里慈爱的祖父和后花园的动植物是萧红生命中至为重要的一抹暖色,是她生命的慰藉和心灵的家园。萧红以她娴熟的回忆技巧、抒情诗的散文风格、浑重而又轻盈的文笔,写就了这本巅峰之作。茅盾曾这样评价萧红的艺术成就:"它是一篇叙事诗,一片多彩的风土画,一串凄婉的歌谣。"《呼兰河传》在结构上不同于普通意义上的小说,没有明显的情节发展。有人说呼兰河在萧红的笔下是"严寒"的,也有人说呼兰河是萧红心中最"温暖"的所在。

【作品详解】

《火烧云》一文选自长篇小说《呼兰河传》,是著名女作家萧红的作品。课文描写了日落时晚霞的美丽景象,全文以"变"字统领全篇,且节节有"变",使自然之美、人与物之美在"变"中表现得淋漓尽致。所以,我在教学这篇课文时,注重学生的朗读,让学生在朗读中感悟火烧云的"变"与"美",采取不同方式的读,并加入图片让学生欣赏,培养学生的欣赏能力,从而激发学生对火烧云乃至自然景观的喜爱。

在瞬息万变的火烧云中能用眼睛捕捉到这一切,文章仅凭认真细致的观察是远远不够的,还要伴随着丰富的联想。而富有诗情画意的联想必然出于敏感善思的心灵。作者凭借细致的观察,合理的想象,用优美的文字表现出火烧云这个自然景象的奇特美丽。本文以时间推移为线索,描写了傍晚时分,火烧云从上来到下去的变化过程,重点写火烧云颜色和形状的变化极多、极快,在短暂的时间里,天空中云彩的颜色和形状都急速变化着,以至于让人看得忧恍惚惚,而在"揉一揉眼睛"的瞬间,火烧云就下去了。

全文共7个自然段,可分成3部分:第一自然段写霞光照到地上的情景。第二至六自然段写火烧云颜色和形状变化多而且快。第三自然段集中写火烧云颜色变化多。第四至六自然段写火烧云形状变化多而快,文中连续出现"一会儿""过了两三秒钟""忽然""一转眼"等词语反映了火烧云变化速度之快。第七自然段写火烧云下去了,用了两个"一会儿"写出火烧云下去的速度也很快,让爱好它的人意犹未尽,充满留恋。

本文的语言平实但精妙。首先,为表现火烧云的变化多而快,作者选择了短句,尤其在写火烧云变化的几个段落都是短句,这种短句与火烧云的快节奏变化非常和谐,文章做到了形式和内容的统一。其次,文章运用了很多排比句,比如,"这地方的火烧云变化极多,一会儿红彤彤的,一会儿金灿灿的,一会儿半紫半黄,一会儿半灰半百合色。"成串的排比写出了火烧云一连串颜色上的变化,读来赏心悦目。第三,文章很多句子都以"了"结尾,有的时候会把几个以"了"结尾的句子排在一起。比如,"过了两三秒钟,那匹马大起来了,腿伸开了,脖子也长了,尾巴却不见了。"这样的句子连在一起,由于最后一个字都相同,营造出一种押韵的效果,读来朗朗上口。第四,文章用词非常丰富,在颜色词上体现得尤为明显。"红彤彤""金灿灿"是以叠词的形式展现火烧云颜色的明亮而饱满;"半紫半黄""半灰半百合色"展现不同颜色糅合在一起的特征;"葡萄灰""梨黄""茄子紫"则用生活中常见的事物进行比拟,突出火烧云的色彩明媚又惹人喜爱。

【教学目标】

◆ 识字,丰富积累词语;了解课文的写作顺序。

◆ 有感情地朗读课文,体会火烧云的变化美,欣赏火烧云瑰丽的景象,激发学生观察大自然、热爱大自然的思想感情。

◆ 仿写,写清事物的变化过程。学习作者观察事物和积累材料的方法,并尝试进行仿写。

【教学重点】

了解课文是怎样写火烧云的颜色和形态变化的。

【教学难点】

学习作者观察事物和积累材料的方法,并尝试自己进行仿写。

【课时建议】

2课时

【预习要求】

1.朗读课文,运用词典阅读;

2.根据课后练习的提示,默读课文。

【教学过程】

课前谈话

同学们,上课前我们一起欣赏一组秋景图,这是层林尽染的田野,这是黄澄澄的稻田,火红的枫叶,看到了这一幅幅画卷,你想用什么词形容它?(五彩缤纷、五颜六色)。让我们再次走进自然,跟随作家萧红去欣赏一下"火烧云"。

板块一:抓住"奇"字,感受火烧云之美

1.揭示课题:今天我们要学习的课文叫《火烧云》,请学生一起读课题。它选自萧红的《呼兰河传》。火烧云还有一个别名,叫什么?(红霞)

2.学习课文第1~2自然段,确定"火烧云"的观赏时间。

师:请问课文中描写的"火烧云"是朝霞还是晚霞?(晚饭过后)是哪个季节的晚霞?从哪里读出?(乘凉的人,夏天的火烧云变化多端)引导学生提取信息,关注插图。

3.检查生字词预习情况,字理识字。

红彤彤　金灿灿　葡萄灰　茄子紫

半紫半黄　半灰百合色　紫檀色

模糊　一模一样　似的　似乎

凶猛　威武

重点指导"武"字的书写。"武"字最后一笔本来也有一个"丿"和"威"字的"戈"字旁一样,随着汉字的演变"丿"消失,这是由""—""—""(甲骨文—小篆—隶书)的演变过程,表示拿着武器行进,所以它的本义是军事征伐。

4.观看各种火烧云的图片,让学生用优美的词语来表达。

5.看了这么多神奇、美丽的火烧云,如果让你来写火烧云,你会从哪几方面来写?(形状、颜色)

6.引导梳理全文:课文从哪几个方面描写了火烧云?读读课文,哪几段是写颜色的?哪几段写形状?(板书:颜色和形状)

【设计意图:本单元的人文主题是"奇妙的世界",语文要素是"了解课文是从哪几个方面把事物写清楚的"。引导梳理全文的目的是以语文要素为目标引领,以课文为教学依托,以实践活动为任务指南,在任务的驱动下,在单元导航的指引下,借助教材,实现语文素养的提升。】

板块二:抓住"多"字,领略"颜色"之美

1.对比学习,感受作家的高明之处

课件出示:这地方的火烧云变化极多,红的、黄的、紫的、金的……五颜六色,变化多端,美丽极了。

(三个四字词语,其中还用成语:五颜六色、变化多端)

2.读一读

说说萧红高明在哪里?学生读文画出文中作者写了火烧云的哪些颜色,并说说发现了什么。

发现一:作者描写火烧云颜色变化之多,表示火烧云颜色的词语有三类。

A.红彤彤、金灿灿等重叠式的叠词,饱含情感。

B.半紫半黄,半灰半百合色,这些并列式的词语,写出两种颜色混在一起,和谐美。

C.葡萄灰,梨黄,茄子紫,葡萄一样的颜色这叫比喻的词语,给人画面感,语言简练、明快。排列整齐,整齐是一种美,一起来读读。

3.小结讲解

作者在写火烧云颜色时,用到了叠词,两种颜色混在一起怎么表达?(半……半……)还有比喻色的,如两个两个,三个三个排列得很整齐。整齐就是一种美。这些表示颜色的词写出了火烧云颜色之多。(板书:多)

发现二:作者用四个"一会儿",写出火烧云变化之快。

萧红的另一个巧思,用四个"一会儿"把颜色串联了起来,这就写出了火烧云变化快(瞬息万变)。(板书:快)

小结:刚才那位同学用"五颜六色"和"变化多端"两个成语写了火烧云的颜色之多,变化之快,但萧红在这里用了这么多颜色词语写火烧云的五颜六色,用四个"一会儿"写火烧云的"变化多端",所以写作时可以少用成语,多用这些描写的词和句子,这样写出来的文章会更生动。

发现三:标点表达

师:除了颜色写得好,作家萧红还用了一个什么句?

预设:一般情况下,遇到列举的内容很多,我们习惯性用省略号呈现,但萧红却这么写"这些颜色天空都有,还有些说也说不出来、见也没见过的颜色。"可见火烧云色彩之多。

4.指导朗读

第三自然段中的四个"一会儿"读的时候要有起伏,语速要渐快,才能表现颜色变化之快;要读好顿号;写颜色变化又多又快,要读出急切的语气,速度可稍快。

(四)指导有方法背诵

1.颜色变化的段落我们要把它背下来,印在脑海中。同学们知道什么办法有助于背诵吗?(7种颜色先背)

2.追问:金灿灿和半紫半黄位置能互换?为什么?(相同类的词摆在一起,位置不能换)

3.个别背,集体背诵

【设计意图:对于三年级以"段"的语言训练为目标的学段教学来说,教材无疑是很好的"例"资源。教学中,以儿童原生语言为发展起点,对比读萧红描写火烧云颜色的句子,从中可以发现文本表达的两个秘妙:颜色多;四个"一会儿"的构句方法,排山倒海般地把火烧云的颜色变化描写得淋漓尽致。还可以为学生提供言语实践的平台,通过诵读,让学生再次潜入文字中,体会作家萧红语言表达的特点,再次感受作家笔下火烧云的颜色美。】

板块三:紧扣"快"字,体味"形态"之美

1.读一读:文中写了哪几种形状?

2.想一想:为什么不写植物而写动物?

3.比一比:火烧云的形状不但变化多,而且变化快。

4.引读发现写作秘妙。

我们以马为例,看看它是如何变的,老师来询问,同学们来接读。(读)一会儿天空出现了——那匹马(火烧云的形状)在不断地变化。

师:这三段在写法上有什么相同之处?

先写出现什么动物,再写动物长什么样子,然后写动物不见了。这就叫做变化(板书:变化)这三种动物变化速度如何?

萧红的高明在于:(1)写出火烧云的形状在不知不觉地变。(2)马是"两三秒钟"不见了,狗是"跑着跑着"不见了,狮子是"一转眼"就不见了,即变化越来越快。(板书:快)(3)每句话的最后一个句子同样写出了动物的消失,却毫无单调重复的感觉。

5.朗读指导,梳理写作结构。

天空出现(   )……(什么样子)……(怎么变的)……(怎么消失)……

6.练一练:照样子写一个火烧云的形状,看谁能把变化的过程写清楚。

【设计意图:首先以读带讲,把时间留给学生;其次注重以指向高阶思维的问题为切入点,引发学生的思考,再进行分析,揭开文本表层信息,探索文本中意义的沟壑,解锁文本秘妙。在思维推进的过程中发现三个反复结构的句段的共同点:样子——变化——消失,并当堂进行迁移运用,仿写实为理解后的迁移,既是积累语言的过程,又指向学生"表达力"的持续养成,做到内容理解和语言学习有机结合。】

板块四:了解作者,学习第2自然段

1.简介作者萧红。

2.为什么称萧红为"才女"? 联系课文说一说。萧红写火烧云,你觉得她的才华在哪里?

3.课件出示:"天上的云从西边一直烧到东边,红彤彤的,好像是天空着了火。"探究,作者为什么不用"红",而用"烧"?(烧为动词,给人一种动感,与火照应)

4.推荐阅读《祖父的园子》。

5.布置作业,拓展阅读。

【设计意图:此环节设计"词语遣词辨析"练习,让学生从对"词性有感"体察到"词的功能作用",再到获得一种阅读方法,即"关联性读书",从审美到文化,学生不仅会读课文,理解课文,还能利用它本身特有的内涵进行高度的审美教育,极大丰富、完善了语文教学对于"关联性读书"的理论认知。】

五、散文教学设计课例之二 ——写景散文《乡下人家》

【教材内容】

统编教科书四年级下册第2课《乡下人家》

【学习目标】

◆ 会认"构""冠""朴"等10个生字,会写"构""饰"等5个字,理解

"构成""别有风趣""装饰"的意思。

◆学习用小标题概括画面,给画取名。

◆会抓住关键语句,感受乡村生活的美好,初步体会作者对乡村生活的由衷热爱。

◆学习作者抓住景物特点、按一定顺序描写乡村景致的方法,能描写自己喜爱的乡村美景。

【学习建议】

本单元以"乡村生活"为主题,编排了四篇精美的课文。学习这四篇课文要尝试着运用"抓住关键语句"的方法,边读边想象画面,初步体会课文表达的思想感情,并看看作者如何从不同角度,生动地描写出乡村的美丽,感受字里行间洋溢的田园生活的纯朴、独特与美好。

在品味课文关键语句的同时,用心去揣摩并学习作者怎样"写喜爱的某个地方,表达出自己的感受";学习作者抓住景物特点,按一定顺序描写景物的方法。学做有心人,从身边景物和日常生活中去发现美好和乐趣,练习抓住景物特点描写喜爱的地方,并表达出这个地方给自己带来的快乐感受。

【教学过程】

第一课时

一、直面课题,谈话导入

1.同学们,你们眼里的乡下是什么样的?诗人笔下的乡下总是天蓝蓝水清清,麦田一望无际,沟渠把广袤的土地划分成星罗棋布的小块,或许你会想起范成大的诗句"梅子金黄杏子肥,麦花雪白菜花稀",或许你希望做杨万里笔下的孩子,"儿童急走追黄蝶,飞入菜花无处寻"。的确,乡下的风景有别于城市,让人魂牵梦绕。

2.今天我们要随着作家陈醉云的文字学习一篇散文,题目叫——乡下人家。(板书课题:乡下人家)

【设计意图:创设情境,通过课件播放乡下特有的风景,充分调动

学生的感官,使人一下子就仿佛置身于乡下人家,浓浓的乡村气息扑面而来。】

二、初读课文,整体感知

1.用自己喜欢的方法读一读课文。遇到难懂的字词可以借助拼音,或者同桌间互相帮助。

(1)预学检测闯关一:生字我会认

构成 鸡冠花 朴素 率领 倘若 装饰 顺序 照例 和谐 捣衣 催眠曲

其中"冠""率"都是多音字,他们还有哪些读音,谁能来说一说并组词。

(2)预学反馈闯关二:长句子我会读

①有些人家,还在门前的场地上种几株花,芍药,凤仙,鸡冠花,大丽菊,它们依着时令,顺序开放,朴素带着几分华丽,显出一派独特的农家风光。

②天边的红霞,向晚的微风,头上飞过的归巢的鸟儿,都是他们的好友,它们和乡下人家一起,绘成了一幅自然、和谐的田园风景画。

【设计意图:从生字的音、形、义三个维度,有针对性、有侧重性地引导学生学习本课的生字新词。对于字音存在问题的字让学生在理解字义的基础上把握字音;而对于难以理解的词语,出示图片给学生一种视觉上的直观感觉,便于理解。】

2.抓中心句,整体感知

(1)同学们自己朗读了课文,你能用课文中的一句话来说说乡下人家留给你的总体印象吗?

(句子"乡下人家,不论什么时候,不论什么季节,都有一道独特、迷人的风景。")

(2)一起来读读这句话,看看哪些词语能概括乡下人家的特点?"(标记:独特、迷人)

(3)理解"独特""迷人"的含义,进而理解整段话的含义。

"独特"的意思是独有的,与众不同的;"迷人"是说"吸引人",那这句话是说乡下人家,在任何时候,在任何季节都有着自己独特的、很吸引人的美。

(4)它到底有哪些独特迷人的风景?先自己读读课文,看看课文总共写了几个自然段?每段写什么?

【设计意图:引导学生抓住文章的中心句、中心词的方式将文章读"薄",整体感知全文,并重点品读中心句,体会这句话在文中起到了总结全文的作用,也是作者情感的集中体现,集中概括了乡下人家美丽迷人的生活环境和朴实欢快的美好生活。】

三、扶放结合,概括画面

(一)图文对照,初识命名

师:作者描写的乡村风景,仿佛美丽的风景画。

探究问题一:如果给课文配画,你觉得可以画几幅?试着给每幅画取个名字。

师:作者描写了哪几幅独特迷人的风景画面呢?

课件出示画面一:群鸡觅食图

老师取的名字是"群鸡觅食图",你对照课文内容,能找出对应的画面吗?

1.交流。

2.释疑:就在课文的第3自然段。(出示第3自然段)圈画关键词:母鸡、一群小鸡、觅食。

3.方法小结:抓住关键景物及主要特征,可以是景物或者谁+干什么或怎么样就能给作者所描写的景物取一个如画般的名字:群鸡觅食图,或者屋前群鸡觅食(方位+景物+特征)。

4.体验命名画面二。

师:同学们,用上这个方法,你能很快地给第4自然段取个名字吗?大家都学得很快哦,瞧,你们取的这些名字多自然朴实啊,(鸭子戏水/游鸭觅食)景物:鸭子,主要特征:戏水或觅食,一个词就为我们描绘出一个恬淡自然的乡村画面。

5.朗读指导。

让我们一起边读边想象这独特迷人的景象,读出鸭子的悠闲吧。

【设计意图:俗话说得好"授人以鱼不如授人以渔"。教师的"教"是为学生的"学"服务的。通过第3自然段的学习,教师引导学生抓住文中的关键词,并运用"方位+景物+特征"的方式给乡下人家的景致取名,为今后学习概括小标题奠定基础。】

(二)总结方法,迁移运用

【课件出示学习要求】

1.选择自己感兴趣的一个自然段,用自己喜欢的方式读一读课文,画一画关键的词语、句子。

2.运用刚才的(方位+景物+特征)的方法,试着给这个画面取个名字。

3.学生汇报:请选择一个画面进行汇报。

【设计意图:引导学生自学,通过学生的自学汇报,教师适时引导学生结合具体语境,感悟乡下人家独特、迷人之处。同时品读关键语句,采取不同形式的读,积累文中的好词佳句,培养学生的语感,丰富学生的语言积累。】

预设:

课文第1自然段

1.你能结合文中的关键词,给这个画面取个好听的名字吗?说一说你圈画的关键词句。(屋前瓜藤攀架)

2.感悟:"青、红的瓜,碧绿的藤和叶,构成了一道别有风趣的装饰,比那——可爱多了。"

3.有感情地朗读。

课文第2自然段

1.你圈画了哪些词语?

2.我们来试着给"花"的画面取取名,看看谁能活学活用。(门前鲜

花绽放）

3.大家已经能够抓住关键词来取名了。芍药、凤仙,鸡冠花,大丽菊,姹紫嫣红,鲜艳美丽。同学们,如果我把这几种花调换顺序,行不行?

4.请女生读这段文字,想象一下花朵依次开放的画面,用你的声音表达自己的感受,读出你的喜爱。

5.再来看看春笋,谁来说说你怎么取名?

6."探",拟人写法,很有生机。我觉得"探"这个词太生动了。谁来做一下这个动作?你的表演让我们似乎看到春雨过后,竹笋迫不及待地钻出来,好像要急着发现春天的美景!

课文第5然段

1.你圈画了哪些词语?(夏夜门前乡下人家吃晚饭)

2.同学们发现了吗?按照我们以往的阅读经验,这句话如果作为名字就显得过长了,所以我们可以缩减为门前人家晚餐或夏夜人家晚餐。

课文第6自然段

1.你圈画了哪些词语?(秋夜纺织娘唱歌)

2.多么静谧的夜晚,虫儿轻轻歌唱,胜过安眠曲呢,谁来读出这美妙迷人的乡下秋夜?

【设计意图:通过字词的品析,将文章读"厚",感受乡下人家独特、迷人、和谐的美好景致,并引导学生进行多样化理解词语,如:借助图片、结合语境等】

四、厘清顺序,梳理线索

1.请同学们回过头来看看我们刚才的圈画,梳理梳理,说说作者是按什么顺序来写乡下人家的?(明确一文多线)

空间顺序:屋前、门前、房前屋后、屋后、屋前等方位词串成的空间顺序(作者的写作顺序是从屋前再到屋前)这就是围绕屋子转的空间顺序。

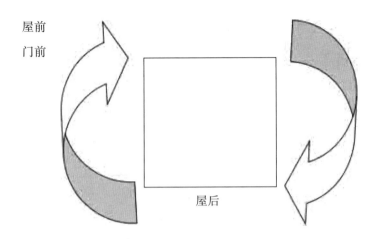

屋前
门前

屋后

总结：

按时间顺序分为春、夏、秋三季和白天傍晚夜间顺序交错描写。

（1）季节顺序：有隐藏着的，能看出季节的"瓜藤""花落"，几种不同时节开放的花，如五六月开的芍药、夏秋季节盛开的凤仙、鸡冠花，秋天的大丽菊。

（2）一天不同时候顺序：白天、傍晚、夜晚的顺序。

作者的视角：先写植物，再写动物，最后写人物。

2.小结：陈醉云先生就是按照一定的时间顺序、围着屋子转的空间变化来写的，还可以按照一定的视角，即从乡下生活最常见的植物写到动物再写到人物，这样的顺序多么和谐自然啊。因此作者感慨道，（齐读）：乡下人家，不论什么时候，不论什么季节，都有一道独特、迷人的风景。

【设计意图：通过交流每个小节所描绘的画面，引导学生在文本中走一个来回，理清文章脉络，学习作者有序的写作顺序，感受乡下人家清新、自然的美，并提倡学生在作文中有所运用。】

五、整合画面，回归整体

1.同学们，这乡下人家一幅幅画面真美啊，（手指着板书）乡下人家，屋前_____，门前场地上_____，_____，房前屋后_____，河中_____，夏天傍晚,＿＿＿,秋夜＿＿＿。结合板书,我们用一句话就把房前屋后,春去秋来乡下人家这处处景,幅幅画都说清楚了。

2.金钥匙:学习散文,利用思维导图,抓住中心,梳理看似零散的人、事、物、景等,能整体把握文章内容。

3.当我们欣赏了这一幅幅风景后,也会由衷地说:"乡下人家,不论什么时候,不论什么季节,都有一道独特、迷人的风景。"

4.这节课我们大致了解文章的主要内容,通过给作者笔下乡下人家的景致进行取名,感受乡下人家独特、迷人的景致。

六、课后延伸,课外拓展

课后请同学们观察一处你感兴趣的乡村景致,并试着用我们今天学习的方法给它命名。最后老师要送给大家一首诗——戴望舒的《天晴了的时候》,有兴趣的同学课后可以去读一读,去感受戴望舒笔下的乡间小径。

课件出示:

1.观察一处你感兴趣的乡村景致,并给予命名。

2.推荐阅读:戴望舒《天晴了的时候》

七、板书设计

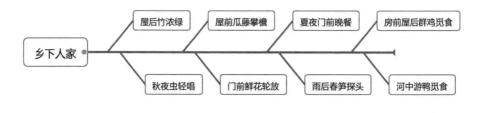

乡下人家

六、散文教学设计课例之三——叙事散文《北京的春节》

【教材内容】

统编教科书六年级下册第一单元第1课《北京的春节》

【教学目标】

◆ 正确读写"蒜瓣、杂拌儿、翡翠、零七八碎、爆竹、张灯结彩"等词语。有感情地朗读课文。

◆ 揣摩文章的表达顺序,体会详写、略写的好处。

◆ 品味老舍语言的轻松幽默和"京腔京味",了解老北京春节的习俗,感受节日的热闹气氛,理解节日习俗中的民族文化和传统文化。

◆ 运用"阅读链接"展开比较阅读,试着迁移运用,丰富对习俗文化的内涵体验。

【教学重难点】

1.了解老北京春节的习俗,感受节日的热闹气氛,理解节日习俗中的民族文明和传统文化。

2.学习按一定的顺序、有详有略的表达方法。

第一课时

【课前谈话导入】

师:孩子们,你们喜欢春节吗？你们的春节是怎样过的,有哪些习俗？

不同地方的春节有什么不一样呢？接下来我们一起来领略,播放课件:《我们不一样的春节》

板块一:整体入手,感受语言俗白

1.学习篇章页,明确任务。

师:刚才同学们的交流以及视频所见,正应了篇章页"十里不同风,百里不同俗"这一名句。阅读篇章页,说说自己了解到了什么？

2.激发兴趣,揭示课题。

今天,我们还要一起去老舍先生生活的北京看看,看看北京的春节又是一番怎样的热闹景象。齐读课题——北京的春节,这是一篇叙事散文。(板书)

【设计意图:这是六年级下册第一单元的第一篇课文,首先引导学生关注单元篇章页,梳理人文主题和语文要素,明确学习任务。让学生对本单元"民风民俗"的学习有一个整体的认识,做到有的放矢。学生刚刚过完春节回校上课,先聊聊自己过春节的事情,自然会兴趣盎然。在这样的基础上导入课题,巧妙地为后面的比较学习打下良好的基础。】

板块二:初读课文,巧妙梳理脉络

1.读读京味儿词语,读通课文。

同学们,对于散文来说语言特别重要,想了解北京的春节,我们要先过词语关,我们先来看看几个同学的课前积累。北京话可有意思啦,试着读读看:

(1)杂拌儿　零七八碎儿　玩意儿　天一擦黑

(2)听戏　逛庙会　逛天桥

(3)色如翡翠　色味双美　万象更新　截然不同

2.通过预习,请你说说,老北京的春节给你留下什么印象?用几个词概括出来。(热闹、高潮迭起　喜气洋洋、忙碌)

3.浏览课文,理清脉络。请同学们快速浏览一下课文,找一找,这么热闹的春节从什么时候开始,什么时候是高潮,又在什么时候结束呢?(从腊月初开始,元宵节是春节的高潮,到正月十九结束。)

4.这个过程中有哪些重要的日子,这些时间里又有哪些体现北京春节风俗的活动呢?请拿出你们课前的学习单,借助你的日历备忘,小组中交流交流。

二月

周一	周二	周三	周四	周五	周六	周日
24 腊月初八	25 初九	26 初十	27 十一	28 十二	29 十三	30 十四
31 十五	1 十六	2 十七	3 十八	4 腊月十九	5 二十	6 廿一
7 廿二	8 廿三	9 廿四	10 廿五	11 廿六	12 廿七	13 廿八
14 廿九	15 三十除夕	16 正月初一	17 初二	18 初三	19 初四	20 初五
21 初六	22 初七	23 初八	24 初九	25 初十	26 十一	27 十二
28 十三	1 十四	2 十五元宵	3 十六	4 十七	5 十八	6 十九

日历备忘

师:同学们一边听一边对照自己填写的表格或者思维导图看看,有哪些地方不一样,做上记号,补充交流。

5.生生互相补充完成学习单。

腊月初八、腊月十九、除夕、大年初一、元宵节

6.这些重要的节日里都有哪些习俗,请概括地讲出来。学生上台展示。

【设计意图:借用日历表,对照文章的首尾,让学生自然地了解春节开始、高潮和结束的时间,在这样的基础上,再去浏览课文,搜索春节期间经历的另外一些时间段,便顺理成章。完成这样的搜索和排列,文章的写作顺序也就显而易见了。】

板块三:了解习俗,分清主次

1.把握文章主要内容,理清文章顺序

师:刚才通过交流,同学们都说老北京给你留下热闹、忙碌的印象,你们所说的这份热闹、忙碌等,体现在哪些时间里?这些时间里又

有着哪些体现北京春节风俗的活动呢？课前孩子们通过自学完成学习单,现在我们来交流一下。

（1）生生互相补充完成学习单

春节里重要的日子	风俗习惯
腊月初八	熬腊八粥,泡腊八蒜
腊月初九至腊月二十二	孩子:买杂拌儿,买爆竹,买各种玩意儿 大人:预备过年的物品
腊月二十三	过小年,放鞭炮,吃糖
过了二十三	大扫除,把吃的准备充足
除夕	赶做年菜、穿新衣、贴对联、贴年画、灯火通宵、放爆竹、吃团圆饭、守岁
正月初一	店铺关门,男人拜年,女人待客,逛庙会
初六	铺户开张,还可以逛庙会、逛天桥和听戏
元宵	看花灯,小孩放鞭炮,吃元宵
正月十九	春节结束

2.快速默读,分清主次

师:请同学们根据梳理出来的表格,说说文章是按什么顺序来写老北京人过春节的?哪些部分写得详细,哪些部分写得简略?把详写部分做上记号,并想想这样写有什么好处?（腊月二十三、除夕、正月初一、元宵等写得详细）

（1）按照时间顺序。

（2）用一个关键词结合课文内容解说这几个时间段人们的活动。（热闹、快乐）

3.小结

本文看起来像记流水账,自然段与自然段之间如何衔接?哦,就是因为按时间顺序来写,紧密的衔接使本文内容繁而不乱,多而不杂。这样有详有略,不仅让文章详略得当,而且重点突出,我们在习作的时

候也可以学习老舍先生这样详略得当的安排。(板书:详略得当)

【设计意图:通过表格的形式,让学生从课文语言文字中捕捉关键信息,了解北京春节的习俗。这样的梳理由学生自己完成,让北京春节的习俗文化一目了然。"分清内容的主次,体会作者是如何详写主要部分的"是本单元的语文要素。落实语文要素的关键是要让学生自己经历真实的学习过程,在快速默读中分清内容的主次,在有选择的深入品读中体会写法,在有引导的交流分享中丰富认识。】

第二课时

板块一:深读课文,用心感悟写法

请大家跳读课文,找出课文中描写小孩子过春节的相关句子,静心默读这些句子,体会其中的特点。

【设计意图:首先从孩子的视角看孩子过春节,这是孩子特别感兴趣的学习任务。这个板块的目的在于训练学生品词析句的能力,目的不在于说得有多么精妙,关键是培养学生鉴赏文字的意识和能力。】

板块二:品析语言,体味老舍"京味儿"语言的特点。

1.静心默读,品味老舍语言的轻松幽默和"京腔京味"。

2.学生批注后交流。

(1)幽默

◆ 这些比赛不为争谁第一谁第二,而是在观众面前表演骏马与骑者的美好姿态和娴熟技能。

◆ 小孩子们买各种花炮燃放,即使不跑到街上去淘气,在家中照样能有声有光地玩耍。

(2)京味

◆ 照北京的老规矩,春节差不多在腊月的初旬就开始了。

◆ 孩子们喜欢吃这些零七八碎儿。第二件大事是买爆竹,特别是男孩子们。恐怕第三件事才是买各种玩意儿——风筝、空竹、口琴等。

◆ 天一擦黑,鞭炮响起来,便有了过年的味道。

3.朗读这些句子,感受"京味儿"语言的特点。

4.小结:通篇围绕春节,没有明显的个人感情色彩,却通过笔下的人物活动将全国城市的代表——老北京,乃至广大农村的年味年俗写得热热闹闹,真真切切。

板块三:材料介入,比对中领悟写法

1.文字介入依托"文本段落"与"阅读链接",在"比对"中感受详略得当、突出重点的表达特点。

同学们,同样是写春节,同样是写过年,大家看看,梁实秋的《过年》、斯妤的《除夕》与老舍先生的这篇散文,最大的区别在哪儿呢?

2.学生默读"阅读链接"梁实秋的《过年》和斯妤的《除夕》。

3.说说过春节时,自己印象最深刻的是什么。选择印象最深的一处,试着写一写。

【设计意图:运用课后"阅读链接"提供的材料开展比较阅读,写不同地方的春节,比较的是习俗的不同。在交流中分清主次内容,并将自己印象深刻的主要内容用文字表达出来,这既是对语文要素的落实,又是对习俗文化的传承。】

第七节 说明文设计举隅

一、说明文教学策略

(一)说明文的特征

说明文是一种以说明为主要表达方式的实用文体。它通过对实体事物科学的解说,对客观事物做出说明或对抽象事理进行阐释,使人们对事物的形态、构造、性质、种类、成因、功能、关系或对事理的概念、特点、来源、演变、异同等能有科学的认识,从而获得有关的知识。说明文是出于帮助读者理解的目的,自然须举出一些具体的事物来作为例证;但紧要的还在说明作者所理解的部分。这部分务必明白、准确,才能使读者完全理解,没有含糊、误会的弊病。[1]所以说明文的中心鲜明突出,文章具有科学性、条理性,语言确切生动。这些对说明文的解释和定位,一定程度上指明了说明文解读和教学的方向。

1.说明文的文体思维的共性特征

统编教材对说明文的概念并未进行界定,只在开篇导语写道:"说明文以'说明白了'为成功,而议论文却以'说服他人'为成功。"这是叶圣陶先生在《文章例话》中区别说明文和议论文时提到的。而夏丏尊在《文章作法》中有类似的说明:"说明文的目的是在使人有所知,议论文不但要使人有所知,还要有所信。"说明文既不同于议论文,也不同于记叙文。"说明文和科学的记事文有什么区别呢?最重要的一点,就是对象的范围不同。科学的记事文虽也是以记述事物的状态、性质、效用为主,但以特殊的范围为限,是比较具体的;说明文以普遍的范围为对象,是比较抽象的。"(夏丏尊)关于什么是说明文,夏丏尊作了相对准确的概括:解说事物,剖释事理,阐明意象;以便使人得到关于事物、事理或意象的知识的文字,称为说明文。

以上是对"说明文"概念的界定,但是教材中一直采用"说明性文章"的说法,包括《义务教育语文课程标准》也采用这种说法。关于说明性文章,学生并不需要做文体的对比、区分,老师做到心中有数即可。有了对说明性文章的基本认识,教学才不会偏离轨道。

在小学教材中,选编了不少说明文或具有说明性质的文章,大体来看,无论是事物说明文还是事理说明文,说明的对象都是小学生比较感兴趣的事物或浅显的事理,语言既准确又生动,非常契合小学生的阅读趣味。

2.不同学段说明文的教学目标与要求

"说明性文章"的概念并未在第一、二学段提出,直到第三学段(五年级上册)才首次出现。但是,一、二学段教材编排了适当数量的说明

文。因此,客观上小学阶段的每个学段均需明确说明文教学目标与要求。具体如下:

第一学段:初步感知说明文。通过获取信息,认识事物,了解说明对象知识的过程,初步感知说明文在文本内容方面的文体特点。

第二学段:强化认知说明文。通过体会文本词句的运用,深化理解说明文结构的条理性。以《花钟》为例引导学生用心体验语义之间的联系,感受这种构段和句式的表达效果。

第三学段:充分理解说明文。通过对说明方法、说明顺序、说明语言等技巧的运用,充分完成"阅读说明性文章,能抓住要点"的目标。

(二)说明文的教学策略

1.说明文的教学策略(共性的"格")

说明文的题目指明了说明的对象,如《太阳》《鲸》《松鼠》等。从题目开始,读者就会产生一定的阅读期待,比如《鲸》会介绍鲸哪些方面的知识? 形体特点、进化过程、种类、食物、呼吸和睡觉及生长繁殖等。所以,说明文的解读,首先应从捕捉信息和梳理内容开始,明确说明对象,接着探究说明语言和说明方法,在这个过程中理解说明顺序,发表看法,最终做到"读明白了"。说明文具体共性策略如图3-13所示。

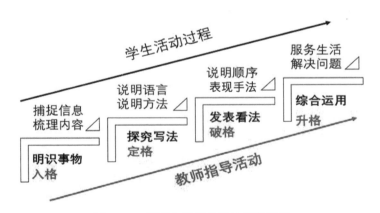

图3-13 说明文教学的阅读思维模型

说明文共性的"格"是由"明识事物(入格),探究写法(定格),发表看法(破格),综合运用(升格)"四个维度组成。同时,要明确教材选取的文本与普通读者阅读的说明文是存在区别的,教材文本为了服务教学存在一定的修改,因此,为教学的文本解读要从思维的角度,研究说明文为了达到说清楚说明白的目的,做了哪些方面的考量,要深入文本表面信息背后探索信息如何选择、整合和呈现。

2.说明文不同学段有所侧重

(1)基于不同学段的说明文教学策略

"说明性"文章的概念虽然在五年级上学期才第一次出现,但是在中段,说明性文章学生早有接触,如表3-18所示。

通过表格发现,说明性文章除了在四年级下册、五年级上册集中一个单元,在其他单元主要和其他文体的文章一起落实阅读训练要素。这些阅读训练要素有些指向学生自身阅读能力的提升,有些指向学生对文章结构的把握,这些阅读要素的学习,可以让学生了解说明类文章的特点:文章围绕几个方面来把事情写清楚,每个段落经常会有关键句,围绕一个意思作者会把一段话写清楚……这些阅读训练要素,让学生很快掌握说明性文章的篇章特点,不同学段有不同的侧重。

**表3-18 统编小学语文三至六年级教材说明文所在单元
人文主题及语文要素一览**

年级	单元	单元课文	人文主题	语文要素
三年级下册	第一单元	《昆虫备忘录》	可爱的生灵	一边读一边想象画面,体会优美生动的语句
	第三单元	《纸的发明》《赵州桥》《一幅名扬中外的画》	中华传统文化	了解课文是怎么围绕一个意思把一段话写清楚的
	第四单元	《花钟》《蜜蜂》	观察与发现	借助关键语句概括一段话的大意
	第七单元	《海底世界》	奇妙的世界	了解课文是从哪几个方面把事情写清楚的

续表

年级	单元	单元课文	人文主题	语文要素
四年级上册	第二单元	《蝙蝠和雷达》《呼风唤雨的世纪》	策略单元	阅读时尝试从不同角度去思考,提出自己的问题
四年级下册	第二单元	《琥珀》《飞向蓝天的恐龙》《纳米技术就在我们身边》《千年圆梦在今朝》	科普知识	阅读时能提出不懂的问题,并试着解决
五年级上册	第五单元	《太阳》《松鼠》《鲸》《风向袋的制作》	习作单元	阅读简单的说明性文章,了解基本的说明方法
六年级上册	第三单元	《宇宙生命之谜》《故宫博物院》	策略单元	根据阅读目的,选择恰当的阅读方法
	第六单元	《只有一个地球》	保护环境	抓住关键句,把握文章的主要观点
六年级下册	第一单元	《藏戏》	民风民俗	阅读时,分清内容的主次,体会作者是如何详写主要部分的

①中年级的学习,关注说明性文章语言表达的准确性

三年级的学习中,学生已经开始感受说明性语言的准确、清楚。教材通过课后题目的设置,引导学生关注说明性文章语言表达的准确性。例如三年级下册第四单元《蜜蜂》的课后思考题是这样体现的:

读一读,注意加点的部分,说说你从中体会到了什么。再从课文中找出类似的词句,和同学交流。

二十只左右被闷了好久的蜜蜂向四面飞散,好像在寻找回家的方向。

蜜蜂飞得很低,几乎要触到地面,大概这样可以减少阻力。

它们两点四十分回到蜂窝里,肚皮下面还沾着花粉呢。

四年级下册第二单元《飞向蓝天的恐龙》课后思考题:

课文的不少句子表达很准确,如"科学家们希望能够全面揭示这

一历史进程"。找出这样的句子读一读,说说自己的体会。

②高年级的学习,重点是了解"基本的说明方法"

如五年级的第五单元,精读课文选择了两篇:《太阳》《松鼠》。《太阳》语言平实,通俗易懂;《松鼠》语言活泼,描述生动。通过两篇文章,希望学生感受说明性文章不同的语言风格。本单元的阅读训练要素是"阅读简单的说明性文章,了解基本的说明方法。"在本单元中,重点是了解"基本的说明方法"。对于这一要素,《太阳》课后习题、交流平台都有涉及。说明方法是说明性文章说明事物的方法,本单元主要涉及列数字、举例子、作比较、打比方,这些都是"基本"的说明方法,在说明类文章中使用频率很高。至于其他的说明方法:下定义、分类别、画图表、作假设等在初中才涉及。对于这些"基本说明方法"的"了解"要达到什么程度呢? 第一,要能从课文中找出相关句子,并知道使用了什么说明方法;第二,要能体会到使用这种说明方法的好处。在这里,学生不是为了学习说明方法而学习,对说明方法的学习,是为了学生写说明性文章做准备。

至此,高段的阅读目标比较清晰,对应了语文课程标准在第三学段目标中的要求:阅读说明性文章,能抓住要点,了解文章的基本说明方法。在本单元的阅读训练要素中还有一个词"简单"。说明性文章较叙事性文章枯燥,学生在生活中接触得相对较少,所以,他们阅读的说明性文章需要简单些。具体来说就是说明语言严谨但不枯燥,说明内容易于理解。以此来维护学生的阅读兴趣,促进学生阅读。

(2)基于表达要求的教学策略

说明性文章分散在教材各处,但它们之间存在一定共性,聚焦在每个单元的表达训练要素之中,如表3-19所示。

表 3-19

年级	单元	表达训练要素	具体要求
三（上）	第五单元	仔细观察，把观察所得写下来	把观察中印象最深的一种事物或一处场景写下来
三（下）	第一单元	试着把观察到的事物写清楚	用观察记录卡的形式写一种植物。（名称样子、颜色、气味等）
三（下）	第三单元	收集传统节日的资料，交流节日的风俗习惯，写一写过节的过程。（综合性学习）	选一个传统节日，写一篇习作。可以写自己家过节的过程，也可以写节日中发生的印象深刻的故事。（有涉及）
三（下）	第四单元	观察事物的变化，把实验过程写清楚	把小实验的经过写清楚，也可以写一写自己做实验的心情、实验中的发现等
三（下）	第七单元	初步学习整合信息，介绍一种事物	根据提供的信息，再查找资料，介绍大熊猫。（门类、食物、分布地区）
四（下）	第四单元	写自己喜欢的动物，试着写出特点	创设情境，向朋友介绍动物的特点
五（上）	第五单元	搜集资料，用恰当的说明方法把某一种事物介绍清楚	用恰当的说明方法介绍事物的各个方面
六（下）	第一单元	习作时，注意抓住重点，写出特点	介绍一种风俗，写清这种风俗的主要特点或参加风俗的经历

根据表格可以发现，小学阶段说明性文章表达训练主要包括两种：一是介绍一种事物，一是说明做事情的过程。但是除了专门的说明性文章单元，在教学说明文时，教师是不能实现阅读要素与表达要素相统一的。只能侧重服务于每个单元的语文要素，在教学中渗透与说明文教学相似的教学内容。

在专门的说明性文章单元，教师则要立足文章内容，借助说明方法帮助学生体会说明文体。如五年级上册第五单元既是说明文单元，又是习作单元，既要贯彻落实阅读要素"阅读简单的说明性文章，了解基本的说明方法。"又要重点突破其表达要素"搜集资料，用恰当的说明方法,把某一种事物介绍清楚。"同时落实表达也要注意:写清事物的主要特点;试着用上恰当的说明方法;可以分段介绍事物的不同方面。本单元两篇精读课文的课后思考题如表3-20所示。

表3-20

课题	课后题
太阳	默读课文,想一想:课文从哪些方面介绍了太阳?太阳对人类有哪些作用?读下面的句子,结合课文内容,说说作者是运用哪些说明方法介绍太阳的,体会这样写的好处
松鼠	默读课文,把从课文中获得的有关松鼠的信息分条写下来。读下面的句子,找到课文中相应的内容,体会表达的不同

表3-20充分体现了说明文教学在阅读要素方面的最高要求,是掌握文本内容,体会表达。同时,从习作单元的角度考虑,最终归宿是学会说明性表达。从中,可以明确基于表达的说明性文章教学,其最终目的是写简单说明文,但其脱离不了一般教材文本的特点,因此其教学的策略既要体现一般文本教学的常规,也要体现说明文的特点。具体教学策略如下:

提取信息,注重检索培养。说明文贯穿整个小学阶段,其语言的科学性易造成学生的厌读,因此要首先培养学生快速阅读及获取准确信息的能力。

理解内容,注重方法培养。为了把说明事物说清楚,作者会采用多种说明方法,教师要注重引导学生掌握说明方法,理解说明文内容。

感受语言,注重文体培养。说明文是一种具有实用性特点的文体,其语言准确、科学,教师要注意培养学生感受说明文语言的特点,感知文体特点。

明确思路,注重文体运用。说明文作为实用性文章,在明确其文体特点的基础上,教师应开展习作教学,帮助其学会"介绍一种事物。"

总的来说,基于表达的教学策略应是:检索信息—掌握方法—感受表达—实践表达。

（3）基于文体特点的教学策略

基于说明文文体特点，教学内容的选择应突出其"个性"：

①了解百科知识。说明文介绍的是"百科知识"，绝大多数都是包罗万象的非语文知识。那既然是语文非本体性知识，阅读教学中就可以不学了吗？当然不是。理由如下：

其一，阅读教学的一般过程是：通过语言文字理解作者的思想感情，再认识作者如何运用语言文字表达思想感情，积累语言材料和语言图式，进而能迁移运用于语文实践。而说明文不同于记叙文、议论文，它没有多少甚至完全没有"感情"或"观点"等因素，其主要内容就是客观性很强或纯客观的"百科知识"。

其二，语文课程标准在第三学段目标中有"阅读说明性文章，能抓住要点"，这个"要点"很大程度上也就是"百科知识"的"要点"；在第二学段也有"初步把握文章主要内容"这样的要求，而对于说明文来说，"主要内容"当然主要是这些"百科知识"。"了解百科知识"虽然是说明文必须选择的"教学内容"之一，但仅要求初步把握，并不要求深刻理解，更无须精确掌握。

②了解说明方法。"主要运用说明的表达方式"虽不是说明文的本质特征，但终归是重要特征。更何况，学习语言文字运用，又是阅读教学过程重要的步骤。因此，说明文教学需关注课文运用哪些说明方法来介绍事物。

说明文常见的说明方法有：下定义、举例子、打比方、作比较、列数字等。课程标准在评价建议中指出："第三学段侧重考察对文章表达顺序和基本表达方法的了解领悟"，说明文中的"基本表达方法"是指"说明方法"。教学中，我们应注意这样三点：

其一，必须结合具体课文，结合具体的语句进行教学，不应孤立、机械地传授。

其二，了解基本的说明方法是第三、第四学段的要求，第一、第二学段并无明确和硬性规定。为此,在第一、第二学段,尤其是第二学段,结合课文实际,在学生可以接受的情况下,适当渗透一些说明方法的知识是可以的。

其三,"了解文章基本的说明方法",重在了解课文怎样运用说明方法说清事物或事理,而并非将教学集中在说明方法的称谓、定义、特点的区分上。

总之,说明文教学既要体现说明文作为教材选文的共性任务,又要体现其文体特性,突出其个性,教师要在把握说明文共性的"格"之基础上,有侧重,有针对地开展教学,激发学生对科普类作品的兴趣,做好第三、四学段的衔接。

二、说明文教学设计课例之一——《松鼠》

第一课时

【教材内容】

统编教科书五年级上册第五单元第17课《松鼠》

【教材分析】

本课是统编版五年级语文上册第五单元的一篇精读课文,本单元的语文要素是"阅读简单的说明性文章,了解基本的说明方法"。《松鼠》是一篇科学小品文,语言活泼,描述生动,作者抓住松鼠乖巧驯良的外形特点、机警敏捷的行为特征、高超的搭窝技巧进行细致而生动的介绍,字里行间蕴含着作者对松鼠的喜爱之情。

课文融知识性、科学性、趣味性于一体,以准确说明为前提,以形象化描写为手段,在表达方法、语言风格方面与《太阳》等一般的说明文有很大的不同。

本课重点让学生学习梳理相关信息,并且关注说明文不同的表达特点。

【教学目标】

◆ 认识"驯""矫"等生字,会写"松鼠""乖巧"等词语。

◆ 学习松鼠外形,总结分条列信息的方法。

◆ 迁移运用,提取梳理松鼠的其他特点。

【教学重点】

1.学习松鼠外形,总结分条列信息的方法。

2.迁移运用,提取梳理松鼠的其他特点。

【教学过程】

一、激趣导入,揭示课题

1.观看视频。

视频的主角是谁?(是一只松鼠)你觉得这是一只怎样的松鼠呢?
(倒霉、有趣、可爱的)

2.是呀,松鼠很讨人喜欢,不仅影视中有,生活中也有,如"三只松鼠"品牌坚果,童话故事里也有,如小马过河。如此受欢迎的萌宠,法国著名博物学家、作家——布封(板书:布封)又会怎样向我们介绍呢?(画面定格)让我们一起走进《松鼠》。(板书:松鼠)

3.认识"鼠"字,指导书写"鼠"字。

【设计意图:活跃课堂气氛,激发学生兴趣,导入课题,认识、会写"鼠"字。】

二、认读字词,整体感知

1.都做过预习了吧?老师先来看看同学的自学效果。

第一组　面容清秀、面容玲珑、身体矫健

第二组　互相追逐、窝里歇凉

第二组　拾榛子、塞满、扒开

第四组　分杈、苔藓、宽敞、勉强

第五组　胎生、换毛、灰褐色、梳理

2.思考这五组词语分别对应课文第1～5自然段,请同学们思考,这几组词语各描写松鼠哪方面的特点?(外形、活动、行为、搭窝和生

长繁殖)

3.整体感知,作者向我们介绍了松鼠哪些方面的信息?

4.检查预习,理解何为读明白。

请判断正误并说明理由,对的打"√"。

(1)松鼠不躲藏在地底下,总是在高处活动。( )

(2)松鼠轻快极了,总是小跳着前进,有时也连蹦带跑。( )

(3)松鼠窝口朝上,端端正正,很宽敞,可以自由进出。( )

5.读说明文要关注每个关键词,说明文的信息很重要。不知道松鼠的人,最想了解它的什么信息?(外形、住、吃、生活习性)

【设计意图:让学生课前自学文中的生字新词,培养学生良好的学习习惯和自学能力。课堂检查反馈学生对课文的自学情况,从整体上感知课文,适时点拨指导,更有针对性。在落实"恰当的说明方法"时,运用了"判断""递进""对比"等教学策略,特别是判断题的设计能从细节处着手,从用词、句式、表达等方面着手,实现从"读过了"到"读懂了"的转变。】

三、走进外形特点,学习分条记录

1.请大家读读课文第1自然段,看看作者是运用了怎样的妙招把松鼠的外形特点写明白、写得讨人喜欢的。

2.学生快速默读课文,把获得的松鼠外形的信息用喜欢的符号圈画出来。

3.交流信息,归纳建构。

"面容清秀,眼睛闪闪发光,身体矫健,四肢轻快"这句话描写了松鼠的哪些部位?

(部位:面容、眼睛、四肢、尾巴)

4.探究写法,引导发现。

发现松鼠外形、动作和拟人体写法,松鼠最显著的特征是什么呢?

5.点拨发现,理解"说明白"。

所有动物外形都有标志性形象,如松鼠的尾巴是松鼠最突出的特征。这个自然段有几句话,其中哪几句话写尾巴?

6.梳理信息,尝试分类。

(可以用表格、列提纲、画思维导图)

【设计意图:用三个具有递进性的问题构成了把握松鼠外形特点的言语实践活动,先是"自主感悟",然后是"归纳建构",最后是"点拨发现","恰当"不是生硬地分析、对比,而是在语言环境中、在感悟品味中逐渐生成对松鼠形象的认知,很好地落实了语文要素。利用快速阅读的方法学习松鼠的外形特点,既真正做到学以致用,体现统编教科书的整体性,又能抓住松鼠外形的关键信息。从而以"一目了然"为目标,引发学生思考,做出分类概括、图表表示的信息处理,为后面自学松鼠其他特征留出时间,打下基础。】

四、总结迁移,提取松鼠其他信息

1.总结方法,学习松鼠的其他信息。

2.小组交流学习成果,成功梳理。

3.导出总起句。

【设计意图:总结松鼠外形的学习方法,教给学生方法,引导学生小组合作,自学松鼠的其他信息,再转换身份来汇报自学成果,这样既锻炼了学生的口头表达能力,又能检验学生的课堂学习效率,从而发现问题、解决问题。最后,成功梳理课文信息,完成教学目标,水到渠成地学习"总起句"。】

五、作业乐园

1.运用分条列信息的方法,列出第73页风向袋的制作流程。

2.课文《松鼠》最大的语言特点:活泼有趣在哪里?

【设计意图:由扶到放,几个关键词,一张表格,层层搭建支架,让学生在自主学习中自然而然地学会了分条列信息。其次,引导学生关注科技小品文的语言特色:活泼有趣。】

六、板书设计

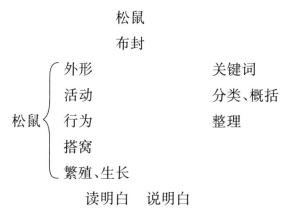

松鼠

布封

外形　　　　关键词

活动　　　　分类、概括

松鼠 行为　　　　整理

搭窝

繁殖、生长

读明白　说明白

三、说明文教学设计课例之二 ——《蜜蜂》

【教学内容】

统编教科书三年级下册第14课《蜜蜂》

【教材分析】

《蜜蜂》是人民教育出版社统编版小学语文三年级下册第四单元"留心观察,善于发现"中的一篇说明文,课文的作者是法国的昆虫学家法布尔,课文以第一人称写了他为验证蜜蜂具有辨认方向的能力而做的一项实验,重点介绍了实验经过,体现了法布尔善于思考、严谨求实的科学态度。教学这篇课文,重在引导学生通过梳理法布尔的实验过程,研读法布尔在实验过程中观察到的情况以及内心的想法,感受其严谨、求实的工作态度和科学精神,并体会课文用词的准确。

【学情分析】

蜜蜂是日常生活中常见的一种小昆虫,《蜜蜂》写了法布尔为了验证蜜蜂是否具有辨认方向的能力而进行了一次实验,易激起学生的学习兴趣。三年级的学生已经具备一定的阅读能力,在学文过程中引导学生学会"动词+事物"的概括方法,加强词句训练,抓住关键词语品味语言,感受说明文语言特点,并知道一项实验应包括实验目的、实验过程和实验结论。

【设计理念】

《语文课程标准》指出,语文课程是一门学习语言文字运用的综合性、实践性课程。本课教学力求引领学生亲历"实验"过程,采用多种方法引导学生进行语言文字的实践,自主感悟,读懂课文内容,体会法布尔严谨求实的科学态度。在学文的过程中,培养学生的质疑精神,激发问题意识,积极倡导学生探究学习,发现法布尔实验步骤背后的秘密,大胆表达自己的想法。

【教学目标】

◆ 会写"蜜"字,会读"辨认""跨进""逆风"等词语。

◆ 默读课文,理解课文内容,体会法布尔严谨求实的科学态度。

◆ 提取关键词,理清实验步骤,并学会复述。

◆ 关注文体特点,感受说明文语言的准确、严谨。

【教学重点】

提取关键词,弄清实验步骤,并学会复述。

【教学难点】

感受说明文语言的准确性,体会法布尔严谨求实的科学态度。

【教学过程】

课前活动(沾面粉小游戏)

一、谈话导入,揭示课题

1.引出课题,学生读题。

师:这节课,我们要学习的就是介绍一个道理或一种现象的说明文——《蜜蜂》。

2.辨别"蜜"和"密"。

(1)理解字义。这两个字都是形声字,声旁都是"宓",但形旁不一样。"蜜"的形旁是虫,它的本义是蜂蜜,还用来形容一些甜美的东西,比如蜜橘。"密"的形旁是——山,这个字常用来形容事物之间距离近,或人之间的感情好。

（2）指导书写。

3.词语过关。

第一组：辨认 跨进 逆风 阻力 陌生 检查 沿途 超常

第二组：大概 推测 可能

第三组：准确 无误 确确实实

【设计意图：检测学生的预习情况，为后面的学文做铺垫。】

二、整体感知，理清脉络

1.明确实验目的

（1）紧扣"听说"

关于蜜蜂，你听说过什么呢？其实，不管是耳朵听到的，书上读到的，还是从电视上、电脑上了解到的，只要不是我们亲眼所见的，那都是一种"听说"。今天我们要学习的这篇说明文就是由一个"听说"开始的。请大家读一读，课文中写了谁？听说了什么事？

（2）质疑原因

听说表示不一定是真实可靠的。因此，在听说蜜蜂有辨认方向的能力后，法布尔想亲自——（做个实验）。

2.认识法布尔

师：你认识了一个怎样的法布尔？

生：有科学钻研和探索精神。

是啊，毕竟眼见为实，耳听为虚。这就是法布尔求实的科学精神。（板书：求实）

我们已经知道法布尔为什么要做实验，那法布尔怎么做实验的呢？课前，大家已经根据课文，完成了一份实验报告单。我们一起来看看法布尔的实验。

【设计意图：引导学生体会"听说"这个词语的内涵，由这个词语知道法布尔为什么要做实验，并从中感受法布尔求实的科学作风。】

3.理清文章脉络

（1）根据学生的前测单完成情况，引导学生理清实验过程。

师:大家的实验报告单,在划分段落上,大致有以下两种不同分法。大家想想,3～5自然段应该属于哪个部分?

(2)解决学困点,怎么判断第3～5自然段属于实验结果。

【设计意图:了解学生课前预习情况,有针对性地引导学生正确划分课文段落,整体感知课文内容。】

三、聚焦步骤,巧用方法

1.概括实验步骤

(1)标画句子

师:请同学们默读第2自然段,哪些句子写出了法布尔做实验的步骤?用横线画出来。

(2)尝试复述

我在我家草料棚的蜂窝里捉了一些蜜蜂,把它们放在纸袋里。我叫小女儿在蜂窝旁等着,自己带着蜜蜂走了四公里路,打开纸袋,在它们身上做了白色记号,然后放了出来。

(3)用"动词＋事物"的方法概括步骤

示例:法布尔为实验做的第一件事是什么?(捉蜜蜂)

(4)用"①②③④……"划分步骤

放纸袋、叫女儿等蜜蜂、带蜜蜂、走四公里路、打开纸袋、做记号、放蜜蜂

(5)解决学困点

学生有争议的步骤是"叫女儿等蜜蜂"。讨论:叫女儿等蜜蜂这一步并不是法布尔自己做的,你认为可以去掉吗?

(6)用顺序词说清步骤

①捉蜜蜂、放纸袋

②叫女儿、等蜜蜂、带蜜蜂、走远路

③开纸袋、做记号、放蜜蜂

法布尔先捉蜜蜂放纸袋,再叫女儿等蜜蜂,接着带蜜蜂走远路,然后开纸袋做记号,最后放蜜蜂。

2.再次认识法布尔

（认真、谨慎、做事严谨）

3.小结

每一个步骤都是法布尔精心安排的,每一步都不能少。法布尔做实验很严谨。正因如此,法布尔才能成为一位这么伟大的昆虫学家。（板书:严谨）

【设计意图:引导学生抓关键词,学会采用"动词＋事物"的方法来进行概括,并通过划分步骤,用表示顺序的词语让语言的表达更简洁、清楚。引导学生质疑,认识实验过程的科学、严谨,感受法布尔严谨的科学态度。】

四、关注文体,品味语言

1.专注文本语言,了解法布尔放飞蜜蜂后所见所思

（1）这段话除了写法布尔看到的,还写了什么?

（2）请你用～～ 画出法布尔的想法。

2.圈画词语,感受说明文用词准确的特点

聚焦课后思考题,读一读,比一比。如果把"好像"去掉你们觉得可以吗?

3.小结

结论还没有出来就不能用确定的词语来表达,这也体现了说明文用词准确的特点。

【设计意图:抓住关键词"好像""大概"和"准确无误""确确实实",让学生在无形中比较前后两处用词的不同,体会法布尔前后的不同心理,感受说明文语言的准确以及法布尔严谨求实的科学精神。】

五、出示实验报告单

小结:同学们,看,这节课,我们一起跟着法布尔完成了这份实验报告单,从实验报告单我们知道,完成一项实验,一定有实验目的、实验步骤、实验结果、实验结论这几个部分,实验步骤和实验结果都属于实验过程,实验结论是根据实验结果得出的。

六、课堂小结

通过这节课的学习,我们知道了法布尔的实验步骤,掌握了"动词＋事物"概括的方法,感受了说明文语言的准确性,感受到法布尔的严谨求实的科学态度,希望同学们在生活中也能像法布尔一样勤于研究,找出解决问题的办法。

七、阅读推荐:《昆虫记》

八、板书设计

蜜蜂

捉蜜蜂	放纸袋	
叫女儿	等蜜蜂	求实
带蜜蜂	走远路	严谨
开纸袋	做记号	
放蜜蜂		

第八节　非连续性文本设计举隅

一、非连续性文本阅读策略

非连续性文本阅读是指对表格、图表、图解文字、凭证单、广告、地图、清单、图示性说明书、时刻表、目录、索引等内容中的片段性文字或图形背后隐含的文字进行解读和理解的过程。这方面的内容以前并没有完全归入语文学习的范畴,但随着时代的发展,尤其是在今天传播方式呈现多媒体化的情况下,很多地方都要求我们有一种高效且精准的读图能力,我们必须在很短的时间内就要掌握一个图文混合平面设计的信息结构,明白其中各信息元素间的关系,最终能明白其深层含义。在现代社会,这种解读能力的缺失可能给人造成诸多麻烦,因而适度的训练是必需的。我国部分地区参加过PISA（国际学生评估项目）测试,总成绩基本上都高于OECD（经济合作与发展组织）平均值,但非连续文本阅读与连续文本阅读的成绩还是有相当大的差异的,上海在两种文本形式分量表上的成绩差异是最大的,说明我们不同形式文本的阅读能力并不均衡。

由于这种认知过程其本质与阅读十分接近,很多人都把这种能力的培养归为语文学习的任务,如《语文课程标准（2011年版）》就已经有了非连续性文本阅读这一内容,但具体的实施还缺乏相应的课程或训练。

我们在语文课标明确这一任务之前就开始了这方面的实践工作,以下是我们对这类微课程开发的一些心得。

（一）非连续性文本课程资源的三个制度

早在2011年之前,福建省晋江市小学语文界就在具体的语文课中有意识地加入了非连续性文本阅读的内容,如晋江二实小吴树伟老师的阅读课《晋江旅游攻略》、晋江实小两名骨干教师分别上的阅读课《糟糕,你已吸入了$PM_{2.5}$》和《我们的牙朋友》,都是专门针对如何阅读非连续性文本的阅读课。对这类微课程的早期开发让我们意识到,找到适合的课程资源十分重要。

我们主要在以下方面发掘课程需要的资源:

在语文课中生成资源。首先,可在课本插图中发现可能的资源,课本每个孩子都有,也有相应的课时安排,只要适合,在课堂上稍加改造就能用作非连续性文本的阅读训练。比如,我们可以让学生先阅读课本插图提供的信息,看发现了什么,再通读全篇课文以验证自己的发现。这种方式对既有的课程影响不大,却能有效提升学生非连续性文本的阅读能力。值得注意的是,课本中很多插图并不是针对非连续性文本的阅读而设置的,常常并不适合生成资源,但我们可以尝试让连续文本和非连续文本之间相互"渗透",比如教师针对课文事先制作一些图表,如图3-14所示。

北师大版三年级（下）《松鼠》

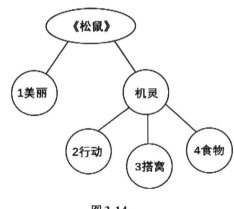

图3-14

让孩子读课文也读图，使他们在连续文本和非连续文本之间建立联系。这样的图表甚至也可以让学生自己绘制，从而更好地理解非连续文本的写作特点和本质。

合理整合学科生活资料。教学中也可以适当地引进其他学科图表材料或思维导图让学生阅读，这也是不错的一种资源。

关注课外的非连续文本。这方面的资源浩如烟海，如产品的说明书、水费电费单、旅游导览图等。我们常常指导学生关注并搜集，集中安排课堂时间进行阅读并讨论。需要注意的是，这样的资源虽然多，但真正有相当典型性的、难度适当的、适合教学的材料却并不多。经过我们这些年的积累，也留存一些比较适合的材料，如《陀螺拼装说明书》《酸奶制作步骤》等。

通过调研，我们发现，学生特别需要的、感兴趣的是综合性学习，因此我们从基础做起，建立课程资源库，培养教师的综合课程开发意识。

（二）非连续性文本教学的实战策略

一门课程在建立了丰富的资源库后，就要思考教学实施策略问题。非连续性文本阅读能力主要体现在获取信息、处理信息、评价信息三个阶段上,每个阶段都有其能力要求,最终就是要让学生能够拥有得出结论的能力,如何拥有这些能力?中国台湾李玉贵老师曾说过,与其带孩子在课堂上做读懂公交站牌的非连续性文本的题目,不如带他们到社会实践中去坐车。我们的很多实践也表明,在一些仿真的情境下进行阅读教学颇有成效。国际阅读素养进展研究项目(PIRLS)有一系列的阅读测试,我们发现这类测试不仅是对学生非连续文本阅读能力的评估过程,同时通过参与这些测试,也可以有效提升孩子的阅读能力,如在测试中,学生会自觉地运用预测、联想、图像化、推理、综合等方法处理多重信息。非连续文本阅读能力有很大一部分是读图的能力,这种能力往往是通过感受、体会等非理性的思维方式,作用于人的过往经验的,我们通过实践意识到,对这种能力的训练没有太多的技巧,通过设计好的问题、好的情境,让学生真正能够身临其境地思考是一种比较好的方法。

以《糟糕,你已吸入了$PM_{2.5}$》这堂课为例(其图形部分如图3-15),教师一上来并不需要对平面内容表述太多,他只需要对其中图文提出恰当而有意义的问题,孩子们自然会运用全部的能力和既有的知识开展探究学习。

图3-15

此课的主讲人庄老师一开始就说明,这个非连续性文本表达的是$PM_{2.5}$的科普知识,然后特意只出示了图片,而隐去了文字内容,让学生提取信息,猜这三项都在说明$PM_{2.5}$的什么特性。孩子在一番绞尽脑汁的竞猜中,必然会用到推理、归纳、联想等所有的思维手段,他们也一定会调动既有经验：介绍一样东西会从哪几个角度？钟表的图案在其他非连续文本中一般会表示什么项目？这样，他们逐渐就能明确图片的准确内涵，当学生们思考得相当充分后，教师再揭示三个项目分别是$PM_{2.5}$的毒性、停留时间长、输送距离。这时再让学生回忆自己的答案，体会作者绘图表达的贴切性，继而再扩展开来，对其他一些图示进行猜测、理解训练。

（三）把握非连续性文本的独特性

"非连续性文本"和"连续性文本"的呈现方式不同，这也决定了阅读策略有所区别。我们应在阅读指导中教会学生发现每种文本的独特规律，整合信息，甚至可以尝试链接生活、读写结合。

阅读非连续性文本要从表达方式入手，有针对性地指导学生学会阅读。比如表格、地图这些文本，都会有相当独特的表达形式，说明书、广告又不同。我们采取的方法是与连续文本形成对照，就可以更好地理解每一种非连续文本的独特性和存在价值。其实，每种非连续文本都可以用文本的方式进行描述，但很多时候都不会有很好的效果。但如许老师的《我们的牙朋友》一课，一上来就把一组表达同一个意思的连续性文本和非连续性文本放在一起。进行比较阅读，从而引导学生发现表达同一个意思可以选择多种形式来表达，有时图表会比文字更清晰，更明了。这时，教师和学生再来一起分析表格的特性，如表头、单元格等内容，就会有更好的效果。

非连续文本阅读还有一些特定的阅读技巧，这时也可以拿来与连续文本进行对比。比如，非连续文本非常注重关键词的运用，这些关键词在普通文本一定也存在，但会藏在文本流中的，如何进行有效的抓取？相比之下哪个词才更关键、更本质？这些训练不仅对非连续文本的理解有益处，反过来也能让学生从另一个角度加深对连续文本的理解。

非连续文本对学生的整合能力要求较高，其实这也是对思维能力的一种提升,如在《糟糕,你已经吸入了PM$_{2.5}$》一文的教学中,庄老师在最后设计了一个"统整信息"的环节,即用14分钟让孩子进行小组合作学习,孩子们凭借图文提供的信息,从"雾霾的成因、危害、污染面以及雾霾的防治"等几个角度重新构造了这些信息,形成了有意义的新整合。

非连续文本与生活更加接近,甚至很多内容都是生活中的实用信息,所以更容易学以致用。如《我们的牙朋友》一课,教师就通过一组新的图示演示了正确的刷牙方法。学以致用的另一个表现是非连续文本的写作。吴老师的《晋江一日游攻略》一课的最后环节,就是让学生借助旅游导向图创意设计一份晋江一日游行程攻略,或图或表。孩子的创意设计丰富多彩,很有实践价值。而在《糟糕,你已经吸入了PM$_{2.5}$》一课的最后环节中,则要求学生针对读出的信息写出对PM$_{2.5}$的防护或治理建议,自然也是用非连续文本的形式来表达。

(四)非连续性文本微课程的评价

连续性文本的阅读大都可以通过客观化的试卷加以考查,而对于非连续性文本阅读能力的考查就要复杂得多,但也有一个原则,就是检测学生是否"找出"了"有价值的信息",正确地理解了作者要表达的意义,这是表面上教学目标达成与否的指标。不过对于背后学生是否形成有价值的能力的测试还是比较困难的。现在我们正在做非连续阅读评价量表的开发,有了一个量表就可以检测学生对阅读过程的掌握、阅读技能的运用以及在不同情境中灵活运用阅读策略解决实际问题的能力。

非连续性文本微课程的开发和阅读策略的完善,我们可以选择多种形式来实现,如乘公交车去陌生的地方要先查找百度地图、核对站牌,自驾游要先查找百度地图、学会看旅游攻略、游览示意图等,从而教会学生学会"标符号,抓重点"的方法,在已总结出的阅读方法上继续完善。如吴老师在《晋江旅游攻略》一课中提炼出本类文本阅读五字策略：看、读、标、画、行，并相继设计了一系列相互联系的知识点，如"学会看游览示意图""学会看交通示意图""学会看作息时间表"等微课程。

非连续性文本的引入赋予了修订后的《课标》以时代的气息，也提出了教学实践的新命题。如何培养学生的阅读能力，丰富多元的阅读体验，更需要我们不断地探索。

注释：

[1]朱光潜.谈读诗与趣味的培养[M].广西师范大学出版社,2004.

[2][3]杨祎.统编小学语文教材中的古诗文编排与教学[J].小学语文,2020(11):9-14.

[4]黄国才.聚焦统编教科书,落实优秀传统文化的培育[J].福建教育,2019(9):38-40.

[5]中华人民共和国教育部.义务教育语文课程标准(2011版)[S].北京:北京师范大学出版社,2012:26.

[6]陈先云:增强六个意识,教好统编小学语文教材[J].小学语文,2017(2).

[7]叶黎明.支架:走向专业的写作知识教学[J].语文学习,2018(4):56-61.

[8]金玉.类文视域下的语文要素解构与活动设计[J].小学教学设计,2020(5).

[9]陈先云.如何做到"长文短教、难文浅教"[J].中国教师报,2020(10).

[10]中华人民共和国教育部.义务教育语文课程标准(2011版)[S].北京:北京师范大学出版社,2012:10.

第四章　"体格教学"的实录评析

第一节　教出儿童诗特点　诠释真善美
——儿童诗《小小的船》教学评析

　　我想借陈老师的《小小的船》这一课与大家交流"儿童诗学习就是引领孩子走向真善美"的观课所感。《小小的船》是统编教材中一首富有童趣、朗朗上口的儿童诗。陈老师就是真善美的实践版,她的课程亲切自然,课如其人,一走进课堂就为美代言。她如身揣魔法棒的小仙女给我们带来夜空的遐想。短短40分钟,陈老师就像一部直观有效益的教科书,用自己的智慧启迪学生,用自己的思想引导学生思维,看似平淡,却尽显功底与智慧。短短40分钟,她成功演绎了"真善美",教出了"儿童诗"这一低学段独有的文体特征,很好地践行了语文素养的培养。

一、意境美

(一)歌曲融情美

　　从课前的暖身活动开始,学生唱的歌曲《欢迎新同学》以及陈老师的清唱,使得人课合一,举手投足都有着春风化雨的魔力,营造着美的意境,尤其陈老师的一曲《小小的船》,娓娓的歌声犹如一曲摇篮曲,把我们(学生和听课者)带入美丽的夜空,感受欢愉。如此声光电的唱念做打,为孩子们开启了课堂学习的盛宴。

(二)聆听感知美

课堂伊始,老师范读为学生定下文章的朗读基调,聆听迅速为孩子们还原生活意境。语文学习应由整体开始,文字是一个维度,生活经验是一个更丰富更广阔的维度。陈老师超越常规的"整体感知读课文"的方法,要求老师读到哪儿,小朋友手指到哪,培养指读的习惯。孩子第一次的整体感知全文及对生字词的初次接触,落实了统编教材中的两个"第一次",充分考虑学情并寻找儿童进入文本的最佳途径。因为从歌曲感知聆听小小的船,唤醒记忆,就是对课文整体感知。更主要的是从当下的生活经验出发,孩子的感受会更直接、更生动。

(三)想象体验美

《小小的船》这首儿童诗从眼前的实景到坐上月亮幻想中的虚境,这结构上的跨度、语言的跳跃,寄托了叶老期盼孩子们飞上月球、探索天体奥秘的意愿。这是诗中精彩之处,也是难点所在,陈老师选择了图画、音乐、角色担当等多样化的艺术手段与语言描绘相结合的方式,把学生带入"飞上蓝天""坐上小船"的情境中。老师逐图出现,(夏天的夜晚、天空蓝蓝……)"你发现了什么?"学生思维迸发:"弯弯的月儿像小小的船……闪闪的星星,一颗颗眨着眼睛……"孩子的观察力、想象力在这里得到了培养。

二、过程真

驻足陈老师课堂的任意一处,几乎都有让人流连低回的细部风景。陈老师的课堂真实生成,贴合孩子的灵性。

（一）识字学词，寻求真知

学习首次出现的新偏旁"门"字框，让孩子去发现小小汉字中藏着的大秘密，这是真知的启迪。老师引领孩子理解了"门"的字理，又让孩子去观察，一个人站在门边一闪而过，"闪"字是"门"＋"人"，愉悦而自然地感受了老祖宗造字的智慧。识字写字更加讲究科学，识字教学是低年级的重头戏，陈老师注重教给多元的识字方法：（1）采用"加一加"学习"闪、星、看"；（2）借助图画识字，形象生动直观，如"看"多形式认字，借助图识字，利用儿歌识字：手＋目＝看；还有看图给"船"组词。

（二）习惯养成，点滴做起

德国有位名人说过，播下一种行为，收获一种习惯；播下一种习惯，收获一种性格。习惯养成从点滴做起，一生的好习惯要从小学低年级养成，陈老师的课堂，有三分之一的时间都在培养孩子的各种学习习惯（写字、读书、指读、圈画、朗读等）。以前我也常对家长讲，一年级的孩子不在于知识学了多少，重在养成教育。陈老师就有别样的"盯"功和魔力。例如，背要直起来，不要像小虾米，要当小天鹅；握笔要做好OK，把枯燥的"一拳一尺一寸"形象化了，孩子乐学易做。再如：课中写字操，放松了孩子大脑，实则把习惯培养在课上情境化，语文素养的培养又落到了实处。又如：手把手教会孩子"圈生字"，规范了握笔姿势，以生为本，基于学情，做好一个又一个"第一次"。大家都知道"圈画生字"是对生字的再一次认识，同时也为后面"青蛙写诗"圈画寻找信息做好了铺垫。

（三）借助媒体，有效真实

（1）资源融合分化难点，为阅读能力提质

陈老师巧妙运用多媒体技术手段来解决学困点，抓住文本典型的语言范式与媒体进行对接和整合，如借用课件读好短语"弯弯的月儿，小小的船,闪闪的星星,蓝蓝的天",同时通过小船和月儿的图片比较,发现他们的相似之处:弯弯的月儿就像小小的船,文章中小小的船儿指的就是弯弯的月儿。学生在优美的情境中把短语读得美美的,突出语文教学之本,信息技术为言语实践服务。孩子更好地理解儿歌,完成了课后语言训练"读一读""照样子说一说"。

（2）课件使用突出重点,为书写质量助力

"儿"字第二笔许多学生容易写成竖折勾,弯不见了,或者竖弯钩的横不够长,勾又没勾起来等问题,陈老师借助插图——出示一个靠墙坐的哥哥的图片,引导学生观察笔画与图的相似点在哪里,并通过课件演示第二笔的行笔方法,突破难点。这样的写字教学轻松而高效。在观察比较中,学生写出了规范的"儿"字。我想,当课堂教学中出现无法解决的问题时,巧妙地运用信息技术手段来支撑就会为课堂锦上添花。

三、收获善

（一）朗读指导融合善

老师巧妙引导孩子进行语言文字的训练:短语"弯弯的月儿,弯弯的——"指导学生先读好短语,玩味叠词,接着进行读法指导。当一个孩子读得很熟练却略带幼儿唱调时,陈老师像邻家大姐一样范读,让生练读,读好停顿。当一个小女生说她胆小不敢站起来读时,陈老师尊重孩子的选择,允许孩子坐着读,并及时鼓励孩子。接着还借用小仙女的魔法棒,带孩子入情入境地朗读。陈老师的指导亲切自然,游刃有余,指点有方,这源于他心中装有"人"——孩子。

（二）积累语言体现善

陈老师的精巧设计呈现学点,为言语训练增效。课上老师:这是夏天的夜晚,蓝蓝的天上挂着一颗颗闪闪的星星,看看月儿,看看船,你发现了什么？生：两头都是尖的，除了月儿和船儿，还有……接着引导孩子仿照课文说话时，还可以说弯弯的_____，闪闪的_____？当一个孩子说出："弯弯的眉毛、弯弯的小河"时，老师及时评价'你已经学会了联系生活'。"联系生活和已学过的知识储备说出理解，这样做，资源融合分化难点，为阅读能力提质。孩子说："闪闪的硬币"，老师进一步引导："闪闪的金币更美啊！"在师生的交流过程中老师的耐心与尊重，不就是在播种善的种子吗？

教学是一门遗憾的艺术，完美的课堂是不存在的，但在孩子们心中抹上最亮丽的一笔的无疑是陈老师，在我们听课老师心中不断回响的也是陈老师的靓丽课堂。陈老师的课同时也引发了我的思考，如何处理好这几对关系：

1.如何凸显统编教材的语文要素

统编教材凸显语文要素的学习，作为一名语文教师更应该落实每一个语文要素。如"闪"字的理解，当第一个孩子说"闪闪的灯光"时，老师说灯坏掉了才会闪，后来陈老师回过头来告诉孩子探照灯也会闪。我想如果这时老师对于一字多义的理解难以做出判断时，不要急于下定义，可以引导孩子查一查。作为一名语文老师，首先是一个专家，同时又是一个杂家，要不断学习储备"语文知识"，每一课的课后思考题自己要下水做一做。

2.如何处理朗读与想象的关系

这篇课文采用"顶针"的手法，如"弯弯的月儿，小小的船，小小的船儿，两头尖"，一转而下，写想象，"我在小小的船里坐，只看见闪闪的星星，蓝蓝的天。"朗读指导如何根据这首诗起承转合的节奏，让学生读得连贯流畅呢？尽管陈老师使用魔法棒引导学生朗读，但从课堂观察来看，孩子读得不够美，原因是老师叫孩子加上节拍，孩子变成读得一顿一顿的。这时如果老师发挥自己这个有效资源的作用——范读，带着学生入情入境地朗读，学生自然而然会读出儿童诗的音韵美；朗读作为本课的一个重要的语文要素，除了方法上的指导，可以再现情境让学生充分地读,在读中悟;还可以用问题串的形式问孩子:你们坐在月亮船上看到了什么? 会想些什么? 这时学生浮想联翩,会与儿童诗中的人物共情一体,那么情感、态度、价值观也会无痕渗透其中,语文要素双线"同步推进",也自然融合。

当然朗读指导可以逐层递进,由浅层朗读到中层朗读再到深层朗读。可以从积累叠词开始,逐步理解诗歌内容,感悟诗歌之情,即由读熟文本到读懂文意再到读出意境,学生的朗读水平随之逐渐提升,思维空间不断拓展,情感世界也会日趋丰富。

陈老师是我的同行,也是我学习的榜样。她的课做到了"心中有标,目中有人,手上有法",以朴实、简约见长,以素为美又绚丽至极!

第二节　初见黛玉"视角"中的那些人
——《"凤辣子"初见林黛玉》教学评析

执教:福建省普通教育教学研究室　　黄国才
评析:福建省晋江市教师进修学校　　施丽聪

一、课前谈话检查预习,利用问题启动思维

师:课前老师都安排你们预习了,还要求同学们提出问题。请有在课业纸上提出问题的同学举手。太棒了! 这些问题都是你自己不能解决的吗?

师:太好了,自己能提出问题才叫真读书。自己提的问题不能解决怎么办? 现在同学们可以交流一下,看你能不能解决同桌提出的问题? 我们要把问题放在脑子里,更要把脑子里的问题写在课业纸上!(学生再次写下问题。)

师:你的问题放在脑子可能是假问题,只有写在课业纸上才是真

问题。有些同学提出来的是字词方面的问题,到五年级了字词的意思是不用老师讲的,借助工具书、联系上下文就可以解决,比如,同学提出的什么叫"泼皮破落户儿",什么是"敛声屏气""恭肃严整"等等。现在同学们把课业纸放下来,开始上课。

【点评:学贵有疑,疑者,觉悟之机也。大疑则大悟,小疑则小悟。课前黄老师培养学生的问题意识,注重生与生之间的交流互动,在教学生学会提问题的同时学会解决问题,强调提的是"真问题",激活质疑欲望,鼓励其养成良好的自主学习和思考习惯。这个课前10分钟巧妙而又高效,为课堂40分钟的学习做好铺垫,做到学段特点突出,策略运用明显。】

二、介绍背景识文体,利用标题整体把握结构,习得一种叙事方法

师:今天我们要学习一篇课文,这篇课文非常独特。有"红学家"认为,《红楼梦》写的是作者自家的事,所以叫"自传性质"的小说。黄老师给同学们透露一个秘密:曹雪芹了不得! 他的曾祖母是康熙皇帝的保姆,他的爷爷曹寅是康熙小时候的伴读。"伴读"知道吗? 和皇帝小时候是同学,了不得。小说中的贾母——王熙凤叫她"老祖宗"的——据说她的原型就是曹雪芹的曾祖母,是给皇帝做过保姆的。

师:今天要学的故事是在什么样的情况下发生的呢? 话说贾母最疼爱的女儿贾敏去世了。贾敏的女儿——贾母的外孙女——林黛玉,贾母把她接到自己家。这个故事就写了贾母、林黛玉的舅母,还有表姐妹都来接见林黛玉之后,当家奶奶王熙凤——课文中叫"凤辣子",来接见林黛玉的故事。所以课文叫"凤辣子"初见林黛玉。"凤辣子"初见林黛玉,实际上也是林黛玉初见"凤辣子"。"初见"就是第一次见面。他们第一次见面会发生什么事?

【点评:把人物放在大背景下研读,知人论世! 黄老师的课堂高在

能够靠船下篙,及时调整课堂教学内容。《红楼梦》相对于其他三大名著,学生的前期知识储备不多,黄老师寥寥数语对比"现实中的曹家"与"小说中的贾家",简洁明了地渗透了"自传性质"的小说背景,用通俗而又不乏风趣的语言帮助学生理清人物之间的关系,无形中拉近了学生与文本的距离,也为品评人物形象打下良好的基础,进而揭示课题,理解"初见",初见会发生什么事? 欲知故事如何请看分解,激发学生的阅读欲望。】

师:课前同学们有读过课文吗?(生:有)哪部分难读?(生:描写外貌的部分)难读,我们有办法。(幻灯片出示:金丝八宝攒珠髻/朝阳五凤挂珠钗/赤金盘螭璎珞圈/豆绿宫绦双鱼比目玫瑰佩/缕金百蝶穿花大红洋缎窄裉袄/五彩刻丝石青银鼠褂/翡翠撒花洋绉裙/丹凤三角眼　柳叶吊梢眉/身量苗条　体格风骚/携着/打量/送至/用帕拭泪/"我来迟了,不曾迎接远客。")

师:你们知道吗? 黄老师读这几个词读了好多好多遍,一起来读一读。(学生齐读)

师:这些词都写谁?

生:王熙凤。

师:从哪些方面来写她?

生:外貌、语言、动作。

师:是的,作者把"凤辣子"的外貌、动作、语言置于什么典型事件中?

生:初见林黛玉这个典型事件中。

师:这个标题把文章的主要内容给概括了。这个故事写出了一个什么样的"凤辣子"呢? 不忙着回答。有"红学家"发现这一章是以林黛玉的视角来写谁?

生:凤辣子。

师:回忆一下课文,林黛玉的视角怎么看"凤辣子"。一开始林黛玉就听见凤辣子的声音——我们叫"未见其人,先闻其声"! 一"闻其声",黛玉的内心就怎样?

生:郁闷,纳闷。

师:文章中有一个词——(生:纳罕)。一"闻其声",内心就"纳罕"、疑惑,之后谁登场?

生:凤辣子

师:是的。"见其人"——作者很详细描写了"凤辣子"的外貌。有了外貌之后他们就有了交流、接触,那叫什么?

生:语言、对话。

师:语言之前还有——(生:动作)——或行为举止。有了"行为举止"之后凤辣子的声音就出来了。默想一下课文是不是这样——黛玉一听到声音,心里纳罕,马上看到人,他们就有肢体交流接触,就要有一番交谈。(生:是。)

幻灯片出示:林黛玉

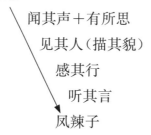

闻其声＋有所思

见其人(描其貌)

感其行

听其言

凤辣子

师:这位红学家说,这是曹雪芹写人的思维模型之一。相信吗?在这里是一个例子。黄老师告诉大家,如果你去读《红楼梦》,还有这样的例子。

【点评:一是关注人物出场,"以貌取人"。引导学生置于一定的背景中品读人物,从标题提取信息,概括课文的主要内容。这是借林黛玉的"视角"来看王熙凤,读出一个怎样的王熙凤?二是关注整体描写,归类概括。浏览这段话,让学生读懂这段话描写的是凤辣子的语言、外貌、行为。更可贵的是借助红学家的研究,有条不紊,层层推进,引导学生建构人物描写的思维模型"闻其声＋有所思,见其人,感其行,听其言。"】

师(幻灯片出示:《林黛玉初见贾宝玉》节选自《红楼梦》第三回):

同学们浏览一下,会不会像《"凤辣子"初见林黛玉》的写法呢?(学生浏览)。

师:回忆一下,林黛玉初见王熙凤的时候。验证一下林黛玉初见贾宝玉是不是这样(幻灯片出示):"闻其声＋有所思,见其人(描其外貌),感其行,听其言"——这是曹雪芹叙事的一种"视角"——"人物视角"(马瑞芳 语)

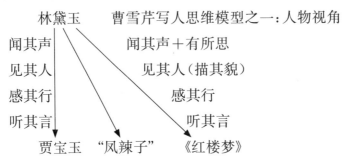

师:想不想老师告诉你们第三个例子?(生:想)想得美!去读《红楼梦》吧。这个思维模式可好用了,如,写现在给你们上课的陌生的黄老师;写你的老师去家访;写你去走亲戚串门儿等等,都可以用这种观察人物的思维模型。

【点评:听黄老师的课,很舒服,没有一点修饰的痕迹,但目标意识非常强:一是学生在他的引领下,进行探索研究,深入文本,以读带练,进行感悟;二是运用阅读策略——对比策略,验证《红楼梦》中观察描写的一种思维模型,层层深入,并在习作中尝试迁移运用,达到举一反三的目的。这个思维模型的建构,阅读教学不常见,但现实生活中常用、好用,所以要教。如此,有章可循,有法可依,妙哉!】

三、细读文本,由"话中"到"话外"、有理有据品评人物

1.聚焦人物外貌、行为,"窥视"人物内心

师:林黛玉眼中的"凤辣子"是什么样的形象?浏览外貌描写部分。(幻灯片出示外貌描写的内容)(学生浏览)

师:在脑子里默想一下王熙凤的样子,用一个词来概括,写在外貌描写那部分的旁边,然后同桌交换。(学生写,同桌交换)

师:认真倾听,你们给的词是什么?(学生说的词:如,美丽、俊俏、华丽、高贵、豪华、时尚、典雅、气派……)

师:同学们把自己写的词都读出来。(学生读)作者也用了一个词,是——

生:彩绣辉煌,恍若神妃仙子。

师:美啊!尤其是男孩子在描写女孩子时,可以用"彩绣辉煌,恍若神妃仙子"。曹雪芹在这里写王熙凤,除了说她"彩绣辉煌,恍若神妃仙子"之外,有没有其他的意思,能不能从文本中找到蛛丝马迹。

生:注重外表。

师:再读一读,你会发现。

生:一双丹凤三角眼,两弯柳叶吊梢眉。身量苗条,体格风骚,粉面含春威不露,丹唇未启笑先闻。

师:你想说什么?只写她的美吗?作者有没有在文字中透露美以外的……

生:个人觉得林黛玉嫉妒王熙凤。

师:从哪些地方看出?

生:嫉妒她的服饰,林黛玉没有,所以肯定是嫉妒。因为这是很好的服饰,林黛玉是嫉妒。

师:黛玉可能不是"嫉妒",而是纳罕。

生:有威严。粉面含春"威"不露,丹唇未启笑先闻。

师(读):粉面含春威不露,丹唇未启笑先闻。王熙凤有没有"威",威有没有露出来?(生:没有)"威不露",众媳妇丫鬟就怎么样了?

生(读):这些人个个皆敛声屏气,恭肃严整如此,这来者系谁,这样放诞无礼。

师:作者在这里,一个小小的字、词,你认真关注它,头脑里浮现了王熙凤的形象,琢磨琢磨怎么读好她。哪位同学来读?(幻灯片出示外

貌描写部分)其他同学边听边想象。(指学生朗读;全班同学齐读)

【点评:此文,有些字现在不常见,有些句子的写法和用法和现在也不一样,读起来比较拗口,尤其是王熙凤的衣着描写不仅不好读,而且不好理解。黄老师充分备学生,考虑学生学习的难点:一是,分散难点,先读词组,再读句子,以突破读通读顺之难;二是,调动学生个性体验,先概括自己眼中的王熙凤形象,再回到作者的概括"彩绣辉煌,恍若神妃仙子",同时理解词语;三是,引导学生在隐秘处下功夫,黄老师着眼文本内涵,将疑问落到细节之处,聚焦核心字眼,以词入"心"。如,关注"威不露"来品评人物、丰满人物形象。】

师:这是王熙凤"彩绣辉煌"的外貌。我们来看看她的行为举止。把描写王熙凤举止动作的词圈出来。(幻灯片出示相关语句。学生默读圈画、交流。)

师:从王熙凤接见黛玉的动作举止中,你读出一个怎样的王熙凤?用一个词写下来。

生1:地位不一般。

师:哦。黛玉"连忙起身接见",熙凤"携着"黛玉的手,"打量"了一回,便仍"送至"贾母身边坐下。说到伤心处,便落泪而用帕"拭"之,最后,还"携"黛玉之手嘘寒问暖……(老师引说,学生说动作词)你觉得"这熙凤"如何?

生2:热情,尊重他人。王熙凤在贾府很有地位,就像主人在招待客人一样。

师:说得真好!你做过客人吧?她招待客人如何?

生3:不拘小节。说错了,应该是"拘小节"。

师:什么叫做"拘小节"?同学们想象一下,如果王熙凤对林黛玉说话,都跟黛玉没有肢体接触,你觉得怎样;如果肢体接触太过了,又会怎样?(学生想像)熙凤携着黛玉的手,表示——

生4:尊重热情。

师:对一个陌生的人,上下细细打量一回后,又送回座位,让黛玉觉得舒服,像在家一样。用一个词来形容熙凤的表现——

生5:妥帖得体。(老师出示"这熙凤携着黛玉的手,上下细细的打量了一回,便仍送至贾母身边坐下。"学生朗读。)

【点评:这寥寥数笔的行为举止描写,常常被忽视。其实这样的行为举止表现出王熙凤的另一面——待人接物的妥当得体。黄老师不仅抓住了,而且引导得法、到位。其次注重培养学生的感受能力和概括能力。】

2.聚焦人物语言,探索"言外意",对话"复杂"的凤辣子

师:我们再认认真真地读这个片段,可能会和所有阅读《红楼梦》的读者有相同的感受:最精彩、最重要的还是王熙凤的语言。(生读:"我来迟了,不曾迎接远客。")

师:这也是《红楼梦》整部作品中王熙凤第一次开口说话。有一个词叫"未见其人,先闻其声"。"我来迟了,未曾迎接远客。"她要表达什么意思?

生1:她没有迎接过远客。

师:"未曾迎接远客"是指"没有迎接过远客"是吧? 你注意一下"我来迟了"一句。

生2:她可能想让黛玉知道她在家中的地位。

师:何以见得?

生:从她大声说话的语言可以看出来。

师:有理。黛玉是贾母的心肝宝贝——通过王熙凤嘴巴来写,"怨不得老祖宗天天口头心头,一时不忘。""我来迟了,未曾迎接远客。"读她的语言,知道她所要表达的意思是什么?(学生思考)

师:黛玉是贾母的外孙女,也是贾母的心肝宝贝。远客来了,作为贾家中的当家少奶奶,按理应该第一时间赶过去迎接远客。她有没有第一时间去?(生:没有)所以她说这句话,要表达什么意思?

生3:表达歉意。

师:"表达歉意"的话应该怎样说?(学生朗读)

师:这时,她看到黛玉了吗?(生:没有)按理表达歉意应该见到客人再说；再则，"表达歉意"应该悄悄地说，还没有见到客人就嚷嚷："我来迟了，未曾迎接远客。"（学生思考）我们来看另外一个人登场，刚才说这是《红楼梦》中的一号人物——宝玉。他有没有大声嚷嚷"我来迟了！"（幻灯片出示宝玉的出场）你能不能读出王熙凤这句话中，除了"抱歉"之外的其他意思？

生4：王熙凤不拘小节。因为贾府的人都是个个"敛声屏气，恭肃严整"。而她大声说话就是"不拘小节"。

师：课文中有一个词——"放诞无礼"——是谁给她？（生：黛玉）除了"不拘小节"，读了这句话有没有其他意思？有没有问题？我们可以试着问问王熙凤——（生：你为什么来得这么迟？）继续问：（生：你为什么不远远来迎接我？）

生5：她看不起黛玉。

师：怎么可能？黛玉是谁的人？

生6：可能是凤辣子要精心打扮去见贾母。

师：从哪里看出？

生：她的外貌穿着。

师：读了这句话"你为什么不远远来迎接我"？

生7：王熙凤根本没把这件事放在心上。

师：哈哈，你刚才耳朵不在耳朵上。

生8：显示出王熙凤的地位高，不拘小节。

师：刚才就有同学表达了这个意思。老师还读出王熙凤"忙！"你有没有读出王熙凤的"忙"？从文中哪里读出"忙"？

生：什么事都要管。（朗读）"要什么吃的、玩的，只管告诉我。丫头老婆们不好了，也只管告诉我。"

【点评：一是直奔重点品人物语言，读懂人物语言之精彩，尝试体会"未见其人，先闻其声"的妙处。二是读懂王熙凤说话的言外之意——有点难——但是黄老师充分发挥"指导、引领和点拨"的作用，培养学生阅读理解的能力。在尊重学生原有基础之上，及时对学生的错误予以纠正。三是不轻易"相信"学生,也不轻易"否定"学生,而是通过追问,引导学生"有理有据"地猜测、"有理有据"地思考、"有理有据"地表达,促进学生深度阅读,深度思考,提升学生的思维品质。】

师:刚才老师介绍了贾母、姐妹接见黛玉,接着还有谁?(生:宝玉)这时空挡来了,王熙凤盛装登场,她知道自己来迟了,还要高声嚷,想说给谁听?(生:贾母、黛玉)不急,回家看看《红楼梦》,这是第一处语言。《红楼梦》中尤其是写王熙凤的语言处处都有"机关",处处有言外之意。再举一个例子,同学们找出王熙凤的第二次说的话。读时先琢磨它表面的意思,再琢磨它言外之意。(幻灯片出示:字面意思→言外之意)

师(读):天下真有这样标志的人物,我今儿才算见了。说什么?

生1:夸林黛玉很漂亮。

师:只可怜我这妹妹这样命苦,怎么姑妈偏就去世了。表达什么意思?

生2:表示可怜、心疼林黛玉。

师:况且这通身的气派,竟不像老祖宗的外孙女儿,竟是个嫡亲的孙女。这话说给谁听?

生3:老祖宗听、还有另外三姐妹。因为既然是嫡亲孙女儿,长得很漂亮,贾母会高兴。

师:怨不得老祖宗天天口头心头,一时不忘。这话说给谁听?

生4:说给林黛玉听,说明贾母很爱林黛玉。还说给贾母听。

师:王熙凤一看到林黛玉,马上就好好夸了一番。她一连说了四句话。有人说不用四句话,只要两句话就够了,可以吗?(删除中间两句,进行比较。)

师(幻灯片出示第三次说的话):这是王熙凤第三次说的话,看看有没有什么问题想问?

师(幻灯片出示第四次说的话):再看看第四次说的话,你又有什么问题想问?把你的问题记下来,带回去读《红楼梦》。同学们记住:读王熙凤说的话,一定要"多长个心眼",因为王熙凤说的话,总是"话中有话",只有读出了她的"话外音",才能读懂王熙凤,才能领略"刚口"(板书:刚口)的风采。下课铃响了,回家读《红楼梦》去。读《红楼梦》是一辈子的事。

【点评:对王熙凤四次说的话的品读,把第一二次话作为"教"点,让学生体会到王熙凤那美丽中透出的狡黠、温和里隐含的机心。黄老师着力引导学生从人物语言窥探人物内心,努力使王熙凤立体起来,"活"在学生眼前。一是注重学法指导,揭示文本的奥秘——《红楼梦》中写王熙凤的语言处处都有"机关",处处有言外之意,采用对比阅读的方法,引导学生步步深入体会王熙凤的话外之音。二是让学生带着问题继续探究,把阅读、思考延伸至课外,实现读整本书的目的。】

总评:

这是一节实践性很强的语文课。黄老师把教学重点落在体会作者塑造人物形象的基本方法和探讨人物外貌、行为举止和语言的表达效果。在细品漫评中,让学生初步了解文本结构及其意义,初步体会文学语言的艺术,获得审美体验。

一、初步认识"人物视角叙事"的叙事方法

红学家马瑞芳教授研究发现《红楼梦》有三种叙事方法,"石头叙事"、"戏曲叙事"和"人物视角叙事"。《"凤辣子"初见林黛玉》是典型的"人物视角叙事",即用林黛玉的视角"映现"王熙凤(《红楼梦》第三回是典型的林黛玉视角叙事)。黄老师的课,引导学生从《"凤辣子"初见林黛玉》这一个文本出发,发现林黛玉"映现"王熙凤的思维模型——"闻其声+有所感、见其人(描其貌)、感其行、听其言";再到另一个文本(《林黛玉初见贾宝玉》)中巩固;最后激励学生到《红楼梦》去印证,以实现读一篇文章(节选)到读一部书的目的。同时,鼓励学生尝试运用这种思维模型去写作。

二、关注整体而有所侧重,初步了解王熙凤这个形象的复杂性

不论是王熙凤的"彩绣辉煌"的外貌,还是寥寥数笔的行为举止,还是"流利圆转"的语言,都极富表现力,把一个无比复杂、无比可爱的

王熙凤表现得淋漓尽致,如在眼前。黄老师带领学生既关注全局——外貌、行为举止和语言——都不放过,又有所侧重。阅读外貌描写,重在朗读想象、概括形象,关注隐秘处,如,"威不露";阅读行为举止描写,重在由得体的行为举止而认识"妥贴得体"的王熙凤;阅读语言描写,重在探究"言外之意",从王熙凤的"刚口"认识其"机心",进而领略曹雪芹的无比高超的语言表现力。正如鲁迅先生所言,好的语言描写应当是"能使读者由说话看出人来"。如何使小学生"由说话看出人来"?黄老师教给学生几把小小的钥匙,如,提问、对比、图像化等阅读策略。

　　更为难能可贵的是,黄老师将阅读策略隐藏在训练的过程中——不是记忆它,而是运用它解决学习问题,使学习更有效、更有趣。如此,学生不仅掌握知识,更练就运用知识解决问题的本领。

第三节　探寻散文之美

——人教版四年级上册《搭石》教学实录及评析

执教:福建省福州教育学院附属第一小学　林珊
评析:福建省晋江市教师进修学校　施丽聪

板块一:质疑导入　话搭石
师:今天我们要来学习刘章爷爷写的一篇文章,题目叫做——
生:《搭石》。
师:前几天你们应该把课文读了好多遍了吧?
师:当你第一次读到"搭石"这个题目的时候,你给自己提了什么问题?
生:什么是搭石?
生:(搭成什么样?怎么搭?有什么作用?)
师:亲爱的孩子们,掌声送给自己哦,现在我相信了,你们会问问题。通过学文咱们还要尝试着提些高阶思维的问题。

师：你看，这是刘章爷爷生活过的家乡，一个小乡村。在这里，有群山绵绵、云雾蒙蒙、绿树葱葱、绿草茵茵、农舍青青、流水潺潺。

师：潺，这个字读chán表示流水好听的声音。我们一起把这个词读一读。这些词你们都记住了没有？

（生再读词语）

师：现在问题来啦，这么多美的景物作者都没有写，谁能接着问问题？

生：为什么要写搭石，而不写其他的呢？

师：把热烈的掌声送给他！太了不起了，这么高端的问题都会问。四年级了，就要问问作者为什么要写这篇文章。

师：那么刚才提的前三个问题，只要你认真读课文，你一定能找到答案。请快点进入课文，把你找到的答案画下来。（生默读圈画）

师：有答案的同学，悄悄地示意我哦。

师：我们就请这位小西瓜太郎说说他的发现。（生读第一自然）

师：首先我要表扬他，但似乎有两个字需要大家友情提醒啦。

生：脱鞋挽裤。

师：你知道吗？他读的这些句子中呀，有这么多的生字。你们都会读了？

（相机出示：山洪暴发、溪水猛涨、脱鞋挽裤）

师：我们也一起来读一读。读词时不能像小和尚念经，因为每一个词语它都跟你的心一样，是有情感的。（生读）

师：真好，这里的五个生字你会写吗？

师：把这三个词工工整整地写在你们的练习纸上。

（生写师巡视指导）

师：真的写得很不错，既正确又漂亮。林老师看了特别高兴。如果你比别的同学先写完，可以互相欣赏下，可以互相提提建议。

【点评：生词的学习采用组块教学方式。重在引导学生发问，尤其是有针对性地引导学生提"高端"问题:这么美的景物不写,偏偏写"搭石",有什么问题想问?引导学生提高阶思维的问题:为什么写搭石?体现了关注写法,从学情出发,据学而教。】

板块二:直奔重点 品味美

1.词语入手,探究为什么写搭石?

师:好的,孩子们都写完了吧?前两个词的意思都知道吧?"脱鞋挽裤"那可是过去小村庄的人经常做的事,现在咱们都少做了。脱鞋,那不用说,我们每天都在做。那挽裤你会做?试试看。

师:我们再把这三个词读一读。

师:你看看,在这个小山村里,每当山洪暴发、溪水猛涨。当这个山洪过后,有了搭石,人们赶集、访友,再也不必——

生:脱鞋挽裤。

师:人们出工、收工,再也不必——(生答略)

师:人们来来去去,再也不必——(生答略)

师:可见呀,这搭石的作用可大了。

师:谢谢同学们,经过刚才的交流,我们知道搭石的作用真大,所以他要(师指板书)

生:写搭石。

师:现在作者"为什么要写搭石"这个问题是不是完全解决啦?

师:有的同学说解决了,有的同学说还没有完全解决,那没关系,咱们再继续探究课文,好吧?

师:那我们先跟着刘章爷爷去走搭石。(板书:走)

【点评:从问题入手"为什么写搭石",让学生初读发现有了搭石人们过河不用"脱鞋挽裤";其次从词语理解入手,做到在具体语境中学词解疑,从表层结构理解为什么写搭石。接着通过教师的追问把学生的思考引向深处,带学生深入文本了解搭石的作用。看似随性的一句那就"先跟刘璋爷爷'走'搭石",体现了散文之"散",自由、灵动、随性、率真。】

2.协调有序"走搭石"

（幻灯出示学习单：默读课文第三自然段，边读边想象画面，可以想象你看到的、听到的、感受到的，也可以把自己当作画中的人或景来想象。把想象到的画面和自己的感受和同桌交流下。）

（学生按照要求自学、交流）

师：好的，孩子们，刚才读着读着，你仿佛听到了什么？你仿佛又看到了什么？你又有什么想法？咱们都可以和同学交流交流。

（同桌分享）

生：我听到了水"踏踏"的声音。

师：能不能加上两个字，更准确地表达。我仿佛听到……

生：我仿佛听到了踏踏的声音像轻快的音乐，清波漾漾，人影绰绰。

师：别着急呀，后半句是你看到的吧？所以后半句你还可以加上"我仿佛看到了……"

生：我仿佛听到了踏踏的声音像轻快的音乐。我仿佛看到了清波漾漾，人影绰绰。

师：看来这个词在预习的时候有困难，重要的词语读三遍，清波漾漾——（生读）

生：我仿佛看到"每当上工、下工，一行人走搭石的时候，动作是那么地协调有序。前面的抬起脚来，后面的紧跟上去，踏踏的声音像轻快的音乐。"

师：轻快的音乐是我仿佛听到的。看，现在有一行人来走搭石。只不过，这里有的是刘章爷爷笔下走搭石的声音，有的是外乡人走搭石的声音，他们走的可不熟练哦。现在，我要请同学们判断下，下面哪一种才是刘章爷爷笔下所描写的乡亲们走搭石的声音。不着急举手，咱们还得从课文中去找依据。

师：大家在找之前，我们先来感受下，这几种踏踏声的节奏。音乐课上都学过拍节奏吧？我们就以手代脚。

（出示：踏，踏踏踏踏踏，踏踏

踏——踏——踏——

踏踏踏踏踏踏踏踏踏）

师：是哪一种？不着急，请你再认真读课文，找找依据，同桌之间可以互相交流下。

师：我听到了好几种不同的意见，我们先来听听我最欣赏的小虎牙的意见。

生：我们觉得是第二种。因为家乡有一句"紧走搭石慢过桥"的俗语。

师：他俩认为是第二种，有没有人要跟他们辩论一番。

生：我觉得是第三种。因为这里说"前面的抬起脚来，后面的紧跟上去，踏踏的声音像轻快的音乐。"

生：我觉得是第三种。因为搭石它本来是天然石块，要走得快才容易保持平衡呀，走得慢就容易滑下去，掉进水中。

生：课文中说"前面的抬起脚来，后面的紧跟上去"但第二种，有停顿，不能紧跟上去。

师：这样的话，慢慢地，肯定一不留神的话，就摔到水里去了。所以，他刚才自己也说了，家乡有一句俗语叫做"紧走搭石慢过桥"。第二种和第三种相比，肯定第三种有紧走搭石的感觉。

师：刚刚，他们还说"踏踏的声音像轻快的音乐"，你们看第二种，像轻快的音乐吗？第二种的感觉？给人一种舒缓的感觉，对吧？你看，你们很会读书。就是这样的"踏踏踏踏踏"的节奏，就是这样"踏踏踏踏踏"的声音。来我们一起来——

动作是那么—— 踏踏踏踏踏前面的—— 后面的—— 踏踏的声音清波漾漾

师：没有人踩脚，没有人跌入水中，该是有人指挥吧，对，其实又没有人指挥，那么默契，那么有序，这样的动作就叫做——（生：协调有序）

师：你们的思维真是太活跃了！其实，在这段中，像"踏踏"这样富有音律美的词，还有呢？找找看，你觉得哪些词特别富有音律美。

生：人影绰绰。

师：他找到一个，而且还读得特别有感觉。

师：我也赞成，咱们英雄所见略同。

师：孩子们，这个"绰"有三种意思，第一种表示好宽大，第二种表示很富裕，第三种表示姿态优美。

生："人影绰绰"应选择第三种。

师：掌声送给他，咱们学习的时候就要像他这样善于思考。人影绰绰，一个"绰"姿态已经很优美了，两个"绰"姿态就更美了。我们再美美地把这个词再读一读。

师：现在，我要是请你把这个词稍微改改，用来形容我们下面的某个老师，转过来，你看，哪个老师配得上用这个词呢？下去对她赞美一番。

生：林老师，你真漂亮。

师：光会说真漂亮，还不够漂亮，得用上我们刚才咱们学过的那个词哦。

生：人影绰绰。

师：可是，亲爱的孩子们，现在老师明明是站在这里，而不是影子呀！

生：林老师，你真是身姿绰绰，真漂亮。

师：同学们，你们发现了吗？我想再问下，如果让你再找一个，你会找男的还是找女的？

师：还是会找女的。注意，姿态绰绰，"绰"是身姿优美，怎么没有选我呢？可见，人影绰绰，我们把它改成身姿绰绰的时候，一般是用在女性上。男性用身姿绰绰就不合适啦。好的，让我们把这个词送到句子中再来读。（生读）

师：孩子们，你们看，在刘章爷爷生活的这个小山村里，美的事物可多了，你能不能也用上这样富有音韵美的叠词来夸夸刘章爷爷的家乡呢?

生:(生机勃勃、郁郁葱葱、绿草茵茵、云雾蒙蒙)

师:我们把这些词也放到句子中说一说。

(出示:( )( ),给人画一般的美感。)

生:流水潺潺,云舍青青,给人画一般的美感。

生:绿草茵茵,绿树葱葱,给人画一般的美感。

生:云雾蒙蒙,层峦叠翠,给人画一般的美感。

师:谢谢,虽然刚才有一个没有用叠词,我也要表扬他词语的积累挺丰富的。

师:好的,就在这画一般的小山村里,乡亲们来走搭石来了,一起读——

师:孩子们,现在我们回过头来,发现好一个画一般美感的小山村。作者难怪要写搭石。那么读到这,你觉得问题是不是完全解决了。

生:还没有。

【点评:林老师围绕着"怎么走搭石"这一问题,由浅入深,由表及里,由内容到表达,引导学生在文本中穿梭,在表达中思考。她巧妙地引导学生积累词语,在语言情境中学习词语,运用词语;巧妙地将拍节奏引入教学,品味叠词的妙用。通过"自主学习、合作探究、分享表达"的学习方式,让学生美美地读,美美地品,美美地表达,让学生对"美"的理解和体验愈加深刻,体现了散文之神"聚"字上,是集中,是凝练,是贯通,是融合。】

板块三:"让"搭石 读写结合 展现美

师:孩子们,那么我们接着要看看课文的二、四自然段,还藏着什么小秘密。昨天大家也读课文了,你能不能也按照林老师这样用一个字归纳下,这个是走搭石,这个应该是?

生:摆、让。

师:这个小姑娘厉害呀,一眼就发现了这个自然段当中主要是说人们让搭石的事情,那我就选你这个"让"。怎么学这个自然段呢?把自己带进去,展开想象。想象自己就是画面中的某一个乡亲。注意,你可能是那个上了点年岁的乡亲,你也可能是这个正准备走搭石,对面恰巧有人走过来的乡亲,也可能是你正要走搭石时,有个老人恰巧走过来。请你选择其中的一种角色,把你的想法写在练习纸上。(生练笔)

师:孩子们,交流时间到,现在,我是中央电视台的记者,我要采访几位乡亲。请刚才我给你插上小红旗的乡亲,赶紧拿着你们的作业纸上来吧。

师:采访现在开始。大爷,你好!刚才我们聊着聊着,你不是说你要急着赶路到城里看孩子吗?为什么在这摆起搭石来了?

生:这个搭石太不平稳了,还是得摆摆,否则乡亲们摔了,怎么办?

师:谢谢你,多么可敬的大爷呀!

师:大娘,我看你在这摆搭石已经有好一阵子啦,来来去去,来来去去地踩,你不是有事要去办吗?

生:这里的搭石不平稳,我得找一块合适的搭石摆在这里才行呀。

师:亲爱的孩子们,亲爱的乡亲们,你看,这一队大爷大娘,有着多么美好的心灵呀!所以,在这个小山村里,我们常常看到这样的情景。生读"上了年岁的人……"

师:小伙子,你刚才正准备到对面的城里看电影,时间快来不及了吧?可是,你看到对面也有人在走搭石,你怎么让他先走啦?(生说不出)

师:这个小伙子总是那么羞涩,谁能帮他说说心理话。

生:因为他如果跟对面的人抢路的话,肯定会耽误时间,让他的话肯定比抢路快。

师:你是从这个角度来讲,他心里还会想什么?

生:礼让是文明。

师:是啊,孩子们,礼让自古以来是中华民族的传统美德。这位小姑娘,估计才十八九岁吧,不过身强体壮。刚才,我看见你让他先过,我想知道你当时心里是怎么想的？

　　生：老人走搭石一定不方便，我就让他先过。

　　师：是啊，尊老爱幼，同样是中华民族的传统美德。

　　师：同学们，你们看，在这个小山村里，有着这么多的美，美美与共，美美交集，美不胜收。刘章爷爷在这个小山村里，生活了13年，4000多个日日夜夜，他每一天都在欣赏着这样的美，感受着这样的美，感动于这样的美，所以他这样深情地写道——（生读"一排排搭石……"）他发出了这样的赞叹：搭石构成了家乡的一道风景。

　　师：谢谢同学们！现在，你知道，刘章爷爷为什么要写搭石了吗？

　　生：因为一排排搭石，任人走，任人踏。

　　师：原来，搭石承载着乡亲们美好的情感。

　　生：搭石构成了一道风景。

　　师：这风景，不仅构成自然的风景，更是乡亲们心灵的风景。说得真好，谢谢同学们，自己读书，自己解决问题。你瞧瞧，这么多的问题，我们通过读书，通过交流讨论，全都解决啦。今天回去以后，我们还要向刘章爷爷继续学习表达，从平凡的事物中发现美，表达美。让我们从小就有一双善于发现美的眼睛。

　　【点评：围绕"一行人走搭石""两个人面对面走搭石""年轻人背老人走搭石"的画面，回旋复沓、层层深入地去叩击文本，深化对"一道风景"的理解，并引导学生展开想象写话，水到渠成地达到语言与情感的共振。其次，通过朗读体会，把文字丰富起来，把走搭石的画面变得形象、生动起来，达到了美读的境界。】

【总评】

一、体现简约的文体意识

1.一个巧妙的切入点

　　本节课以"走搭石"为切入点，不仅是因为"走搭石"中含着"看得见的美"和"看不见的美"，更重要的是符合学生的阅读兴趣和阅读期待，把教路和学路有效地融合起来，让学生明确，文本是借"搭石"这一具体可感的形象,来表达人美、人与自然的和谐美!

2.一条清晰的主线

先了解什么是搭石,顺着学路跟着刘章爷爷去走"搭石",直奔第三自然段,体会人影绰绰,再抓住2~4自然段的中心句"搭石,构成了家乡的一道风景",围绕"一行人走搭石""两个人面对面走搭石""年轻人背老人走搭石"的画面,回旋复沓、层层深入地去叩击文本,深化对"一道风景"的理解。从看得见的景美,到看不见的情美、人美,到抒写心中的美,串联起整堂课教学的线索"发现美"——"寻找美"——"感受美"——"抒写美"。

3.一种立体学习的板块

每一板块的学习,看似"简单",但学生学习的收获并不"单薄"。在学习中,将读懂词句、感受叠词的美、体验语言的画面美、体验情感美有机地融合在一起,让学生经历体验、感悟的过程,读出了美的画面、美的语言、美的心灵!

二、体现有效的"语用"意识

1.情境解词,咀嚼语言魅力

对词语的教学,不做理性、抽象的分析,尽可能地渗透在读课文的过程中,联系语境创设体验情境,感性地学习。如"协调有序"的学习,通过创设走搭石的情境,学生身临其境地体会"抬起脚来,紧跟上去"的和谐,深入品味和揣摩了语言的节奏美。重视引导学生咀嚼个性化的表达——叠词的理解与运用,如"清波漾漾""人影绰绰"的生动内涵。

2."活化写法"的转换,感受美好情感

林老师化"话"为"画",引导学生"边读边想象,把描述的内容在头脑中形成画面"。最后还引导学生想象自己就是画面中的某一个乡亲,动笔写一写怎么"让搭石",达到"写法"的转换,即先欣赏语言,最后运用语言,在欣赏积累的基础上进行模仿迁移,这是一个逐渐递进的过程,也是一种从感性到理性升华的过程,这更是一种重要的阅读能力,让学生"读进去，想出来"，把教师引导与学生自主体验、想象相结合，学生有了这样的历练，自然能感受到美好情感的熏陶，又能得其法。

第四节 读写统整，高效教学
——散文《慈母情深》教学赏析

何捷老师执教的《慈母情深》，充分显示了他优秀的文本解读能力、目标定位能力和课堂行走能力。

一、目标与活动的高度匹配

(一)凸显课型，直指表达形式

何老师潜心文本解读，紧扣导学要点——"画出描写母亲外貌和语言的语句，体会课文是怎样表现母亲的深情的"。因为自读课文要求学生在课前充分自学，所以在课上，何老师只是循着学情，要求学生用一个词来描述"母亲"的形象，学生纷纷发表自己的自读收获："这是一位伟大、慈祥、通情达理、辛苦、疼爱孩子的母亲。"而这时何老师话锋一转："这节课可以学一学怎样写母亲的深情。"目标直指"体会课文是怎样表现母亲的深情的"，引导学生学表达。

(二)问题设计指向高阶思维

何老师在一节课中设计了三道高阶思维的问题。

问题一：如此密集地穿插写"我"，写出我的所见所想，到底对表达深情有什么作用？（探究写法）

问题二：穿插写"我"的所见所想，会带给读者怎样的阅读感受？（评鉴内容）

问题三:出示原文和修改后的文字让学生探究:这两段话意思不变,但是写法不同,为什么原文更能打动人?(评鉴形式)

特别是第三个问题,何老师再度引导孩子进行深度思考:这篇文章就是个买书的故事,很普通,梁晓声是怎样让这个普通的故事变得非同凡响,成为经典的?这是一种个性化思维的培养。教会孩子品读经典,是何老师独具特色的文本解读力,以及充分用教材教阅读的成功所在。叶圣陶先生说:"课文无非是个例子。"老师用好例子教孩子阅读,从"例子"中汲取语言的营养,习得表达方法,这样才可以切实提高孩子的语文核心素养。

(三)教到点上,拨在学困处

孔子说:"不愤不启,不悱不发。"即学生不到冥思苦想的时候,不要去启发开导他,不到学生想说又不能明确表达的时候,也不能去点拨引导他。何老师的高妙就在于当学生的学习有困难时,老师"该出手时就出手",把教的重点指向学的"疑难处"。当孩子们对于问题一讨论不休时,何老师说:"我教你们一种方法,正面想有'我'会怎样,反面想没有'我'会怎样。"孩子们豁然开朗,问题迎刃而解。一改以往自读课文教学中教师"放任自流"的现象,这堂课堪称自读课文教学中教师恰到好处的"导"与学生积极主动的"学"的典范。

二、形式与内容的完美融合

何老师对每个小目标都讲求科学有序地推进:对人物形象的认识有了,内容赏析有了,接下来要学习表达。学生通过朗读13~26小节,很快发现这样的"对话"更能表现母亲的吃惊、疲惫、想争分夺秒挣钱的急切情状,母亲的每一句话都好像是她声嘶力竭的呐喊,背后都是一份沉甸甸的"慈母情深"。而孩子们能读懂"我"的说话是支支吾吾的,带着羞愧的,是因为何老师创设了一个情境:播放背景音乐——一台缝纫机嘈杂的声音,进而让孩子们联想到"七八十台缝纫机发出的噪声震耳欲聋",让孩子们发现母亲工作环境的恶劣,明白作者这样写的用意。

(一)关联生活,聚焦写法

入课时,何老师请孩子们聊一聊曾经读过的写母亲的文章,了解不同作者所采用的不同的写作视角,目标又一次指向写作。何老师接下来直接挑明课文反复出现"我",来探究第一个问题:文章的主角到底是谁? 是母亲还是"我"? 作者穿插34次"我"的所见所想对表达深情有用吗? 孩子要回答这个问题,就要先说表达效果,再从文本中找依据说理由,把自己对文本的阅读感受讲出来,实则是将对内容的赏析与对表达形式的体会无缝对接起来。当有的孩子只简单说出作用来时,何老师要求孩子从文中找细节;当有的孩子说穿插写"我"是为了"衬托"母亲时,何老师要求孩子从文本中找依据;对于文本中的对话部分,何捷老师创设情境,配上缝纫机的轰鸣声的录音,师生分角色朗读"我"和母亲的对话。这一设计的目的在于勾连和打通——勾连学生的生活经验,缩短时空的距离,打通过去与现在,让学生感同身受。

(二)在阅读策略中体现价值定位

我们都知道语文课是能力培养的课,一堂好的语文课要有正确的"价值定位",而"阅读策略"和"言语智慧"是"价值定位"的两个重要方面。何老师整节课都在带领孩子们发现作者是怎样表达深情的,并注重常见的阅读方法——"联系上下文"方法的应用,这种方法看似无用又最有用。孩子们每思考一个问题,必须联系上下文才能说出理解。如一个孩子讲到如果没有"我"在场,就不能感受到母亲的辛苦,何老师及时表扬孩子懂得联系上下文,及时教给学生"思考"的方法就是联系上下文。在这个过程中,孩子们获得了言语智慧的提升。基于语言、为了语言,在语言训练的课堂中做到以学为基点,顺学而导,做到师生平等交流、真切对话,这也是何老师的课堂魅力所在。

三、注重言语的建构与运用

真实的语境表达必须关注儿童语言运用的整体感。所谓整体感指儿童的语言表达要摆脱语言形式的纯粹模仿或迁移,把语言形式的运用和个人生活经历的体验结合起来,使语言形式的运用和语言内容相融共生地结合为一个整体,达到"形式"和"内容"完美统一的境界。何老师从上课伊始就提出,文中34次写"我"的所见所想,到底对表达深情有什么作用?何老师以问题来打通儿童的语言和思维通道,建立语言与生活的经验关联,培育了孩子们对语言理解的植入感,即学生对文本语言的阅读和理解、吸收和内化,有了"我在其中"的关切与关联。深度的语言学习,孩子必须成为一把锋利的犁,首先要植入语言这块土地,经过师生共同的"推拉",把文本的语言"翻"过来,反复地"刨",语言的种子才能埋入其中。要真正理解语言的表达之妙,并在语言迁移上有所建树,我们必须钻进语言的深处,不仅要"知人论世",站在作者的角度理解语言,更要和文本的人物结成同盟,"设身处地"地触摸语言的温度,感受语言跳跃的生命。有的学生还谈到如果没有"我",这个故事就不真实,老师敏锐地进行理答:"真实性需要'我'的存在。"有的学生说如果没有"我"在场,就不能真切感受母亲的这份辛劳,也没有办法写出母亲对"我"的爱。老师的理答是:"这份爱就是要把'我'写进去。故事要完整,完整也呼唤'我'的存在,有'我'的介入。"这样学生在建构语言范式的同时,又可以达到"情动于中而形于言"。

何老师的课堂是致力于儿童语文核心素养培育的课堂,让我们看到语文教育的希望所在。

第五节　聚焦文体把握特征培养阅读能力
——说明文《果园机器人》教学评析

　　《果园机器人》是人教版三年级下册的略读课文,笔者有幸现场观摩了福建省小学青年教师语文教学观摩活动中黄淑琴老师执教的《果园机器人》一课。本节课黄老师充分把握文体特征,为我们调制出一节趣味性浓、科普性足、实践性强的科学大餐!

一、把握文体特征,巧用阅读策略,用好语言"两性"

(一)借助表格,梳理文脉,注意语言的逻辑性

【片段一】

　　师:齐读课题,课题后的星号表示什么?

　　生:这是一篇略读课文。

　　(师出示读书要求:机器人是怎么发明出来的?哪些地方有趣?生自读课文。)

　　师:如果读完了和同桌交流一下,果园机器人是怎么发明出来的。

　　生:果农需要做的事太多了。

　　师:谁来帮忙?

　　生:机器人来帮忙,但果农不太满意。

　　师:果园机器人出现什么问题,该如何解决?请你继续默读课文,找到第二次、第三次、第四次发现问题、解决问题的相关句子,把表格(一)填完整。(出示)

发现问题	解决问题
需要做的事太多了	让机器人来帮忙

（生自学5分钟后交流汇报，把表格补充完整。）

发现问题	解决问题
需要做的事太多了	机器人来帮忙
如果没有电，他们是会"罢工"的，果园那么大，拖着电线	可以使用电池
电池的电很快就会用完的，没电了，机器人就会"饿倒"	能不能让机器人自己充电呢？
如果地上水果不够"吃"了	从树上摘些果子"吃"

师：大家认真读读表格，你发现这篇课文是按照什么顺序来写的？

生：按照发现问题、解决问题的顺序来写的。

师小结：这篇课文就是按照发现问题、解决问题，再发现、再解决，这样的顺序一层一层地写机器人的发明过程，写得非常有序。（板书：有序）

【思考】

略读课怎么教？黄老师课型意识特别强，她充分把握略读课的特点，一节课只有一个核心问题：机器人是怎么发明出来的？哪些地方有趣？放手让学生自己去探究。体现在课上留足5分钟让学生自读理解课文内容，填写导学单，完成表格一。文艺性小品说明文的语言训练，要致力于梳理和把握说明文的内在逻辑结构，培养学生有条理地说话。如合作交流思考：发明家是怎么一步一步发明果园机器人的？哪些地方有趣？请你默读课文，找到第二次、第三次、第四次发现问题、解决问题的相应句子,黄老师在学生学习课文内容的基础上引导孩子发现文章的有序:这篇课文就是按照发现问题、解决问题,再发现、再解决,这样的顺序一层一层地写机器人的发明过程,写得非常有序。发现文章的叙述顺序是教学的难点之一,借助表格这一教学策略,适当降低了学习的难度,使之成为学生跳一跳就能完成的学习高度。在这基础上老师引导学生梳理出课文中的机器人就是随着不断地发现问题、不断地解决问题而得到逐步改进,更好地为果农们服务。这样既让学于生又上出略读课的特点,培养了学生的学科思维,体现教略学丰的教学思想。

(二)走进文本,感悟语言,对话语言的趣味性

【片段二】

师:让我们把目光再次聚焦到这些句子。这些句子写得可有趣了,和你的同桌一起读,可以横着读,也可以竖着读。读完把你发现的有趣的地方和同桌交流交流。(板书:有趣)

生1:我发现左边这一栏都是拟人句,每句话都有加双引号的词,如"罢工""饿倒""吃"。

师:这些拟人句让我们感受到机器人不再是冷冰冰的机器,它像人一样会饿会累,读起来十分有趣。右边的句子有没有特别之处。

生2:我发现右边的表格也有这样有趣的话语"你会想,可以让机器人来帮忙呀!""你会想,可以用电池呀!""能不能让机器人自己充电呢?"

师:"你会想",你觉得他很特别,你来读读。想出解决问题的办法,心情怎样?带上这种心情读一读。这四个句子还有什么特别之处?

生:都带有感叹词。

师:带有感叹词的句子应该读出什么样的感觉呢?谁来试试?

老师相机评价:感受到你的喜悦、读出激动的心情、疑惑中带着惊喜,越来越好了。

【思考】

读表格的阅读策略反复用,如竖向观察表格发现课文的叙述顺序:发现问题到解决问题;横向观察表格,发现文章独特的表达形式,有层次、有序,目标指向了如何表达的层面。黄老师根据文艺性小品文的特点,把握住知识的科学性,又体现语言文字活泼有趣,凭借课文这个例子培养学生的阅读能力,培养学生提取信息和整合理解信息的能力,还在学生已知已会的基础上顺势培养学生的逻辑推理能力,这些能力的培养又较好与朗读想象结合,使教学富有理性思考的温度,又充满生动活泼的张力,创造性地统整了学习阅读与学习思考。

当然,这个环节老师不仅要让孩子知道"趣"在哪里,又要知道怎样写才"趣",如果把这篇课文当成一道美味佳肴,那么这些有趣的句子就像是调味料,使这道菜的味道更鲜美。关于体会文艺性小品文语言的趣味性,笔者做了如下调整:

师:快速默读课文3～5自然段,划出你觉得有趣的语句。

(1)聚焦"罢工"。出示句子

如果没有电,他们是要"罢工"的,果园那么大,到处是果树,不可能让机器人拖着长长的电线走来走去。

师:想象一下,机器人集体"罢工"是怎样的情景?用上"罢工"一词,机器人就不是冰冷的机器了,而是像我们一样有点小脾气的大活人啦!这就是用词的生动,这么一写,读起来就非常有趣!

师:你们能读出有趣的味道吗?(教师指名读)

师:你"罢工"时,眉毛都皱起来了,看来情绪不小呢!像这样有趣的句子还有吗?你们还找到哪些?

(2)略学"饿倒""吃"

师:真有意思,果园机器人"饿倒"和"吃"果子也写得特别有意思,读着这些句子,你仿佛又看到了怎样的画面?可以同桌合作,一个人读一个人表演。

【思考】

此环节让学生想象说话,这是一个很好的语用点,学生积累语言的同时又学会运用语言。教学中,教师将语言训练的内容情境化,为学生创造了一个自主说话的情境,培养了学生的学习兴趣,锻炼了学生自主学习的能力。与此同时,想象和联想又唤起了学生对已掌握知识的回顾,可谓一举两得。又从儿童的视角来审视文本,从有限的资源中提取最具价值的"趣处",让学生在有滋有味的品读中,绘声绘色的表演中,达到语言训练的目的。

二、把握语文特点,提升语言表达力,促进学生自主表达

【片段三】

师:我们再把目光聚焦到这些句子上,这些解决问题的办法科学家认为哪一个问题最需要解决?

生:能不能让机器人自己充电?

师:这个问题最需要解决,在哪一个自然段写呢?

生:第四自然段。

师:为解决这个问题,科学家想了哪些办法?轻声读第四自然段。

(生从文本中找依据,一个办法一个办法介绍。)

师:孩子们,每一个办法解决一个问题,如吃树上掉下来的水果解决什么问题?

生:它们只要"吃"树上掉下的水果就可以干活。

生:这种机器人的肚子里,如果装了特殊的电池,就可以把吃进去的水果变成糖,再把糖变成电。

生:只要捡掉在地上的水果"吃",就能不停地工作。

能不能让机器人自己充电呢？	
想出办法	解决问题
吃树上掉下的水果	可以干活
装了特殊的电池	可以把吃进去的水果变成"糖"，再把糖变成电
捡掉在地上的水果"吃"	能不停地工作

师：一个办法解决一个问题，作者是怎样把这些奇思妙想连起来的呢？再读第四自然段，看看作者用一个什么词？

生：用关联词"只要……就……"和"如果……就……"。

师：你用这两个关联词连起来说一说。

生练习用"只要……就"和"如果……就……"说说怎么让机器人自己充电？

师：再读读这段话，看看你们还有什么发现？

生：这段话也是按照"想办法"和"解决问题"的过程来写的。

师：是的，这段话也是按照"想办法、解决问题"的办法一层一层写机器人怎样自己充电的？

（第三个环节创设情境，语言实践）

师：龙岩的果农听说果园机器人聪明又能干，想邀请他们来帮忙，在这里工作，他们又可能遇到哪些问题呢？请选择一个场景，想象机器人会遇到什么问题，你有什么设想，按照"发现问题—解决问题"的顺序写一个片段。

【思考】

第二环节聚焦第四自然段，引导学生探究作者是怎样把科学家的这些设想一个一个地串了起来，从而发现段落的有序；第三个环节创设情境，语言实践。这样的层层推进，从"发现文章表达的有序——段落表达的有序——运用语言有序表达"，整个过程充分体现了从阅读到言语实践的语文教学过程，真正达到内容与形式统一，把教材的功能发挥到了极致。对于语言简练、相对比较枯燥的文艺小品说明文,黄老师适度挖掘课文中的情感因素,带领学生与文本对话,读出情趣,经历情感和智慧的旅程。

如果黄老师能引导学生探究文艺性小品文的语言的准确性,即"巧用比较,置换增删,体会语言的准确性",这样更能体现文艺性小品文的特征。因为上这类课文如果仅仅停留在让学生了解科学知识,那么品味语言文字的准确性,就会受到削弱,如何让学生感受说明文中语言的准确性,可以采用比较句子的阅读方法。通过比较,学生抓住关键信息来回答,从而弄清楚了果园机器人能帮助果农干什么。俗话说,有比较才有鉴别。比较品评,是体现语文味的有效策略。学生在对语言的比较和品味中,能感知到语言的精妙,领悟到文本中的用语用词不能随意取舍。学生只有在不同词语、不同句式的比较中,才能发现文艺性小品文语言运用的精妙所在,从而对语言和语境有所感悟。长此以往,就可以增强学生语言的敏感性,培养学生准确运用语言的能力。

我与"体格教学"研究

2010年我从晋江市实验小学竞聘转岗为小学语文教研员,至今,从事小学语文教研工作已经有11个年头了。记得当时,作为一个教研新兵,校领导要求我思考晋江市小学语文教研的新走向。我结合一年多来的教学调研,发现教师的课堂教学普遍陷入了一定误区:首先是文体意识薄弱,教什么不清楚;其二是阅读教学并没有聚焦阅读素养的培养,造成阅读教学低效。彼时恰逢《义务教育语文课程标准(2011年版)》发布,"语用"成为一个热词。上海师范大学小学语文教学研究中心主任吴忠豪教授提出:"学习语言文字运用是语文课的重点任务,也是其区别于其他课程的本体教学内容。"我因此萌发了新的思考:如何在文体教学中落实"语用"教学,实现"从教课文到教语文"的转型。于是,我提出按文体分类教学,市级活动围绕"聚焦文体 落实语用"的主题,每学期主推一种文体,探寻不同文体的阅读教学模式。这一做就是11年!期间我发表了多篇论文,可以说这是我作为教研员角色的第一次成长。

然而,人总会有遇上瓶颈的时候。幸运的是,在我一筹莫展的时刻,2015年10月,福建省教研室黄国才老师一个电话,邀我飞往重庆参加全国首届儿童阅读与语文创意教学观摩研讨活动。从此,群文阅读进入了我的视野,群文阅读教学的种子在晋江这片热土上传播开来!功夫不负有心人,我终于没辜负黄老师的期望,屡次指导老师参加全国群文观摩比赛获一等奖,摸着石头过河的艰辛总算过去,在这里我要感谢当时台湾小语会会长赵镜中老师、李玉贵老师、人教社王林博士、香港理工大学的祝新华教授,浙江的蒋军晶老师、深圳的李祖文老师提出的相关阅读策略！名家名师身上折射出来的对儿童阅读的孜孜不倦的探索精神以及先进理念，深深影响了我，让我意识到在文体分类教学中融入策略教学是多么的重要，于是我开始尝试开发各种文体"引子"文的教学策略，做到从"教读"到"自读"，再到"课外阅读"。这是我教研人生的一次再成长，而且是满满的收获和跨越式的成长。

孟子曰："资之深，则取之左右逢其源。"2016年，省教研室黄国才老师诚挚邀请我加入他的科研团队，参与全国教育科学"十二五"规划教育部重点课题"国际阅读素养框架下的我国小学阅读教学和测试改革的实践研究"（DHA140324）的研究。同时，我独立申报了省基础教育课题，尝试研究在文学性作品和实用类作品中探索"先测后教"的阅读教学模式，开发阅读测试工具的研制程序。

思想的凝练过程离不开好导师、好同伴和好老师。跟随黄国才老师这个团队做研究，我从他们身上感受到了做学问的精到、严谨。在黄老师的引领下，我突破教学教研的瓶颈，建构各种文体的阅读教学模型，并且对接考试评价，提炼阅读素养模型，形成测评考试的基本框架，开发试卷研发工具，研发先测后教的阅读教学模式，将测评融入阅读教学并先于教学设计，成功实现了阅读范式转型，让阅读教学有"型"而"立体"，有规律可循——更好地帮助学生"从阅读中学习"。特别是经过几年的实践，每一种文体逐一形成教学策略，阅读教学模型的构建搭起了一座理论与实践之间的桥梁，为日常教学提供一个比较完整的框架，达到教、学、评、用一体化。教师教得了，学生学得了、用得上，阅读能力看得见！这一思想的结晶《基于阅读素养模型的阅读教学模式建构》获得省基础教育成果二等奖。

2016年年底我有幸参加泉州市学科名师培训，导师要求我们每个人三年内要提炼自己的教学主张。三年宝贵的充电学习深深地触动了我的心灵，我一直在追问和反思：我的教学主张是什么？我憧憬的语文课堂是何种样态？这时，研究多年的文体分类教学就在我的脑中闪现,我不能止步于此!

2017年恰逢高中课程改革,语文教学进入核心素质培养时代,我琢磨着如何在原来各类文体"引子"文的教学策略研究的基础上,让核心素质培养落地。结合县级区域教学教研实践,我把专家的理念融入思考,开始着手对自己原本相对成体例的教学理念做了反思、加工、充实、升华、提炼,化模糊为清晰,变浅层为深刻。在扎根研究和阅读大量文献后,我提出了语文"体格"立场的教学主张——几多思考,几番沉淀,"循体导学,立格问道"八个大字在我心中升起,它诠释着我对语文教学的理解,诉说着我对语文课堂的追求。

语文"体格"立场的教学主张,远得于叶圣陶和夏丏尊精心编撰的《国文百八课》思想之教益,近得于统编教科书强化文体意识注重策略运用理念之启示,践行"分体而教"——依文体特点突出文体风格,进而努力使阅读教学更"科学"、更有效。分体而教,从"理解"(入格)、"运用"(定格)、"思维"(破格)、"审美"(升格)四个维度来设计教学,推进思维,展现成果,合力培养学生的语文核心素养。有了"跬步"方可"千里",有了厚积方可薄发,有了量变方可质变。2018年11月15日,本人的教学主张有幸获得泉州市学科名科名师教学主张一等奖,当我站在教学主张汇报展示台上时,心怀感恩,深有感触:科研素养与教学主张比翼齐飞,个人成长与区域发展同步飞跃,我真切体味到专业成长带来的浓浓幸福感。黄国才老师的一句"功不唐捐,用心做语文!"一直指引着我前行!

2020年,我有幸被晋江市教育局遴选成为市语文名师孵化工作室的一名领衔名师。工作室成员汇聚了来自各乡镇和市直小学的优秀骨干教师,它也给予了我一个更广阔的互学互长的天地。

在这片天地里,我以团队名师智慧引领"研",以同伴互助策略开展"修",以"循体导学 立格问道"为目标,继续践行"体格"立场教学。自2019年秋季正式启动以来,至2021年春季学期结束,工作室已经开展了多达20多场的送教下乡活动,足迹遍及晋江市城镇与乡村,更是深入到永和、内坑、深沪、东石等农村薄弱学校。一场又一场的教研活动,始终以不同文体的教学为探究路径,工作室优质的展示课例惠及广大一线教师,广受好评。

岁月不居,时节如流。作为一名语文教学行者,我会一直坚定地行走在路上,去探索,去追求,去实践,去坚持我的教学主张,让语文教学循体导学,立格问道。期待本书能带给您——亲爱的朋友,一场愉悦的精神旅行! 在旅行中,如发现美景微瑕,诸如表述不精或观点不妥,敬请批评指正!

在本书即将付梓之际,我又想到了那些曾经关心过我帮助过我的贵人和朋友们:省教研室黄国才老师、厦门教科院肖俊宇老师、福建教育学院鲍道宏教授以及集美大学施茂枝教授,他们都为我的教学主张做了充分的论证,导师们深厚的文化底蕴将是我在今后的教育教学中学习的动力。感谢省学带班的优秀同学何捷名师(闽江师范学院)对我的教学主张提出宝贵意见。

衷心感谢省教研室黄国才老师,拨冗赐序!

衷心感谢厦大出版社潘瑛编辑对本书的撰写提出宝贵意见!

书中案例多为本人撰写且经过课堂验证的教学设计,个别教学实录由本人撰写评课稿,由实施本书相关的教师执教,实录充满了执教教师的智慧和创造,他们的智慧劳动不断反哺教学模式的建构,使之更加充实和完善。在此,特向这些教师致以诚挚的谢忱!

另外,本书的封面"体格立场"四个字由师范同班同学、中国书法家协会会员郭怀望老师题写。本书封面设计采用的"晋江市施丽聪名师孵化工作室"公众号logo(标识),由市实验小学姚育晓老师设计,在此向老同学郭怀望老师、老同事姚育晓老师表示特别感谢!

因为你们的凝望,我的体格教学之旅清新、明媚而充盈!

施丽聪执笔于案前

2021 年 6 月 1 日